法规与综合能力(中级)
机考真题精选(一)

一、单选题(共80题，每小题0.5分，共40分，下列选项中只有一项最符合题目的要求，不选、错选均不得分)

1. 我国银行业监管目标不包括(　　)。
   A. 支持实体经济发展，防范金融风险　　B. 保护存款人和广大金融消费者的利益
   C. 减少金融犯罪　　D. 健全宏观审慎管理架构
2. 为有效防控风险，资管新规强调要打破(　　)。
   A. 自负盈亏　　B. 市场化原则　　C. 刚性兑付　　D. 买者自负原则
3. 从债券所有权转移与否角度划分，债券回购业务可以分为(　　)。
   A. 债券正回购，债券逆回购　　B. 质押式回购，债券逆回购
   C. 债券正回购，买断式回购　　D. 买断式回购，质押式回购
4. 市场约束的运作机制主要是依靠利益相关者的利益驱动，以下不属于银行利益相关者的是(　　)。
   A. 债务人　　B. 银行股东　　C. 存款人　　D. 债权人
5. 商业银行应当披露的公司信息不包括(　　)。
   A. 股权董事的家庭情况
   B. 商业银行薪酬制度及当年董事、监事和高级管理人员薪酬
   C. 独立董事工作情况
   D. 年度内召开股东大会情况
6. 关于推进利率市场化改革的说法，错误的是(　　)。
   A. 促进经济结构调整和转型升级　　B. 有利于提升金融机构可持续发展能力
   C. 有利于完善银行合规管理体系　　D. 有利于完善金融调控体系
7. 第三支柱规定的披露频率应该为(　　)。
   A. 每季度进行一次　　B. 每半年进行一次
   C. 每月进行一次　　D. 每年进行一次
8. 破产案件由(　　)管辖。
   A. 债权人经营地公安机关　　B. 债务人住所地人民法院
   C. 债权人住所地人民法院　　D. 债务人经营地公安机关
9. 下列关于我国公司资本制度特点的表述，错误的是(　　)。
   A. 资本法定
   B. 强调公司资本不得任意变更
   C. 公司资本制度是确定公司权利、义务关系的重要制度
   D. 强调公司必须有相当的财产与其资本总额相维持
10. 在诉讼时效期间进行中，因发生法定事由，致使已经经过的时效期间统归无效，待时效中断的事由消除后，诉讼时效期间重新起算的制度是(　　)。

A. 诉讼时效终止　B. 诉讼时效延长　C. 诉讼时效中断　D. 诉讼时效中止

11. 民事诉讼是指公民之间、法人之间、其他组织之间以及他们相互之间因(　　)提起的诉讼。

A. 财产关系和人寿关系　B. 健康关系和名誉关系

C. 财产关系和健康关系　D. 财产关系和人身关系

12.《商业银行资本管理办法》将商业银行划分为不同档次，对于规模较大或跨境业务较多的银行，划为(　　)。

A. 第一档　B. 第二档　C. 第四档　D. 第三档

13. (　　)指信用工具的本金和预期收益的安全保证程度。

A. 流动性　B. 收益性　C. 完整性　D. 风险性

14. 从监管操作角度看，市场约束的具体表现形式之一就是(　　)。

A. 促使安全稳健经营　B. 强化信息的披露

C. 促使银行内部整改　D. 提升信息披露的频率

15. 在巴塞尔协议Ⅲ中，用来反映压力状态下商业银行短期流动性水平的指标是(　　)。

A. 流动性覆盖率　B. 流动性缺口比率

C. 核心负债比例　D. 净稳定资金比率

16. 与投资其他债券相比，商业银行投资国债的特点是(　　)。

A. 利息收入免交所得税　B. 期限较短

C. 风险较高　D. 收益率高于其他债券

17. 下列通常不属于商业银行定期披露的信息是(　　)。

A. 未来盈利预测　B. 财务会计报告　C. 公司治理信息　D. 风险管理信息

18. 对他人之间的诉讼标的有独立的请求权或虽无独立的请求权，但是与案件的处理结果有法律上的利害关系，而参加他人之间正在进行的诉讼的人是(　　)。

A. 诉讼代理人　B. 共同诉讼人　C. 诉讼代表人　D. 第三人

19. 我国刑事诉讼实行(　　)。

A. 有罪推定原则　B. 责任自负原则　C. 无罪推定原则　D. 自证清白原则

20. 我国《企业破产法》在破产程序启动上采取(　　)原则。

A. 辩论主义　B. 协同主义　C. 职权主义　D. 申请主义

21. 作为银行间市场的行政监管部门，对我国银行间市场实行全面监督和管理的是(　　)。

A. 中国人民银行　B. 中国外汇交易中心

C. 中央国债登记结算有限公司　D. 银行间市场清算所有限公司

22. 下列金融工具中，属于间接融资工具的是(　　)。

A. 银行承兑汇票　B. 国库券　C. 公司股票　D. 企业债券

23. 目前同业拆借都是无担保拆借交易，因此，同业拆借业务又称为(　　)。

A. 信用拆借交易　B. 短期拆借交易　C. 担保拆借交易　D. 本币拆借交易

24. 信托法律关系主体一般不包括(　　)。

A. 受托人　B. 委托人　C. 托管人　D. 受益人

25. 下列关于金融犯罪的表述，错误的是(　　)。

A. 金融犯罪的主观方面应以非法占有为目的

B. 金融犯罪的主体可以是自然人，也可以是单位

C. 金融犯罪的对象可以是人，也可以是金融工具

D. 金融犯罪行为违反了金融管理法规

26. 司法机关在刑事诉讼中，如果是国家财产、集体财产遭受损失的，人民检察院在提起公诉的时候，可以(　　)。

A. 采取刑事诉讼强制措施　　B. 提起附带民事诉讼

C. 采取民事诉讼强制措施　　D. 提起附带刑事诉讼

27. 借助货币资金的流动和配置，金融市场可以影响经济结构和布局。上述描述体现了金融市场的(　　)。

A. 风险分散与风险管理功能　　B. 融通货币资金功能

C. 经济调节功能　　D. 优化资源配置功能

28. 根据《银行业金融机构绩效考评监管指引》，银行业金融机构绩效考评指标中经营效益类指标应以(　　)指标为核心。

A. 净利息收入　　B. 总收入

C. 风险调整后收益　　D. 税后净收益

29. 衡量充分就业的宏观经济指标是(　　)。

A. 就业人数　　B. 入职匹配度　　C. 就业满意度　　D. 失业率

30. 关于银行不良贷款率和不良贷款拨备覆盖率的说法，错误的是(　　)。

A. 不良贷款率是银行不良贷款余额占银行净资产的比重

B. 不良贷款率是评价银行信贷资产安全状况的重要指标

C. 拨备覆盖率是不良贷款损失准备与不良贷款余额的百分比

D. 银行管理者对风险程度的判断，可能影响银行的拨备覆盖率

31. 按照《中华人民共和国银行业监督管理法》的规定，全部属于银行业金融机构的是(　　)。

A. 商业银行、金融控股公司、城市商业银行

B. 开发性金融机构、金融租赁公司、基金管理公司

C. 开发性金融机构、商业银行、小额贷款公司

D. 政策性银行、商业银行、农村信用合作社

32. 下列商业银行业务中，不属于存款业务的是(　　)。

A. 发放短期贷款　　B. 吸收公众存款

C. 发行金融债券　　D. 同业拆借市场借入资金

33. 下列债券承销方式中，商业银行不承担信用风险的是(　　)。

A. 自销　　B. 代销　　C. 余额包销　　D. 全额包销

34. 风险监管是一种按照(　　)全面持续地评价银行经营状况的监管方式。

A. CAMEL 评级标准系统　　B. 风险计量系统

C. 内部评级系统　　D. ROCA 评级标准系统

35. 从事内部审计活动应遵循(　　)。

A. 公开、有效原则　　B. 安全、合理原则

C. 客观、保密原则　　D. 完整、持续原则

36. 根据《中华人民共和国行政处罚法》，以下不属于行政处罚种类的是(　　)。

A. 行政拘留　　B. 停职检查

C. 警告　　D. 没收违法所得、没收非法财物

37. 公安机关、人民检察院或者人民法院依法责令犯罪嫌疑人或者被告人提供保证人或者交纳保证金并出具保证书，保证其不逃避或者妨碍侦查、起诉、审判并随传随到的一种强制措施。上述描述的刑事诉讼强制措施是(　　)。

A. 拘传　　B. 拘留　　C. 取保候审　　D. 监视居住

38. 商业银行发行并购贷款，并购交易价款中并购贷款所占比例不应高于(　　)。

A. 40%　　B. 50%　　C. 30%　　D. 60%

39. 在商业银行接管中，行使商业银行的经营管理权力的是(　　)。

A. 接管组织　　B. 商业银行自身　　C. 监管部门　　D. 地方政府

40. 下列选项中，有利于货币需求增加的因素是(　　)。

A. 居民、企业等经济主体的收入减少　　B. 货币流通速度加快

C. 社会商品可供量减少　　D. 利息率下降

41. 内幕交易行为人为达到获利或避损的目的，利用其特殊地位或机会获取内幕信息进行证券交易，造成的后果不包括(　　)。

A. 侵犯了投资公众的财产权益

B. 违反了证券市场"公开、公平、公正"的原则

C. 侵犯了投资公众的平等知情权

D. 违反了证券市场"公开、清晰、透明"的原则

42. 商业银行的接管由(　　)决定，并组织实施。

A. 国家金融监督管理总局　　B. 商业银行自身

C. 中国人民银行　　D. 银行业自律组织

43. 由股份有限公司公开发行、用以证明投资者的股东身份和权益，并据以获得股息和红利的凭证是(　　)。

A. 股票　　B. 企业债　　C. 大额存单　　D. 债券

44. 关于存款保险制度的目的，下列说法正确的是(　　)。

A. 保护中央银行权益　　B. 保护金融机构权益

C. 保护存款人权益　　D. 保护贷款人权益

45. 下列金融市场中，属于货币市场的是(　　)。

A. 证券投资基金市场　　B. 中长期债券市场

C. 银行间同业拆借市场　　D. 股票市场

46. 在金融市场中，具备期限短、流动性强、风险相对较小等特点的市场是(　　)。

A. 资本市场　　B. 货币市场　　C. 股票市场　　D. 黄金市场

47. 下列不属于境外银行自律组织的是(　　)。

A. 中国香港银行公会　　B. 世界银行

C. 国际清算银行　　D. 美国银行家协会

48. 中国人民银行主要通过提供紧急贷款弥补金融机构(　　)、对高风险金融机构进行救助等方式履行最后贷款人职能。

A. 久期缺口　　B. 利率敏感性缺口
C. 临时流动性缺口　　D. 永久流动性缺口

49. 下列说法中，不符合银行业金融机构全面风险管理独立性原则的是(　　)。
A. 赋予风险管理条线足够的授权、人力资源及其他资源配置
B. 建立科学合理的报告渠道，前台部门发生风险只能向高管层报告
C. 建立相对独立的全面风险管理组织架构
D. 业务条线之间形成相互制衡的运行机制

50. 中央银行承担最后贷款人的操作方式中，公开市场业务是指(　　)。
A. 中央银行提供紧急贷款弥补金融机构临时流动性缺口
B. 中央银行通过公开市场购买合格资产，向整个金融市场提供流动性
C. 中央银行直接向有偿债能力但资金暂时周转不灵的金融机构提供贷款
D. 中央银行对高风险金融机构进行救助

51. 下列关于货币的本质，说法错误的是(　　)。
A. 货币是价值和使用价值的统一体　　B. 货币体现全部的社会生产关系
C. 货币是一般等价物　　D. 货币是特殊商品

52. 商业银行某项业务收入 90 亿元，资金及管理成本 20 亿元，风险成本 10 亿元，经济资本 300 亿元，不考虑税收影响，则该业务的风险调整后资本回报率(RAROC)为(　　)。
A. 30%　　B. 20%　　C. 3.3%　　D. 23.3%

53. 根据《行政强制法》，我国行政强制措施的种类不包括(　　)。
A. 加处罚款或者滞纳金　　B. 限制公民人身自由
C. 查封场所、设施或者财物　　D. 扣押财物

54. 下列关于同时履行抗辩权行使条件的表述中，错误的是(　　)。
A. 当事人双方因同一双务合同互负债务
B. 对方当事人未履行债务或未按约定履行债务
C. 双方互负的债务没有先后履行顺序且其中一方已届清偿期
D. 对方当事人的对待给付是可能履行的

55. 根据《民法典》及担保制度司法解释，下列几种情形中属于非典型担保的是(　　)。
A. 土地使用权抵押　　B. 订金
C. 应收账款质押　　D. 所有权保留买卖

56. 信托无效的法定情形不包括(　　)。
A. 委托人以非法财产设立信托　　B. 专以诉讼或者讨债为目的设立信托
C. 信托财产不属于受益人的自有财产　　D. 信托财产不能确定

57. 下列关于银行缺口管理的说法，错误的是(　　)。
A. 缺口管理具体是指根据对于未来利率变动趋势和收益率曲线形状的预期，改变资产和负债的缺口
B. 缺口管理仅针对浮动利率资产和负债，对固定利率的资产和负债不需要进行缺口管理
C. 当预期利率会上升时，要增加缺口(指浮动利率资产和负债之间的差额)
D. 缺口管理是利率风险管理的重要工具

58. 中央银行作为最后贷款人的主要目标是(　　)。

A. 提高贷款覆盖面　　B. 防范系统性金融风险

C. 防止贷款过度集中　　D. 降低资金成本

59. 签订、履行合同失职被骗罪属于(　　)。

A. 故意犯罪　B. 诈骗犯罪　C. 渎职犯罪　D. 侵占犯罪

60. 随着经济全球化及金融创新的发展，金融危机越来越多地表现为(　　)。

A. 系统性金融危机　　B. 货币危机

C. 银行危机　　D. 次贷危机

61. 与其他金融机构相比，关于商业银行最明显的特征是(　　)。

A. 以营利为主要经营目标　　B. 能够吸收活期存款，创造货币

C. 以办理存贷款和转账结算为主要业务　D. 集中统一银行券发行

62. 下列选项中，不属于骆驼评级(CAMEL)参考指标的是(　　)。

A. 资本充足性　B. 盈利水平　C. 集中度水平　D. 资产质量

63. 对商业银行采取必要措施进行接管，目的是(　　)。

A. 保护股东的利益，恢复商业银行的正常经营能力

B. 保护股东的利益，避免商业银行破产

C. 保护存款人的利益，避免商业银行破产

D. 保护存款人的利益，恢复商业银行的正常经营能力

64. 对于不同的金融机构和金融业务，无论审慎监管还是业务监管，都由一个机构负责监管，该监管体制属于(　　)。

A. "双峰"监管型　　B. 统一监管型

C. 多头监管型　　D. 分业监管型

65. 下列情形中，不属于伪造、变造金融票证的是(　　)。

A. 汇款凭证的印鉴与预留印鉴不一致　B. 伪造汇款凭证

C. 仿造银行本票　　D. 仿造信用证随附的单据

66. 以下关于我国货币当局的说法，错误的是(　　)。

A. 中国人民银行是中华人民共和国的中央银行

B. 我国货币当局包括中国人民银行、国家外汇管理局

C. 地方政府可以指导中国人民银行执行货币政策

D. 中国人民银行制定和执行货币政策、宏观审慎政策

67. 下列因素中，不属于影响行业兴衰主要因素的是(　　)。

A. 社会变化　B. 政府政策　C. 企业家精神　D. 技术进步

68. 以下不属于内部犯罪的是(　　)。

A. 签订合同失职罪　　B. 贪污

C. 破坏金融管理秩序罪　　D. 受贿

69. 根据《存款保险条例》，关于我国存款保险制度的说法，错误的是(　　)。

A. 我国存款保险制度可以及时防范和化解金融风险，维护金融稳定

B. 被保险存款是投保机构吸收的人民币存款

C. 目的是建立和规范存款保险制度，依法保护存款人的合法权益，及时防范和化解金

融风险，维护金融稳定

D. 存款保险实行限额偿付，最高偿付限额为人民币 50 万元

70. 根据《中华人民共和国行政诉讼法》，下列说法错误的是(　　)。

A. 没有诉讼行为能力的公民，由其法定代理人代为诉讼

B. 当事人有权查阅本案庭审材料，人民法院不得以任何理由阻止其查阅

C. 当事人在行政诉讼中的法律地位平等，且有权进行辩论

D. 当事人、法定代理人，可以委托一至二人代为诉讼

71. 银行业金融机构绩效考评指标中，发展转型类指标用于评价银行业金融机构根据宏观经济政策、结构调整及自身需要，推动业务发展和战略转型的情况。下列选项中，不属于发展转型类指标的是(　　)。

A. 公众金融教育指标　　B. 业务及客户发展指标

C. 资产负债结构调整指标　　D. 收入结构调整指标

72. 当事人在保证合同中对保证方式没有约定或者约定不明确的，按照(　　)承担保证责任。

A. 连带责任　　B. 法定责任　　C. 一般保证　　D. 特殊保证

73. 按照《中华人民共和国银行业监督管理法》的规定，银行业金融机构不包括(　　)。

A. 政策性银行　　B. 金融控股公司

C. 农村信用合作社　　D. 商业银行

74. 下列银行中，不属于全国性股份制商业银行的是(　　)。

A. 渤海银行　　B. 中国邮政储蓄银行

C. 恒丰银行　　D. 浙商银行

75. 根据《中华人民共和国证券法》的规定，证券内幕消息的知情人包括持有上市公司(　　)以上股份的股东及其董事、监事、高级管理人员。

A. 15%　　B. 5%　　C. 10%　　D. 20%

76. 甲向乙银行贷款 50 万元，合同约定 2015 年 6 月 1 日还款，丙为保证人，保证合同中写明："若甲不能履行债务时，丙承担保证责任。"6 月 1 日，甲未清偿。乙银行于是找到丙，要求丙还款 50 万元。下列表述正确的是(　　)。

A. 丙要承担立即还款责任　　B. 该保证是连带保证

C. 丙不需要承担保证责任　　D. 丙有权要求乙银行先对甲追索

77. 由中国境内注册的公司发行，直接在美国纽约上市的股票是(　　)。

A. B 股　　B. H 股　　C. A 股　　D. N 股

78. 根据第三版巴塞尔资本协议，商业银行的杠杆率不得低于(　　)。

A. 6%　　B. 5%　　C. 3%　　D. 4%

79. 债券发行人直接向投资者推销债券，而不需要中介机构进行承销的发行方式是(　　)。

A. 招标发行　　B. 间接发行　　C. 承购包销　　D. 直接发行

80. 下列关于商业银行合规风险管理的说法，错误的是(　　)。

A. 合规风险是指商业银行因没有道德法律、规则和准则可能遭受法律制裁、监管处罚、重大财务损失和声誉损失的风险

B. 商业银行的经营管理，尤其是设立新的机构或开办新的业务，均应当体现"内控优

先”的要求

C. 董事会对于银行的内控制度负有最终责任

D. 商业银行合规风险管理的基本制度包括合规绩效考核制度、公平竞争制度和诚信举报制度

二、多选题(共25题，每小题2分，共50分，下列选项中有两项或两项以上符合题目要求，多选、少选、错选均不得分)

1. 绿色金融体系是指通过(　　)等金融工具和相关政策支持经济向绿色化转型的制度安排。

A. 绿色发展基金　　B. 绿色信贷

C. 绿色保险　　D. 绿色股票指数和相关产品

E. 绿色债券

2. 行政复议当事人的权利有(　　)。

A. 上诉权　　B. 阅卷权　　C. 撤回权　　D. 救济权

E. 陈述权

3. 商业银行向中央银行申请的贷款到期归还时，下列会计分录中正确的有(　　)。

A. 借：向中央银行借款　　B. 借：向中央银行借款 金融机构往来支出

C. 贷：向中央银行借款　　D. 贷：存放中央银行款项

E. 借：存放中央银行款项

4. 一家国有银行的支行业务部客户经理在办理贷款业务中，收受客户好处费9万元归个人所有。对该案例分析正确的是(　　)。

A. 该行为构成受贿罪　　B. 该行为构成贪污罪

C. 属于职务犯罪　　D. 该行为构成违规出具金融票证罪

E. 该行为不构成犯罪

5. 关于托收业务的表述，正确的有(　　)。

A. 跟单托收是指附有商业单据的托收

B. 托收属银行信用，托收银行与代收银行对托收的款项能否收到承担责任

C. 根据所附单据不同，托收分为进口托收和跟单托收

D. 托收是指委托人向银行提交金融票据或商业单据，要求托收行通过其联行或代理行向付款人收取款项

E. 托收属商业信用，托收银行与代收银行对托收的款项能否收到不承担责任

6. 利率水平变动会影响汇率变动，当一国提高利率水平或本国利率高于外国利率时，对汇率的影响包括(　　)。

A. 引起资本从本国流出，使本币升值、外汇贬值

B. 引起资本从本国流出，使外汇升值、本币贬值

C. 引起资本从外国流入，使本币升值、外汇贬值

D. 引起对外汇需求增大，使外汇升值、本币贬值

E. 引起对本币需求增大，使本币升值、外汇贬值

7. 根据《信托法》的规定，设立信托应当采取书面形式，这里所指书面形式包括(　　)。

A. 遗嘱　B. 法律、行政法规规定的其他书面文件
C. 口头承诺　D. 信托合同
E. 行为暗示

8. 下列关于社会商品可供量、物价水平、货币流通速度对货币需求的影响表述，正确的是(　　)。
A. 物价水平和货币需求成正比　B. 社会商品可供量同货币需求成正比
C. 社会商品可供量同货币需求成反比　D. 物价水平同货币需求成反比
E. 货币流通速度同货币需求成正比

9. 下列银行管理的基本指标中，属于效率指标的有(　　)。
A. 不良贷款率　B. 市盈率　C. 人均净利润　D. 拨贷比
E. 成本收入比

10. 关于商业银行经济资本的表述，正确的有(　　)。
A. 经济资本可以用于银行考核收益、配置资源
B. 商业银行配置经济资本可以采取自下而上的方法
C. 目前经济资本已经成为银行内部管理最重要的工具之一
D. 商业银行配置经济资本可以采取自上而下的方法
E. 经济资本的分配实质上是对风险的分配

11. 当一国汇率变动对其宏观经济的影响，正确的有(　　)。
A. 汇率变动可以通过影响货币币值和物价影响通货膨胀
B. 如果债务货币汇率上升，将使国际债务的实际价值增加
C. 在其他条件不变的情况下，本币升值将刺激本国出口增加
D. 当A国货币相对B国货币贬值时，A国短期资本通常会外流
E. 一国外汇储备中，如果储备货币的汇率上升，外汇储备的实际价值增加

12. 关于金融资产及重组资产风险分类，下列说法正确的有(　　)。
A. 重组前为次级类的资产，观察期内资产质量持续恶化的应进一步下调分类，并重新计算观察期
B. 重组观察期内债务人未及时足额还款，再次重组的资产应至少归为损失类
C. 商业银行应持续完善金融资产风险分类相关信息系统
D. 重组前为正常类的资产，重组后应至少归为关注类
E. 商业银行应至少每半年对全部资产进行一次风险分类

13. 关于不同国家和地区采取的金融监管体制，说法正确的有(　　)。
A. 中国香港特区实行的是“双峰”监管体制
B. 美国实行的是多头监管体制
C. 荷兰实行的是“双峰”监管体制
D. 日本、韩国实行的是统一监管体制
E. 澳大利亚实行的是多头监管体制

14. 以下关于物的分类的表述中，不正确的是(　　)。
A. 毒品属于禁止流通物　B. 桌子属于动产
C. 一台电视属于可分物　D. 十公斤大米属于种类物

E. 母鸡和鸡蛋，属于主物和从物

15. 下列属于国家金融监督管理总局监管的机构是(　　)。

A. 人寿保险公司与财产保险公司　　B. 国有大型商业银行与股份制银行

C. 开发性金融机构与政策性银行　　D. 信托公司与金融租赁公司

E. 汽车金融公司

16. 关于商业银行分支机构的表述，符合法律规定的是(　　)。

A. 具有单独的营业执照

B. 必须经国务院银行业监督管理机构审查批准设立

C. 其民事责任由总行承担

D. 不具有独立法人资格

E. 具有单独的经营许可证

17. 下列银行管理的基本指标中，属于盈利性指标的有(　　)。

A. 流动性比例　　B. 平均净资产回报率

C. 最大十家客户贷款比率　　D. 拨备前利润

E. 净息差

18. 银行为保护客户利益进行客户教育的正确的方式有(　　)。

A. 引导客户高收益投资　　B. 向客户解释所购买产品的风险

C. 引导客户接受“买者自负”原则　　D. 为客户提供金融知识培训

E. 教育客户了解投资风险

19. 关于市场约束机制的运行条件，正确的有(　　)。

A. 健全的薪酬体系和员工激励机制

B. 发达的金融市场

C. 市场参与者具有较强的金融风险意识

D. 维护市场正常运行的完善的法律体系

E. 充分有效的信息披露机制

20. 对于资产规模不小于2000亿元人民币的商业银行，应当持续达到最低监管标准的流动性风险指标有(　　)。

A. 流动性比例　　B. 流动性覆盖率　　C. 流动性匹配率　　D. 净稳定资金比例

E. 优质流动性资产充足率

21. 法人成立必须具备的条件有(　　)。

A. 依法成立　　B. 有自己的组织机构、住所

C. 有自己的章程　　D. 有自己的财产或者经费

E. 有自己的名称

22. 关于中央银行产生和发展的说法，正确的有(　　)。

A. 中央银行是确保商业银行快速发展和持续盈利的关键

B. 对某些资金周转困难的商业银行给予信用支持，需要中央银行充当最后贷款人的角色

C. 中央银行是从现代商业银行中分离出来逐渐演变而成的

D. 中央银行的产生是统一票据交换及清算的需要

E. 为保证经济金融稳定，必须建立中央银行对金融活动进行管理和监督

23. 下列选项中，属于商业银行向中央银行借款途径的有(　　)。

A. 再贴现　　B. 资本金贷款　　C. 项目融资　　D. 再保险

E. 再贷款

24. 下列属于商业银行支付结算方式的有(　　)。

A. 汇票　　B. 本票　　C. 电子汇兑　　D. 托收

E. 网上支付

25. 关于合规监管，以下表述正确的有(　　)。

A. 在合规为本的监管方式下，监管部门主要做两项工作，一是制定规定，二是检查规定的执行情况

B. 合规监管是一种消极的监管方法，此监管模式下，银行监管主要依靠行政调控手段

C. 合规监管属于静态的监管模式

D. 在合规监管模式下，银行监管侧重对银行业违规行为进行处罚、批评、训斥和处分

E. 合规监管是指通过法律手段，对银行执行有关法规、制度和规章等情况进行监管，以规范银行经营行为，维护银行业内部秩序

三、判断题(共10题，每小题1分，共10分，请对下列各题的描述做出判断，正确请选A，错误请选B)

1. 金融市场具有货币资金融通功能、交易及定价功能等，但因为金融市场的运行受到多重因素影响，因此不具备反映经济运行的功能。(　　)

2. 《商业银行金融资产风险分类办法》进行风险分类的金融资产包括但不限于贷款，包括衍生品交易形成的相关资产。(　　)

3. 在表见代理中，被代理人因向第三人履行义务或者承担民事责任而遭受损失的，只能向表见代理人追偿。(　　)

4. 声誉风险管理应遵循前瞻性原则、匹配性原则、重点覆盖原则和及时应对原则。(　　)

5. 美国联邦储备委员会及其他监管部门对骆驼评级体系进行修订，增加了市场风险敏感度(Sensitivity of Market Risk)指标。(　　)

6. 合同当事人可以单方决定以其他标的代替履行合同义务。(　　)

7. 目前，我国商业银行实行差别准备金制度，将存款准备金与资本充足率、资产质量状况等指标挂钩，即商业银行资本充足率越高、不良贷款比率越低，适用的存款准备金率就越高。(　　)

8. 在我国，行政许可的设定和实施适用《中华人民共和国行政许可法》。(　　)

9. 对员工已经支付的绩效薪酬，即使该员工职责内的风险损失超常暴露，商业银行也无权追回相应期限内已发放的绩效薪酬。(　　)

10. 利率市场化影响商业银行的资产负债结构，增加了商业银行的资本管理难度。(　　)

参考答案及详解

一、单选题

1.【答案】D

【解析】我国银行监管的目标包括：①保护存款人和广大金融消费者的利益；②增强市场信心；③增进公众对现代金融的了解；④减少金融犯罪；⑤支持实体经济发展，防范金融风险。其中保护存款人和广大金融消费者的利益，这是国务院银行业监督管理机构的基本职责和目标追求。

2.【答案】C

【解析】为有效防控风险，资管新规强调要打破刚性兑付，禁止开展或参与资金池业务，要求每只理财产品的资金应单独管理、单独建账、单独核算。加强理财产品期限错配的流动性管理。

3.【答案】D

【解析】从交易发起人的角度债券回购可以分为正回购和逆回购，抵押债券借入资金的行为被称为债券正回购；接受抵押借出资金的行为被称为债券逆回购。从债券所有权转移与否可以分为买断式回购和质押式回购，买断式回购又叫做开放式回购，债券所有权发生了实质性的转移，融出资金方可以自由处置债券；质押式回购又叫封闭式回购，抵押债券所有权没有发生实质性的转移。

4.【答案】A

【解析】在市场化的环境下，市场约束的运作机制主要是依靠利益相关者的利益驱动，包括存款人、债权人、银行股东等在内的银行利益相关者，出于对自身利益的关注，会在不同程度上关注其利益所在银行的经营情况，并根据自身掌握的信息和对于这些信息的判断，在必要的时候采取的举措，会对银行在金融市场上的运作产生多方面的影响。

5.【答案】A

【解析】金融机构应披露以下方面的信息：①经营业绩；②风险暴露和风险管理情况；③资本充足状况；④风险管理战略与实践；⑤会计政策与实践；⑥主体业务、经营管理等信息；⑦公司治理结构。A 项，股权董事的家庭情况属于个人隐私，与公司治理和经营无关，因此不在披露范围内。

6.【答案】C

【解析】推进利率市场化改革有利于优化资源配置、促进经济结构调整和转型升级；有利于提升金融机构可持续发展能力；有利于推动金融市场深化发展；有利于完善金融调控体系；有利于促进相关改革协调推进。目前，全球除了少数国家和地区外，绝大部分都已经基本实现利率市场化。

7.【答案】B

【解析】第三支柱规定的披露频率应该为每半年进行一次，有关银行风险管理目标及政策、报告系统及各项口径的一般性概述的定性披露可每年一次。

8.【答案】B

【解析】破产案件由债务人住所地人民法院管辖。人民法院受理破产案件后，应通知债权人，并予以公告。

9. 【答案】C

【解析】C 项，公司章程是确定公司权利、义务关系的基本法律文件。

10. 【答案】C

【解析】诉讼时效中断是指在诉讼时效期间进行中，因发生法定事由，致使已经经过的时效期间统归无效，待时效中断的事由消除后，诉讼时效期间重新起算。诉讼时效中止是指在诉讼时效进行中，因发生法定事由而使权利人无法行使请求权，暂停计算诉讼时效期间。诉讼时效延长是指权利人在诉讼时效期间确有正当理由而未能行使请求权，人民法院适当延长诉讼时效期间的制度。

11. 【答案】D

【解析】民事诉讼是指公民之间、法人之间、其他组织之间以及他们相互之间因财产关系和人身关系提起的诉讼。人民法院审理民事案件，依照法律规定实行合议、回避、公开审判和两审终审制度。

12. 【答案】A

【解析】《商业银行资本管理办法》按照银行间的业务规模和风险差异，划分为三个档次银行，匹配不同的资本监管方案。其中，规模较大或跨境业务较多的银行，划为第一档，对标资本监管国际规则；规模较小、跨境业务较少的银行纳入第二档，实施相对简化的监管规则；第三档主要是规模更小且无跨境业务的银行，进一步简化资本计量要求，引导其聚焦县域和小微金融服务。

13. 【答案】D

【解析】风险性是指信用工具的本金和预期收益的安全保证程度。金融工具的风险主要有两类：一类是信用风险，或称违约风险。即债务人不履行合同，不能按约定的期限和利息还本付息的风险。另一类是市场风险，即因经济环境、市场利率变化或者证券市场上不可预见的一些因素的变化，导致金融工具价格下跌，从而给投资人带来损失。

14. 【答案】B

【解析】市场约束也被称为市场纪律，就是指银行的债权人或所有者，借助于银行的信息披露和有关社会中介机构，如律师事务所、会计师事务所、审计师事务所和信用评估机构等的帮助，通过自觉提供监督和实施对银行活动的约束，把管理落后或不稳健的银行逐出市场等手段来迫使银行安全稳健经营的过程。市场约束的具体表现形式之一就是强化信息的披露。

15. 【答案】A

【解析】《巴塞尔协议Ⅲ》提出了两个流动性量化监管指标：流动性覆盖率(LCR)，用于衡量在短期压力情景下(30 日内)单个银行的流动性状况；净稳定资金比率(NSFR)，用于度量中长期内银行可供使用的稳定资金来源能否支持其资产业务的发展。

16. 【答案】A

【解析】国债是国家为筹措资金而向投资者出具的书面借款凭证，承诺在一定的时期内按约定的条件，按期支付利息和到期归还本金。国债以国家信用为后盾，通常被认为是没有信用风险，而且国债的二级市场非常发达，交易方便，其利息收入不用缴纳所得税。

17. 【答案】A

【解析】商业银行应按照办法规定披露财务会计报告、各类风险管理状况、关联方交易的总量及重大关联方交易的情况、公司治理、年度内重大事项等信息。

18. 【答案】D

【解析】民事诉讼当事人包括原告、被告、第三人和共同诉讼人，其中第三人是指对他人之间的诉讼标的有独立的请求权或虽无独立的请求权，但是与案件的处理结果有法律上的利害关系，而参加他人之间正在进行的诉讼的人。

19. 【答案】C

【解析】我国刑事诉讼实行“无罪推定”原则，未经人民法院依法判决，对任何人都不得确定有罪。

20. 【答案】D

【解析】我国《企业破产法》在破产程序启动上采取申请主义原则。人民法院根据破产申请人的申请而启动破产程序。无人申请时，人民法院不得自行启动破产程序。

21. 【答案】A

【解析】人民银行是银行间市场的行政监管部门，对银行间市场进行全面监督和管理，重点在于规划、设计和制度建设。

22. 【答案】A

【解析】按融资方式划分，金融工具可分为直接融资工具和间接融资工具：①直接融资工具包括政府、企业发行的国库券、企业债券、商业票据、公司股票等；②间接融资工具包括银行债券、银行承兑汇票、可转让大额存单、人寿保险单等。

23. 【答案】A

【解析】目前，我国拆借交易主要通过交易中心的本币交易系统达成。目前，同业拆借都是无担保拆借交易，因此，同业拆借业务又称为信用拆借交易。

24. 【答案】C

【解析】信托法律关系的主体一般包括委托人、受托人和受益人。

25. 【答案】A

【解析】金融犯罪是一种图利犯罪，其主观方面只能是故意，有的还要求具有非法占有目的，但并非所有金融犯罪都以非法占有为目的。

26. 【答案】B

【解析】被害人由于被告人的犯罪行为而遭受物质损失的，在刑事诉讼过程中，有权提起附带民事诉讼。被害人死亡或者丧失行为能力的，被害人的法定代理人、近亲属有权提起附带民事诉讼。如果是国家财产、集体财产遭受损失的，人民检察院在提起公诉的时候，可以提起附带民事诉讼。

27. 【答案】C

【解析】金融市场可以通过其特有的资本聚集功能和引导资本的合理配置的机制，发挥对经济的调节作用。其经济调节功能表现在以下方面：借助货币资金供应总量的变化影响宏观经济的发展规模和速度；借助货币资金的流动和配置可以影响经济结构和布局；借助利率、汇率、金融资产价格变动促进社会经济效益的提高；借助金融市场的运行机制，为中央银行实施货币政策、调节宏观经济提供传导渠道。

28. 【答案】C

【解析】经营效益类指标用于评价银行业金融机构经营成果、经营效率和价值创造能力，包括利润指标、成本控制指标、风险调整后收益指标等。在经营效益类指标中，应当以风险调整后收益指标为核心。

29. 【答案】D

【解析】充分就业的宏观经济衡量指标是失业率。失业率是指劳动力人口中失业人数所占的百分比，劳动力人口是指年龄在16周岁以上具有劳动能力的人的全体。

30. 【答案】A

【解析】A项，不良贷款率是指银行不良贷款占总贷款余额的比重。

31. 【答案】D

【解析】AC两项，金融控股公司和小额贷款公司属于其他金融机构；B项，基金管理公司属于证券期货类金融机构。

32. 【答案】A

【解析】A项属于商业银行的贷款业务。

33. 【答案】D

【解析】债券承销的主要方式有代销、余额包销、全额包销。其中，代销是指发行人委托商业银行等承销机构向社会销售债券，承销机构按照规定的发行条件在约定的期限内尽力推销，到了销售截止日期，债券如果没有按照原定发行数额全部销售出去，则其未销售部分退还给发行人，承销机构从发行人那里收取委托手续费，但不承担任何发行风险。采用代销方式，发行者仍有发行失败的风险；而中介机构虽然承担的风险小，但其收入也相对较少。

34. 【答案】A

【解析】风险监管是指通过识别银行业务中固有的风险种类，进而对银行业务的各类风险进行评估，并按照CAMEL评级标准系统全面持续地评价银行经营状况的监管方式。

35. 【答案】C

【解析】在从事内部审计活动时，应遵循客观、保密原则，不得参与有利益关系的审计项目，不得利用职权谋取私利，不得隐瞒审计发现的问题，不做缺少证据支持的判断，不做误导性陈述。

36. 【答案】B

【解析】根据《行政处罚法》，我国行政处罚的种类有以下几个方面：①警告、通报批评；②罚款、没收违法所得、没收非法财物；③暂扣许可证件、降低资质等级、吊销许可证件；④限制开展生产经营活动、责令停产停业、责令关闭、限制从业；⑤行政拘留；⑥法律、行政法规规定的其他行政处罚。

37. 【答案】C

【解析】取保候审是指公安机关、人民检察院或者人民法院依法责令犯罪嫌疑人或者被告人提供保证人或者交纳保证金并出具保证书，保证其不逃避或者妨碍侦查、起诉、审判并随传随到的一种强制措施。A项，拘传是指公安机关、人民检察院或者人民法院对于没有拘留、逮捕的犯罪嫌疑人、被告人强制其到指定地点接受讯问的方法，是强制措施中最轻微的一种。B 项，拘留是指公安机关、人民检察院对于现行犯或者重大嫌疑分子，在遇有法定的紧急情况下依法采取的临时剥夺其人身自由的一种强制措施。D 项，监视居住是指公安机关、人民检察院或者人民法院依法责令犯罪嫌疑人或者被告人不得擅自离开住所或指定的居所，并对其行动加以监视的一种强制措施。

38.【答案】D

【解析】商业银行开办并购贷款需符合专门的风险管理要求，并购交易价款中并购贷款所占比例不应高于60%。

39.【答案】A

【解析】自接管开始之日起，由接管组织行使商业银行的经营管理权力，但被接管的商业银行的债权债务关系不因接管而变化。

40.【答案】D

【解析】在正常情况下，利息率上升，货币需求减少；利息率下降，货币需求增加，利息率与货币需求呈负相关关系。

41.【答案】D

【解析】内幕交易是指内幕信息知情人和以不正当手段获取内幕信息的其他人员利用内幕信息买卖证券或者向他人提出买卖证券建议的行为。内幕交易行为人为达到获利或避损的目的，利用其特殊地位或机会获取内幕信息进行证券交易，违反了证券市场"公开、公平、公正"的原则，侵犯了投资公众的平等知情权和财产权益。

42.【答案】A

【解析】接管由国务院银行业监督管理机构决定，并组织实施。

43.【答案】A

【解析】股票是股份有限公司发行的、用以证明投资者的股东身份和权益，并据以获得股息和红利的凭证。

44.【答案】C

【解析】市场经济条件下，存款保险制度是保护存款人权益的重要措施，是金融安全网的重要组成部分。

45.【答案】C

【解析】货币市场是短期资金融通市场，主要包括银行间同业拆借市场、银行间债券回购市场和票据市场等。

46.【答案】B

【解析】货币市场的主要特点是低风险、低收益，期限短、流动性高，交易量大、交易频繁。

47.【答案】B

【解析】自律组织即自我管理机构是政府监管的重要辅助，也是监管机构进行监管必要的和有益的补充。国际上一些银行自律组织在对银行业的发展和协调进程中发挥着重要作用，如国际清算银行、美国银行家协会和中国香港银行公会等。

48.【答案】C

【解析】在我国，中国人民银行主要通过提供紧急贷款弥补金融机构临时流动性缺口、对高风险金融机构进行救助等方式履行最后贷款人职能，在维护金融稳定中发挥了重要作用。

49. 【答案】B

【解析】独立性原则要求建立独立的全面风险管理组织架构，赋予风险管理条线足够的授权、人力资源及其他资源配置，建立科学合理的报告渠道，与业务条线之间形成相互制衡的运行机制。

50. 【答案】B

【解析】中央银行最后贷款人的操作方式：一是公开市场业务，通过公开市场购买合格资产，向整个金融市场提供流动性。二是再贴现窗口，直接向有偿债能力但资金暂时周转不灵的金融机构提供贷款。在我国，中国人民银行主要通过提供紧急贷款弥补金融机构临时流动性缺口、对高风险金融机构进行救助等方式履行最后贷款人职能，在维护金融稳定中发挥了重要作用。

51. 【答案】B

【解析】货币体现了一定的社会生产关系。因为价值是劳动的结晶，商品生产者通过货币互相交换商品，实际上是互相交换各自的劳动，因此，货币作为一般等价物，使商品的不同所有者通过等价交换实现了他们之间的社会联系，这种联系就是人和人之间的一定的社会生产关系。

52. 【答案】B

【解析】风险调整后资本回报率 =（总收入 - 资金成本 - 经营成本 - 风险成本 - 税项）/经济资本 ×100%。代入题目数据后，风险调整后资本回报率 =（90 - 20 - 10）/300 × 100% =20%。

53. 【答案】A

【解析】A 项属于行政强制执行的方式。

54. 【答案】C

【解析】当事人行使同时履行抗辩权应符合以下条件：①当事人双方因同一双务合同互负债务；②双方互负的债务没有先后履行顺序且均已届清偿期；③对方当事人未履行债务或未按约定履行债务；④对方当事人的对待给付是可能履行的。

55. 【答案】D

【解析】非典型担保是指在法律上没有明确规定为典型担保形式（如保证、抵押、质押、留置和定金）的，但具有担保功能的民事法律行为或制度安排。非典型担保包括保理、融资租赁、所有权保留买卖等。

56. 【答案】C

【解析】有下列情形之一的，信托无效：①信托目的违反法律、行政法规或者损害社会公共利益；②信托财产不能确定；③委托人以非法财产或者《信托法》规定不得设立信托的财产设立信托；④专以诉讼或者讨债为目的设立信托；⑤受益人或者受益人范围不能确定；⑥法律、行政法规规定的其他情形。

57. 【答案】B

【解析】缺口管理又称为利率敏感性缺口管理法，是利率风险管理的重要工具。具体是指根据对于未来利率变动趋势和收益率曲线形状的预期，改变资产和负债的缺口。简言之，当预期利率会上升时，增加缺口；反之亦然。这里所指的缺口是指浮动利率资产和负债之间的差额，但是当上述资产和负债中的某一项的利率为固定利率的时候，同样也需要进行缺口管理。

58.【答案】B

【解析】最后贷款人的主要目标是防范系统性金融风险，属于全局性目标，提供的是一种紧急资金援助或者支持，这种援助或支持不是政府为银行危机买单，而是体现为政府作为行政力量在市场经济行为中的一种宏观调控作用，而作用方式则具有救助性。

59.【答案】C

【解析】签订、履行合同失职被骗罪，是指国有公司、企业、事业单位直接负责的主管人员在签订、履行合同过程中，因严重不负责任被诈骗，致使国家利益遭受重大损失的行为。本罪侵犯的客体是公司、企业的管理秩序与国家财产。本罪属于渎职犯罪。

60.【答案】A

【解析】国际货币基金组织将金融危机分为四大类：①货币危机；②银行危机；③外债危机；④系统性金融危机。随着经济全球化及金融创新的发展，金融危机越来越多地表现为系统性金融危机。

61.【答案】B

【解析】我国商业银行是以办理存贷款和转账结算为主要业务，以营利为主要经营目标，经营货币的金融企业。与其他金融机构相比，商业银行最明显的特征是能够吸收活期存款，创造货币。

62.【答案】C

【解析】骆驼评级体系是目前美国金融管理当局对商业银行及其他金融机构的业务经营、信用状况等进行的一整套规范化、制度化和指标化的综合等级评定制度。因其五项考核指标，即资本充足性(Capital Adequacy)、资产质量(Asset Quality)、管理水平(Management)、盈利水平(Earnings)和流动性(Liquidity)，其英文第一个字母组合在一起为“CAMEL”，正好与“骆驼”的英文名字相同而得名。骆驼评级方法，因其有效性，已被世界上大多数国家所采用。

63.【答案】D

【解析】接管是商业银行已经或者可能发生信用危机，严重影响存款人的利益时，国务院银行业监督管理机构对该银行采取的监管措施。接管的目的是对被接管的商业银行采取必要措施，以保护存款人的利益，恢复商业银行的正常经营能力。

64.【答案】B

【解析】统一监管型按监管主体数量划分法又称为单一全能型，即对于不同的金融机构和金融业务，无论审慎监管还是业务监管，都由一个机构负责监管。目前有日本、韩国等国家实行这种模式。

65.【答案】A

【解析】伪造、变造金融票证罪客观方面表现为伪造、变造金融票证的行为，包括：①伪造、变造汇票、支票、本票；②伪造、变造委托收款凭证、汇款凭证、银行存单等其他银行结算凭证；③伪造、变造信用证或者附随的单据、文件；④伪造信用卡。

66.【答案】C

【解析】中国人民银行是中华人民共和国的中央银行。中国人民银行在国务院领导下，制定和执行货币政策，防范和化解金融风险，维护金融稳定。中国人民银行在国务院领导下依法独立执行货币政策，履行职责，开展业务，不受地方政府、各级政府部门、社会团体和个人的干涉。

67. 【答案】C

【解析】影响行业兴衰的主要因素包括：①技术进步；②政府政策；③行业组织创新；④社会变化；⑤经济全球化。

68. 【答案】C

【解析】根据金融犯罪实施主体的不同，可以划分为针对银行的犯罪和银行人员职务犯罪。针对银行的犯罪又称为外部犯罪，主要包括破坏金融管理秩序罪、金融诈骗罪等。银行人员职务犯罪又称为内部犯罪，包括贪污、受贿、挪用公款、签订合同失职罪等。

69. 【答案】B

【解析】B 项，被保险存款包括投保机构吸收的人民币存款和外币存款。

70. 【答案】B

【解析】《行政诉讼法》规定，当事人在行政诉讼中的法律地位平等，且有权进行辩论。没有诉讼行为能力的公民，由其法定代理人代为诉讼。法定代理人互相推诿代理责任的，由人民法院指定其中一人代为诉讼。当事人、法定代理人，可以委托一至二人代为诉讼。经人民法院许可，当事人可以查阅本案庭审材料，但涉及国家秘密和个人隐私的除外。

71. 【答案】A

【解析】发展转型类指标用于评价银行业金融机构根据宏观经济政策、结构调整及自身需要，推动业务发展和战略转型的情况，包括业务及客户发展指标、资产负债结构调整指标、收入结构调整指标等。

72. 【答案】C

【解析】当事人在保证合同中约定，债务人不能履行债务时，由保证人承担保证责任的，为一般保证。当事人在保证合同中约定保证人和债务人对债务承担连带责任的，为连带责任保证。当事人在保证合同中对保证方式没有约定或者约定不明确的，按照一般保证承担保证责任。

73. 【答案】B

【解析】根据《银行业监督管理法》的规定，在中华人民共和国境内设立的商业银行、城市信用合作社、农村信用合作社等吸收公众存款的金融机构以及政策性银行；在中华人民共和国境内设立的金融资产管理公司、信托投资公司、财务公司、金融租赁公司以及经国务院银行业监督管理机构批准设立的其他金融机构的监督管理，适用本法对银行业金融机构监督管理的规定。

74. 【答案】B

【解析】目前全国性股份制商业银行包括招商银行、中信银行、中国光大银行、华夏银行、上海浦东发展银行、中国民生银行、广发银行、兴业银行、平安银行、浙商银行、渤海银行、恒丰银行等 12 家。B 项，中国邮政储蓄银行属于大型商业银行。

75. 【答案】B

【解析】我国《证券法》第五十一条规定，证券交易内幕信息的知情人包括：①发行人及其董事、监事、高级管理人员；②持有公司百分之五以上股份的股东及其董事、监事、高级管理人员，公司的实际控制人及其董事、监事、高级管理人员；③发行人控股或者实际控制的公司及其董事、监事、高级管理人员；④由于所任公司职务或者因与公司业务往来可以获取公司有关内幕信息的人员；⑤上市公司收购人或者重大资产交易方及其控股股东、实际控制人、董事、监事和高级管理人员；⑥因职务、工作可以获取内幕信息的证券交易场所、证券公司、证券登记结算机构、证券服务机构的有关人员；⑦因职责、工作可以获取内幕信息的证券监督管理机构工作人员；⑧因法定职责对证券的发行、交易或者对上市公司及其收购、重大资产交易进行管理可以获取内幕信息的有关主管部门、监管机构的工作人员；⑨国务院证券监督管理机构规定的可以获取内幕信息的其他人员。

76. **【答案】**D

【解析】在一般保证情形下，保证人享有先诉抗辩权，即债权人应当首先向主债务人追偿；如果通过诉讼或仲裁仍不能获得清偿，则可以要求保证人承担保证责任。因此，乙银行应该先尝试从甲处追回欠款，之后才能要求丙承担保证责任。

77. **【答案】**D

【解析】我国的股票根据上市地点及股票投资者的不同，分为 A 股、B 股、H 股、N 股等几种。A 股是以人民币标明面值、以人民币认购和进行交易、供国内投资者买卖的股票。B 股又称为人民币特种股票，是指以人民币标明面值、以外币认购和进行交易、专供外国和我国香港、澳门、台湾地区的投资者买卖的股票。H 股是指由中国境内注册的公司发行、直接在中国香港上市的股票。N 股是指由中国境内注册的公司发行、直接在美国纽约上市的股票。

78. **【答案】**C

【解析】杠杆率监管指标基于规模计算(该指标采用一级资本作为分子，所有表内外风险暴露作为分母)，与具体资产风险无关，以此控制商业银行资产规模的过度扩张，并作为资本充足率的补充指标。杠杆率不得低于3%。

79. **【答案】**D

【解析】直接发行是指债券发行人直接向投资者推销债券，而不需要中介机构进行承销。采用直接发行可以节省中介机构的承销、包销费用，节约发行成本。选择直接发行方式一般都是一些信誉较高、知名度较高的大公司以及具有众多分支机构的金融机构。

80. **【答案】**D

【解析】有利于合规风险管理的基本制度主要包括三项：①建立对管理人员合规绩效的考核制度，体现倡导合规和惩处违规的价值观念。②建立有效的合规问责制度，严格对违规行为的责任认定与追究，并采取有效的纠正措施，及时改进经营管理流程，适时修订相关政策、程序和操作指南。③建立诚信举报制度，鼓励员工举报违法、违反职业操守或可疑的行为，并充分保护举报人。

二、多选题

1. **【答案】**ABCDE

【解析】通过绿色信贷、绿色债券、绿色股票指数和相关产品、绿色发展基金、绿色保险、碳金融等金融工具和相关政策支持经济向绿色化转型的制度安排，构建绿色金融体系。

2. 【答案】BCDE

【解析】行政复议当事人的权利包括：①陈述权；②阅卷权；③撤回权；④救济权。

3. 【答案】BD

【解析】商业银行向中央银行借款时，会计分录如下：

借：存放中央银行款项

贷：向中央银行借款

贷款到期，向中央银行归还贷款本息时，会计分录如下：

借：向中央银行借款

　　金融机构往来支出

贷：存放中央银行款项

4. 【答案】AC

【解析】非国家工作人员受贿罪是指非国有的公司、企业或者其他单位的非国家工作人员利用职务上的便利，索取他人财物或非法收受他人财物，为他人谋取利益，数额较大的行为。此罪属于职务犯罪的范畴。

5. 【答案】ADE

【解析】B 项，托收属于商业信用，而不是银行信用。C 项，根据所附单据不同，托收分为光票托收和跟单托收。

6. 【答案】CE

【解析】当一国提高利率水平或本国利率高于外国利率时，会引起资本流入，由此对本国货币需求增大，使本币升值，外汇贬值；反之，当一国降低利率或本国利率低于外国利率时，会引起资本从本国流出，由此对外汇需求增大，外汇升值，本币贬值。

7. 【答案】ABD

【解析】设立信托，应当采取书面形式。根据《信托法》的规定，书面形式包括信托合同、遗嘱或者法律、行政法规规定的其他书面文件等。

8. 【答案】AB

【解析】社会商品可供量、物价水平、货币流通速度这三个因素对货币需求的影响可用货币流通规律说明。若以 M 代表货币需求量，P 代表物价水平，Q 代表社会商品可供量，V 代表货币流通速度，则根据货币流通规律有如下公式：$M = PQ/V$。可见，物价水平和社会商品可供量同货币需求成正比；货币流通速度同货币需求成反比。

9. 【答案】CE

【解析】银行效率是银行在业务活动中投入与产出或成本与收益之间的对比关系，从本质上讲，它是银行对其资源的有效配置，是银行市场竞争能力、投入产出能力和可持续发展能力的总称。效率指标包括成本收入比和人均净利润。AD 两项属于安全性指标；B 项属于市场指标。

10. 【答案】ABCDE

【解析】经济资本本质上是一个风险的概念，通过经济资本的计量可以将银行不同类别的风险进行定量评估并转化为统一的衡量尺度，以便于银行分析风险、考核收益、配置资源。目前，经济资本已经成为银行内部管理最重要的工具之一。经济资本的分配实质上是对风险的分配。一般而言，商业银行配置经济资本可采取自上而下、自下而上或两者相结合的方法。

11.【答案】ABDE

【解析】C项，当外币汇率上升、本币汇率下跌时，意味着以外币表示的本国出口商品价格比以前下降了。在其他条件不变的情况下，将刺激出口增加。

12.【答案】ACD

【解析】B项，重组观察期内债务人未按照合同约定及时足额还款，或虽足额还款但财务状况未有好转，再次重组的资产应至少归为次级类，并重新计算观察期。E项，商业银行应至少每季度对全部金融资产进行一次分类，如果影响债务人财务状况或债务偿还因素发生重大变化，应及时调整分类形态。

13.【答案】BCD

【解析】A项，中国香港特区实行的是分业监管体制；E项，澳大利亚实行的是"双峰"监管体制。

14.【答案】CE

【解析】C项，不可分物是指按照物的性质不可分割，或分割后价值会减少或改变性质的物。如一头牛、一台电视机等。E项，主物是指独立存在，与其他独立物结合使用，并自其中发挥主要作用的物。从物是在两个独立物的结合使用中处于附属地位、起辅助和配合作用的物。如台灯和其灯罩中，台灯是主物，灯罩是从物。原物是指依其自然属性，或根据法律规定能产生新物的物。如下蛋的母鸡、带来利息的存款等。孳息是指原物产生的收益。如鸡蛋、利息等。

15.【答案】ABCDE

【解析】国家金融监督管理总局统一负责除证券业之外的金融业监管。

16.【答案】ABCDE

【解析】商业银行根据业务需要可以在中华人民共和国境内外设立分支机构。设立分支机构必须经国务院银行业监督管理机构审查批准。商业银行分支机构不具有法人资格，在总行授权范围内依法开展业务，其民事责任由总行承担。经批准设立的商业银行分支机构，由国务院银行业监督管理机构颁发经营许可证，并凭该许可证向工商行政管理部门办理登记，领取营业执照。

17.【答案】BDE

【解析】A项属于流动性指标，C项属于集中度指标。

18.【答案】BCDE

【解析】银行不应该引导客户进行高收益投资，因为高收益往往伴随着高风险，银行应该在客户充分了解风险的基础上，根据客户自身的风险承受能力等因素来引导客户合理投资，而不是单纯追求高收益。

19.【答案】BCDE

【解析】市场约束机制的运行条件包括：发达的金融市场；充分有效的信息披露机制；必须拥有维护市场正常运行的完善的法律体系；市场参与者具有较强的金融风险意识；良好的公司治理机制。

20.【答案】ABCD

【解析】资产规模不小于2000亿元人民币的商业银行应当持续达到流动性覆盖率、净稳定资金比例、流动性比例和流动性匹配率的最低监管标准；资产规模小于2000亿元人民币的商业银行应当持续达到优质流动性资产充足率、流动性比例和流动性匹配率的最低监管标准。

21. 【答案】ABDE

【解析】法人的成立必须具备以下条件：①依法成立。②有自己的名称、组织机构、住所、财产或者经费。

22. 【答案】BCDE

【解析】中央银行是从现代商业银行中分离出来逐渐演变而成的。首先，中央银行的产生是集中统一银行券发行的需要。其次，中央银行的产生是统一票据交换及清算的需要。再次，中央银行的产生是最后贷款人的需要。最后，中央银行的产生是对金融业统一管理的需要。

23. 【答案】AE

【解析】商业银行在需要时可以向中央银行申请借款。这是一种不同于其他存款业务的比较特殊的一种资金来源业务。商业银行一般只把向中央银行借款作为融资的最后选择，只有在通过其他方式难以借到足够的资金时，才会求助于中央银行，这也是中央银行被称为最后贷款人的原因。商业银行向中央银行借款有再贴现和再贷款两种途径。

24. 【答案】ABCDE

【解析】现有的票据和结算方式有汇票、本票、支票、银行卡及汇兑、托收承付、委托收款和国内信用证等。

25. 【答案】ABCD

【解析】E项，合规监管是指通过行政手段，对银行执行有关法规、制度和规章等情况进行监管，以规范银行经营行为，维护银行业内部秩序。

三、判断题

1. 【答案】B

【解析】金融市场具备反映经济运行的功能。金融市场是国民经济景气情况的重要信号系统，是反映国民经济情况的晴雨表。首先，在一个有效的市场中，证券交易行情能够反映企业的经营管理情况及发展前景，从而成为反映微观经济运行状况的指示器。

2. 【答案】B

【解析】商业银行应对表内承担信用风险的金融资产进行风险分类，包括但不限于贷款、债券和其他投资、同业资产、应收款项等。表外项目中承担信用风险的，应按照表内资产相关要求开展风险分类。商业银行交易账簿下的金融资产以及衍生品交易形成的相关资产不包括在上述范围之内。

3. 【答案】A

【解析】表见代理对于本人来说，产生与有权代理一样的效果，即在相对人与被代理人之间发生法律关系。被代理人因向第三人履行义务或者承担民事责任而遭受损失的，只能向表见代理人追偿。

4. 【答案】B

【解析】声誉风险管理的基本原则包括：①前瞻性原则；②匹配性原则；③全覆盖原则；

④有效性原则。

5. 【答案】A

【解析】从 1991 年开始，美国联邦储备委员会及其他监管部门对骆驼评级体系进行了重新修订。增加了第六个评估内容，即市场风险敏感度，主要考察利率、汇率、商品价格及股票价格的变化，对金融机构的收益或资本可能产生不良影响的程度。

6. 【答案】B

【解析】合同的履行需遵循实际履行原则。实际履行原则是指合同当事人应当严格按照合同规定的标的履行自己的义务，未经权利人同意，不得以其他标的代替履行或者以支付违约金和赔偿金来免除合同规定的义务。

7. 【答案】B

【解析】商业银行资本充足率越高、不良贷款比率越低，适用的存款准备金率就越低。

8. 【答案】A

【解析】在我国，行政许可的设定和实施适用《中华人民共和国行政许可法》。依照《行政许可法》的规定，只有针对特定范围内的活动才可以设定行政许可；如果这些特定活动能够通过其他方式予以规范，可以不设行政许可。有关行政机关对其他机关或者对其直接管理的事业单位的人事、财务、外事等事项的审批，不属于《行政许可法》的适用范围。

9. 【答案】B

【解析】商业银行应制定绩效薪酬延期追索、扣回规定，如在规定期限内其高级管理人员和相关员工职责内的风险损失超常暴露，商业银行有权将相应期限内已发放的绩效薪酬全部追回，并止付所有未支付部分。绩效薪酬延期追索、扣回规定应同样适用于离职人员。

10. 【答案】A

【解析】利率市场化对商业银行的影响主要包括：利率波动的不确定性影响银行存贷差的利润空间，尤其对国内银行高度依赖利息收入的传统经营模式造成冲击；把定价权交给了市场，对银行金融产品的定价能力和技术水平提出了更高的要求；加大商业银行面临的利率风险、信用风险、流动性风险等一系列风险；改变商业银行外部经营环境，影响银行业的竞争格局，使竞争日益激烈；影响商业银行的资产负债结构，增加了资本管理难度。

银行业法律法规与综合能力(中级)
机考真题精选(二)

一、单选题(共80题，每小题0.5分，共40分，下列选项中只有一项最符合题目的要求，不选、错选均不得分)

1. 下列选项中，不符合法律规定的是(　　)。

A. 上位法尚未设定行政许可的事项范围，下位法可以作出具体规定

B. 行政许可由法律、行政法规、国务院决定、地方性法规等规范性法律文件予以设定

C. 行政许可由具有法定权限的机关或组织遵从法定程序予以实施，实施效力法定

D. 省、自治区、直辖市人民政府规章可以设定临时性的行政许可

2. 关于行业兴衰影响因素的表述，错误的是(　　)。

A. 经济全球化导致产业的全球化转移，会影响一个国家的行业结构发生重大变化

B. 新技术的使用会创造新的行业，同时也会加速淘汰旧的行业

C. 社会趋势等变化对企业生产成本和收益等方面都会产生一定的影响

D. 政府主要通过财政政策来对各行业进行管理和调控进而影响行业的发展

3. 破产重整期间自何时开始？(　　)

A. 重整计划制订完毕　　B. 债务人与债权人达成协议

C. 利害关系人提出申请　　D. 人民法院裁定债务人重组

4. 关于同业拆借的表述，错误的是(　　)。

A. 主要满足金融机构短期资金融通需要

B. 是在有担保条件下进行的资金与信用的直接交换

C. 潜在信用风险较高

D. 是金融机构进行流动性管理的重要手段

5. 下列债券承销方式中，商业银行承担风险最大的是(　　)。

A. 代销　　B. 余额包销　　C. 全额包销　　D. 自销

6. 委托人设立信托损害其债权人利益的，债权人有权申请人民法院(　　)。

A. 撤销该信托　　B. 提前终止该信托

C. 宣告信托无效　　D. 将债权人增设为信托受益人

7. 关于全面风险管理原则的表述，不符合“独立性”原则的是(　　)。

A. 在总行及分行单独设立风险管理部

B. 首席风险官向董事会汇报前须首先向行长汇报

C. 赋予风险管理部总经理足够的权限

D. 风险管理部对前台业务部门有制衡手段

8. 公司增加或减少注册资本，须由公司______作出决议，并由代表______以上表决权的股东通过，并须进行相应的变更登记。(　　)

A. 董事会；二分之一　　B. 股东会；三分之二

C. 股东会；二分之一　　D. 董事会；三分之二

9. 根据国务院公布的《存款保险条例》，存款保险实行限额偿付，最高偿付限额为人民币(　　)。

A. 100 万元　　B. 70 万元　　C. 30 万元　　D. 50 万元

10. 我国货币当局的主要职能不包括(　　)。

A. 制定与执行货币政策　　B. 监管金融控股公司等金融集团

C. 扮演最后贷款人角色　　D. 货币发行

11. 下列信托关系主体可以是无行为能力或限制行为能力人的是(　　)。

A. 受托人　　B. 受托人或受益人

C. 委托人　　D. 受益人

12. 下列政策措施中，属于治理通货膨胀对策的是(　　)。

A. 减少税赋　　B. 降低法定存款准备金率

C. 调低利率　　D. 提高法定存款准备金率

13. 商业银行发放并购贷款期限一般不超过(　　)。

A. 3 年　　B. 10 年　　C. 5 年　　D. 7 年

14. 下列关于金融机构反洗钱义务的说法，错误的是(　　)。

A. 金融机构应当依照规定建立健全反洗钱内部控制制度，金融机构的负责人应当对反洗钱内部控制制度的有效实施负责

B. 金融机构应当按照规定建立客户身份资料和交易记录保存制度，并于金融机构破产和解散时销毁全部资料和记录

C. 金融机构应当按照规定建立和实施客户身份识别制度

D. 金融机构应当按规定执行大额交易和可疑交易报告制度

15. (　　)作为股份公司的权力机构，决定公司战略性的重大问题，选举和更换董事、监事，决定有关董事、监事的报酬事项；审议批准公司的利润分配方案和弥补亏损方案；对公司增加或者减少注册资本作出决议；决定公司合并、分立、解散、清算，修改公司章程等。

A. 股东会　　B. 董事会　　C. 公司经理　　D. 监事会

16. 金融市场最主要、最基本的功能是(　　)。

A. 融通货币资金功能　　B. 经济调节功能

C. 优化资源配置功能　　D. 定价功能

17. 下列关于《中华人民共和国商业银行法》中商业银行接管的说法，错误的是(　　)。

A. 接管由国务院银行业监督管理机构决定、并组织实施

B. 接管的目的是对被接管的商业银行采取必要措施，以保护存款人的利益，恢复商业银行的正常经营能力

C. 接管期限自接管决定实施之日起开始，最长不得超过五年

D. 自接管开始之日起，由接管组织行使商业银行的经营管理权力

18. 根据我国《中华人民共和国商业银行法》规定，商业银行终止的情形不包括(　　)。

A. 解散　　B. 被宣告破产　　C. 被停止营业　　D. 被撤销

19. 下列关于我国的银行监管目标的表述，正确的是(　　)。

A. 保护存款人和广大金融消费者的利益是国务院银行业监督管理机构的基本职责和目

标追求
B. 努力减少金融犯罪是国务院银行业监督管理机构的基本职责和目标追求
C. 防范金融风险是国务院银行业监督管理机构的基本职责和目标要求
D. 增进市场信心是国务院银行业监督管理机构的基本职责和目标追求

20. 下列属于商业银行最基本职能的是(　　)。
A. 提供金融服务　B. 充当支付手段　C. 充当信用中介　D. 信用创造功能

21. 下列关于国际收支和国际储备的说法中，正确的是(　　)。
A. 国际收支盈余越大越好
B. 国际收支是指国民与非国民之间交易系统记录
C. 国际储备资产越充足，物价水平越稳定
D. 国际收支经常账户主要反映贸易和劳务往来情况

22. 下列关于金融犯罪对象的表述，正确的是(　　)。
A. 可以是金融工具　B. 只能是法人
C. 只能是金融企业　D. 只能是自然人

23. 以下关于行政复议当事人的表述中，错误的是(　　)。
A. 被申请人为作出具体行政行为的行政机关或上级主管机关
B. 有权申请行政复议的公民死亡的，其近亲属可以申请行政复议
C. 申请人即依法申请行政复议的公民、法人或者其他组织
D. 外国人、无国籍人、外国组织可以作为申请人在中华人民共和国境内申请行政复议

24. 下列选项中，不属于融资性担保公司业务范围的是(　　)。
A. 贷款担保　B. 开立承兑汇票　C. 票据承兑担保　D. 贸易融资担保

25. 以下表述中不属于先履行抗辩权行使应符合的条件的是(　　)。
A. 两个债务有先后履行顺序　B. 双方当事人互负债务
C. 先履行一方未履行或未按约定履行　D. 双方互负债务均未届清偿期

26. 根据巴塞尔协议Ⅲ的要求，商业银行的储备资本要求应达到(　　)。
A. 1.5%　B. 4.5%　C. 5%　D. 2.5%

27. 下列能够导致货币需求减少的因素是(　　)。
A. 社会商品可供量增加　B. 货币流动速度减慢
C. 利率上升　D. 居民、企业等经济主体的收入增加

28. 诉讼时效期间从(　　)开始起算。
A. 主张权利时
B. 提起诉讼时
C. 知道或应当知道权利受到损害以及义务人之日
D. 侵害行为发生时

29. 下列关于国际上主要金融监管体制的说法，错误的是(　　)。
A. 统一监管型是指对于不同的金融机构和业务，都由一个机构负责监管
B. 多头监管型是指将金融机构和金融市场一般按照证券、银行、期货划分为三个领域，分别进行监管
C. “双峰”监管型的代表国家有英国、澳大利亚

D. 目前主要有日本、韩国等国家采用统一监管模式

30. 甲农村信用社将吸收的500万元储蓄资金不入账，用于向乙企业发放高利贷款，因经营管理不善，贷款到期前，乙企业被法院宣告破产，500万元贷款形成不良贷款，无法收回。下列罪名，适用于甲农村信用社的是(　　)。

A. 违法发放贷款罪　　B. 吸收客户资金不入账罪

C. 高利转贷罪　　D. 非法吸收公众存款罪

31. 下列不属于行政处罚基本原则的是(　　)。

A. 行政处罚应当遵循及时、便民服务的原则

B. 行政处罚坚持处罚与教育相结合

C. 行政处罚的设定和实施公正、公开

D. 行政处罚以事实为依据，与违法行为的事实、性质、情节以及社会危害程度相当

32. 下列关于行政强制的表述，错误的是(　　)。

A. 行政强制包括行政处罚决定、行政强制措施和行政强制执行

B. 行政强制措施包括行政机关依法对公民的人身自由实施暂时性限制，或者对公民、法人或者其他组织的财物实施暂时性控制的行为

C. 行政强制措施主要适用于行政机关在行政管理过程中制止违法行为、防止证据损毁、避免危害发生、控制危险扩大等情形

D. 行政强制执行是指行政机关或者行政机关申请人民法院，对不履行行政决定的公民、法人或者其他组织，依法强制履行义务的行为

33. 银团贷款业务中，由单家银行担任牵头行，其承担贷款份额原则上不少于银行融资总额的(　　)。

A. 10%　　B. 30%　　C. 50%　　D. 15%

34. 关于货币产生问题的说法，错误的是(　　)。

A. 货币是固定充当一般等价物的特殊商品

B. 货币是随着商品交换的发展从商品世界分离出来的

C. 货币和商品交换同时出现

D. 货币是商品经济内在矛盾的产物

35. 下列不属于经济周期所经历阶段的是(　　)。

A. 衰退阶段　　B. 成长阶段　　C. 繁荣阶段　　D. 复苏阶段

36. 关于行政许可的申请和延续，以下不符合法律规定的是(　　)。

A. 行政许可由要从事特定活动的公民、法人或者其他组织向行政机关提交申请，然后由行政机关依法作出准予行政许可的决定

B. 需要颁发行政许可证的，由行政机关向申请人颁发加盖本行政机关印章的行政许可证件

C. 行政许可的被许可人需要延续依法取得的行政许可的有效期的，一般可以在行政许可有效期届满三十日前向决定行政许可的行政机关提出延续行政许可的申请

D. 行政机关收到被许可人延续行政许可的申请，在该行政许可有效期届满后未作决定的，视为不准予延续

37. 为了减少货币供应量，中央银行可以采取的方式有(　　)。

A. 卖出有价证券　　B. 降低存款利率
C. 降低法定存款准备金率　　D. 降低再贴现率

38. 以下主体中，属于民事诉讼当事人的是(　　)。
A. 诉讼代理人　　B. 第三人　　C. 鉴定人　　D. 证人

39. 货币执行价值尺度职能的特点是(　　)。
A. 必须是直接以重量计算的贵金属　　B. 必须是现实的货币
C. 必须是足值的货币　　D. 可以是观念形态的货币

40. 商业银行的信息披露中，关于经营业绩必须披露的内容不包括(　　)。
A. 资本收益率　　B. 资产收益率　　C. 资产清单　　D. 净利差

41. 以下哪个情形不属于商业银行接管的终止情形(　　)。
A. 接管期限届满前，该商业银行被合并或被依法宣告破产
B. 接管期限届满前，该商业银行引入新的战略投资者
C. 接管期限届满前，该商业银行已恢复正常经营能力
D. 接管决定规定的期限届满

42. 以下措施不属于刑事诉讼强制措施的是(　　)。
A. 拘传　　B. 扣押财物　　C. 取保候审　　D. 逮捕

43. 一学校委托其教务人员 A 去购买电教器材，A 在百货公司购买器材时，正好公司举行有奖销售，A 代购的这批器材可以得到 5 张奖券，A 领到这 5 张奖券后自己收了起来，开奖后有一张中了头奖，可以得到彩电一台，这台中奖的彩电应当(　　)。
A. 归学校所有
B. 归 A 所有
C. 归学校所有，但应当给予 A 适当补偿
D. 归学校与 A 共有

44. 关于中国银行业协会的说法，错误的是(　　)。
A. 中国银行业协会是营利性的社会团体
B. 不是每家银行业金融机构都必须加入
C. 中国银行业协会是我国的银行业自律组织
D. 中国银行业协会的主管单位是国务院银行业监督管理机构

45. 下列选项中，在计算资本充足率时应从核心一级资本中全额扣除的项目是(　　)。
A. 商誉　　B. 超额贷款损失准备
C. 优先股　　D. 实收资本

46. 下列选项中，不属于巴塞尔协议第三版内容的是(　　)。
A. 银行部门与分支机构情况　　B. 资本的构成
C. 风险敞口及风险管理策略　　D. 资本充足率

47. 被害人由于被告人的犯罪行为而遭受物质损失的，在刑事诉讼过程中，有权提起附带民事诉讼。被害人死亡或者丧失行为能力的，(　　)有权提起附带民事诉讼。
A. 人民法院　　B. 人民检察院
C. 被害人或其法定代理人、近亲属　　D. 当地民政部门

48. 金融犯罪侵犯的客体是(　　)。

A. 银行　　B. 金融管理秩序　　C. 银行从业人员　　D. 客户存款

49. 根据《中华人民共和国中国人民银行法》的规定，我国货币政策的目标是(　　)。
A. 保持货币币值的稳定，以此促进经济增长
B. 保持汇率水平的稳定，以此促进经济增长
C. 保持国际收支的稳定，以此促进经济增长
D. 保持物价水平的稳定，以此促进经济增长

50. 下列不属于商业银行债券投资目标的是(　　)。
A. 平衡银行流动性和盈利性
B. 降低银行资产组合的风险
C. 相对于贷款投放，有助于提高银行资本充足率
D. 降低银行资产负债率

51. 下列关于同业拆借的表述，正确的是(　　)。
A. 拆借利率由中央银行预先规定　　B. 具有期限短、金额大、风险低等特点
C. 拆入资金只能用于发放流动资金　　D. 拆借双方仅限于商业银行

52. 久期管理是银行资产负债管理的重要工具，主要用于管理(　　)。
A. 汇率风险　　B. 价格风险　　C. 利率风险　　D. 股票风险

53. 下列关于买断式债券回购业务的说法，错误的是(　　)。
A. 债券所有权发生了实质性转移
B. 业务到期后交易双方可协商展期
C. 融出资金方可以在回购协议期内自由处置债券
D. 交易期限最长不得超过 91 天

54. 银行某业务单元的税后净利润为 16 亿，其经济资本规模为 40 亿元。银行对资本的成本要求不低于 10%，则该业务单元的经济增加值(EVA)为(　　)。
A. 9 亿元　　B. 12 亿元　　C. 15.7 亿元　　D. 13 亿元

55. 在以下金融犯罪中，犯罪主观方面可以是过失的是(　　)。
A. 对违法票据承兑、付款、保证罪　　B. 违规出具金融票证罪
C. 洗钱罪　　D. 变造货币罪

56. 在我国，股票的注册发行机构是(　　)。
A. 证券监督管理机构　　B. 证券交易所
C. 证券业协会　　D. 证券登记结算机构

57. 根据《中华人民共和国行政诉讼法》，下列说法正确的是(　　)。
A. 在诉讼过程中，被告可以自行向原告和证人收集证据
B. 行政诉讼的被告对作出的具体行政行为不负有举证责任
C. 行政诉讼的被告应当提供作出该具体行政行为的证据和所依据的规范性文件
D. 行政诉讼根据“谁主张，谁举证”原则进行举证

58. 当一国存在较大规模国际收支顺差时，(　　)。
A. 会造成本币对外贬值　　B. 会造成对外汇的需求小于外汇供给
C. 会造成本国外汇收入比外汇支出少　　D. 会造成外汇汇率上涨

59. 对于担保类贷款，如借款人到期不归还担保贷款的，商业银行依法享有的权利不包

括(　　)。

A. 要求就担保物优先受偿　　B. 扣押保证人财产

C. 要求连带责任保证人归还贷款本金　　D. 要求连带责任保证人归还贷款利息

60. 下列属于理财产品投资范围的是(　　)。

A. 本行发行的理财产品　　B. 他行发行的理财产品

C. 本行信贷产品　　D. 本行公司类客户发行的信用类债券

61. 破产开始的法律效果不包括(　　)。

A. 债务人的债务人或者财产持有人应当向管理人清偿债务或者交付财产

B. 已经开始而尚未终结的有关债务人的民事诉讼或者仲裁应当中止

C. 有关债务人财产的保全措施应当解除，执行程序应当中止

D. 债务人有权对个别债权人进行债务清偿

62. 我国银行监管的四个层次不包括(　　)。

A. 银行自我监管　　B. 审慎监管

C. 行业自律　　D. 市场约束

63. 中央银行作为最后贷款人，其贷款对象是(　　)。

A. 出现清偿力危机并已经濒临破产倒闭的金融机构

B. 暂时出现流动性不足但仍然具有清偿力的金融机构

C. 因管理不善出现清偿力危机而资不抵债的金融机构

D. 暂时出现流动性不足而且没有清偿力的金融机构

64. 票据一经背书转让，票据上的权利也随之转让给(　　)。

A. 背书人　　B. 承兑人　　C. 出票人　　D. 被背书人

65. 国际上银行监管机构进行银行监管的共同目标是(　　)。

A. 努力减少金融犯罪　　B. 增进市场信心

C. 保护存款人和广大金融消费者的利益　　D. 防范金融风险

66. 金融在促进经济增长中发挥着不可替代的作用。金融系统基本的、核心的功能不包括(　　)。

A. 提供清算和结算的途径以完成商品和各种资产的交易

B. 便利资源在时间和空间上的转移

C. 提供分散、转移和管理风险的途径

D. 提供了商品流通渠道及交易机制

67. 与非零售风险暴露相比，不属于零售风险暴露特点的是(　　)。

A. 笔数多　　B. 单笔风险暴露较小

C. 风险分散　　D. 占用资本多

68. 下列关于商业银行计算资本充足率方法的表述，正确的是(　　)。

A. 商业银行采用高级方法须经监管机构核准

B. 信用风险计量方法包括内部模型法和内部评级法

C. 商业银行采用信用风险内部评级法后可自行退回到权重法

D. 商业银行可自主选择资本计量的高级方法

69. 下列关于违法发放贷款罪犯罪构成的表述，错误的是(　　)。

A. 犯罪主观方面是故意或过失
B. 犯罪主体是银行或者其他金融机构及其工作人员
C. 犯罪客观方面表现为违反国家规定发放贷款的行为
D. 犯罪客体是国家对贷款的管理制度

70. 下列关于金融工具流动性的表述，正确的是(　　)。
A. 债务人信誉越高流动性越好
B. 偿还期越短流动性越差
C. 银行贷款的流动性要高于国债
D. 与企业债相比，金融债券的流动性一般较差

71. 下列人员中，不属于证券交易内幕信息的知情人的是(　　)。
A. 证券监管机构工作人员以及由于法定职责对证券的发行、交易进行管理的人员
B. 证券市场研究人员
C. 持有公司5%以上股份的股东及其董事、监事、高级管理人员
D. 发行人的董事、监事、高级管理人员

72. 银行业金融机构应加强清廉金融建设，将清廉从业制度纳入(　　)体系，将清廉金融理念贯穿业务经营各个方面、各个环节和流程。
A. 内部控制　　B. 全面风险管理　　C. 内部审计　　D. 合规管理

73. 银行监管的发展历程在表象上反映为管制、放松、重新管制，本质上是对______和______两种监管目标的选择过程。(　　)
A. 安全优先；效率优先　　B. 风险优先；发展优先
C. 安全优先；风险优先　　D. 效率优先；发展优先

74. 下列金融工具中，不能达到转移、分散风险的是(　　)。
A. 单一投资　　B. 票据发行便利　　C. 利率互换　　D. 长期贷款的证券化

75. 下列选项中，不属于国家金融监督管理总局职责的是(　　)。
A. 依法制定和执行货币政策　　B. 维护银行保险业合法稳健运行
C. 防范和化解金融风险　　D. 保护金融消费者合法权益

76. 储蓄业务客户群体大，银行工作人员在办理该项业务时需主要防范的风险是(　　)。
A. 操作风险　　B. 市场风险　　C. 流动性风险　　D. 信用风险

77. 关于同业拆借的表述，正确的是(　　)。
A. 同业拆借市场上的利率是资本市场最重要的市场利率之一
B. 同业拆借需要中央银行提供担保
C. 商业银行开展业务经营活动的营业场所、设备等固定资产的投入只能使用自有资金，不得使用拆借资金
D. 我国的同业拆借，是指通过全国统一的同业拆借网络进行的有担保资金融通行为

78. 商业银行内部控制应遵循审慎性原则，坚持(　　)的理念。
A. 内控为本、审慎经营　　B. 风险为本、审慎经营
C. 风险为本、效益优先　　D. 内控为本、效益优先

79. 下列行为中，违反银行业从业人员“同业竞争”规定的是(　　)。
A. 根据客户风险状况，降低贷款利率10%

B. 客观揭示业务风险

C. 为企业财务负责人提供私人便利

D. 根据客户风险状况，提高贷款利率10%

80. 根据《行政强制法》，我国行政强制执行的方式不包括(　　)。

A. 冻结存款、汇款

B. 划拨存款、汇款

C. 排除妨碍、恢复原状

D. 拍卖或者依法处理查封、扣押的场所、设施或者财物

二、多选题(共25题，每小题2分，共50分，下列选项中有两项或两项以上符合题目要求，多选、少选、错选均不得分)

1. 根据《商业银行资本管理办法》，核心一级资本包括(　　)。

A. 所有少数股东资本　　B. 盈余公积金

C. 资本公积金　　D. 未分配利润

E. 实收资本

2. 根据《商业银行流动性风险管理办法》，适用于资产规模小于2000亿元人民币的商业银行的流动性监管指标包括(　　)。

A. 流动性匹配率　　B. 优质流动性资产充足率

C. 拨备覆盖率　　D. 净稳定资金比例

E. 流动性比例

3. 以下关于行政复议当事人权利的表述中，正确的有(　　)。

A. 申请人可以要求行政复议机关负责法制工作的机构向有关组织和人员调查情况，听取申请人、被申请人和第三人的意见

B. 行政复议当事人对行政复议决定不服的，享有依法规定向人民法院提起行政诉讼的救济权

C. 申请人、第三人可以依法查阅被申请人提出的书面答复、作出具体行政行为的依据等资料

D. 行政复议当事人享有陈述权、阅卷权、撤回权和救济权等权利

E. 行政复议决定作出前，申请人要求撤回行政复议申请的，经说明理由，可以撤回

4. 影响货币需求的主要因素包括(　　)。

A. 公众的预期和偏好　　B. 收入水平

C. 人口数量　　D. 社会商品可供量

E. 货币流通速度

5. 确保对金融机构的市场约束机制能够有效发挥作用，应具备的条件有(　　)。

A. 良好的公司治理机制　　B. 完善的法律体系

C. 市场参与者风险意识淡薄　　D. 发达的金融市场

E. 充分有效的信息披露制度

6. 银行监管的流程包括(　　)。

A. 非现场监管　　B. 银行自律　　C. 现场检查　　D. 监管评级

E. 市场准入

7. 下列选项中，属于银行付息负债的有(　　)。

A. 次级债　　B. 递延税项负债　　C. 应付税金　　D. 向央行借款

E. 同业存款

8. 关于中央银行的产生与发展的表述，正确的是(　　)。

A. 是集中统一银行券发行的需要　　B. 是统一票据交换及清算的需要

C. 是“最后贷款人”的需要　　D. 是对金融业统一管理的需要

E. 是保证银行持续盈利的需要

9. 风险监管方式的核心是监管当局能够(　　)。

A. 处置风险　　B. 预警风险　　C. 识别风险　　D. 消灭风险

E. 监测风险

10. 职务侵占罪的犯罪主体为特殊主体，包括(　　)。

A. 非国有的公司、企业的非国家工作人员

B. 国家机关的工作人员

C. 非国有的公司、企业或者其他单位的国家工作人员

D. 国有企业的国家工作人员

E. 其他单位的非国家工作人员

11. 当一国利率高于外国利率时，对国际收支和汇率的影响包括(　　)。

A. 本币贬值　　B. 外汇贬值　　C. 本币升值　　D. 资本流入

E. 资本流出

12. 有下列情形之一的，信托无效(　　)。

A. 信托目的违反法律、行政法规或者损害社会公共利益

B. 委托人以非法财产设立信托

C. 专以诉讼或者讨债为目的设立信托

D. 受益人或者受益人范围不能确定

E. 信托财产不能确定

13. 在银行监管流程中，非现场风险分析的主要内容包括(　　)。

A. 盈亏分析　　B. 市场风险的分析

C. 流动性分析　　D. 资产质量分析

E. 资本充足性分析

14. 中央银行最后贷款人提供资金的操作方式主要包括(　　)。

A. 通过财政性货币发行增加资金并向整个金融市场提供流动性

B. 通过再贴现窗口直接向金融机构提供贷款

C. 通过公开市场购买合格资产，向整个金融市场提供流动性

D. 通过财政性拨款直接向金融机构提供资金

E. 通过政策性银行直接向金融机构提供贷款

15. 风险为本的监管方式，实现了由(　　)转变。

A. 事后检查向事前监测　　B. 事后纠正向事前防范

C. 微观审慎向宏观审慎　　D. 事后发现向事前预警

E. 主动监管向被动监管

16. 下列关于商业银行经济资本管理意义的表述，正确的有(　　)。

A. 有助于商业银行制定科学的业绩评估体系

B. 有助于商业银行实现资产规模扩张

C. 有助于银行从管理风险的角度实现对资源的有效配置

D. 有助于商业银行提高风险管理水平

E. 有助于银行实现风险与收益最优平衡

17. 根据我国贷款制度的有关规定，商业银行贷款人的义务包括(　　)。

A. 对借款人的债务、财务、生产、经营情况保密，但对依法查询者除外

B. 给委托贷款的委托人垫付资金

C. 应当对借款人的借款用途、还款方式和偿还能力进行调查

D. 按照中国人民银行贷款利率规定，确定贷款利率

E. 应当实行审贷分离、分级审批的制度

18. 下列关于以区域管理为主的总分行型组织架构的表述，正确的有(　　)。

A. 这种组织架构的优点是各职能部门对外部环境变化反应比较灵敏

B. 总行、分行、支行等各级机构形成垂直管理体系

C. 以分行为利润中心，总行向分行下达各项业务指标和利润指标，分行再分解到各附属支行

D. 这种组织架构的缺点是各层级职能部门自成体系，横向信息沟通难度较大

E. 总行、支行、分行设立若干履行指定职责的职能部门，行使相应的经营决策权、业务管理权、资源调整权和绩效考核权

19. 银行在开展金融业务中，保护客户利益的手段有(　　)。

A. 充分信息披露　　B. 金融知识普及教育

C. 引导客户高收益投资　　D. 审慎尽责

E. 银行与客户的利益冲突中只保护客户的利益

20. 巴塞尔委员会在工作开展中始终遵循的两个基本原则是(　　)。

A. 没有任何境外银行机构可以逃避监管

B. 银行机构必须坚持流动性、安全性、效益性

C. 对银行机构的监管必须是充分有效的

D. 银行机构必须资本充足

E. 须建立完善的金融监管体系

21. 金融监管总局的监管对象包括(　　)。

A. 保险公司　　B. 基金公司　　C. 信托投资公司　　D. 政策性银行

E. 金融租赁公司

22. 在一定时期内一国的货币需求包括(　　)。

A. 政府愿意以货币形式持有财产的需要

B. 社会各阶层对流通手段的货币需求

C. 个人愿意以货币形式持有财产的需要

D. 社会各阶层对支付手段和贮藏手段的货币需求

E. 企业单位愿意以货币形式持有财产的需要

23. 下列银行保函业务中，属于非融资类保函的有(　　)。

A. 投标保函　　B. 延期付款保函　　C. 经营租赁保函　　D. 融资租赁保函

E. 预付款保函

24. 关于中央银行最后贷款人制度的说法，正确的有(　　)。

A. 最后贷款人的主要目标是防范系统性金融风险

B. 最后贷款人制度是构成金融安全网的组成部分之一

C. 最后贷款人制度体现为政府在市场经济行为中的一种宏观调控作用

D. 最后贷款人提供了一种紧急资金支持

E. 最后贷款人制度的作用方式具有救助性

25. 以下关于公司资本的表述中，正确的有(　　)。

A. 公司资本是指股东为达到公司目的所实施的财产出资的总额

B. 公司资本制度是《公司法》确认的资本筹措与运营的重要制度

C. 我国采取的公司资本制度是法定资本制

D. 根据我国现行公司法律制度，公司资本不得任意变更

E. 我国公司设立时，资本必须由股东一次性实缴到位

三、判断题(共10题，每小题1分，共10分，请对下列各题的描述做出判断，正确请选A，错误请选B)

1. 表见代理属于广义无权代理的一种。(　　)
2. 在金融机构的绩效考核体系中，经营效益类指标和发展转型类指标权重应明显高于其他类指标。(　　)
3. 在我国，只有针对特定范围内的活动才可以设定行政许可。(　　)
4. 对同样的风险水平的贷款，不同银行计算的经济资本结果应该是相同的。(　　)
5. 违规出具金融票证罪侵犯的客体是国家对金融票证的管理制度。(　　)
6. 在合同有效成立后和履行过程中，因不可归责于双方当事人的原因而使合同成立的基础发生变化，如继续履行合同将会造成显失公平的后果时，允许当事人变更合同内容或解除合同，以消除不公平的后果。(　　)
7. 法定存款准备金率的调整会影响商业银行可以自由运用的资金量，利率调整会影响商业银行的存款成本和贷款收益。(　　)
8. 针对银行的犯罪又称为外部犯罪，银行人员职务犯罪行为又称为内部犯罪。(　　)
9. 商业银行不得用自有资金购买本行发行的理财产品。(　　)
10. 货币政策工具中被广泛使用而且被称之为“三大法宝”的政策工具分别是：公开市场操作、存款准备金、再贷款。(　　)

参考答案及详解

一、单选题

1.【答案】A

【解析】一些下位法可以在上位法设定的行政许可事项范围内，对实施该行政许可作出具体规定。

2.【答案】D

【解析】政府主要通过产业政策来对各行业进行管理和调控进而影响行业的发展。产业政策是国家干预经济的一种形式，是为了实现一定的社会经济目标而对行业发展进行干预的各种政策的总和。政府政策的核心是产业结构政策和产业组织政策。

3.【答案】D

【解析】自人民法院裁定债务人重整之日起至重整程序终止，为重整期间。

4.【答案】B

【解析】同业拆借是在无担保条件下进行的资金与信用的直接交换，潜在信用风险较高，因此要求拆借主体具有较高的信用等级。

5.【答案】C

【解析】C 项，采取全额包销方式，承销机构要承担全部的发行风险，同时又要保证发行人及时得到所需的全部资金，因此，发行者必须付出较高的发行费用。A 项，采用代销方式，发行者仍有发行失败的风险；而中介机构虽然承担的风险小，但其收入也相对较少。B 项，余额包销的特点是既保证债券发行总额的完成，又能减轻发行者的费用和中介机构的风险压力，因此十分流行。

6.【答案】A

【解析】委托人设立信托损害其债权人利益的，债权人有权申请人民法院撤销该信托，但不影响善意受益人已经取得的信托利益。撤销权自债权人知道或者应当知道撤销原因之日起一年内不行使的，归于消灭。

7.【答案】B

【解析】全面风险管理的“独立性”原则是指建立独立的全面风险管理组织架构，赋予风险管理条线足够的授权、人力资源及其他资源配置，建立科学合理的报告渠道，与业务条线之间形成相互制衡的运行机制。

8.【答案】B

【解析】公司增加或减少注册资本，须由公司股东会作出决议，并由代表三分之二以上表决权的股东通过，并须进行相应的变更登记。公司减资后的注册资本不得低于法定的最低限额。

9.【答案】D

【解析】存款保险实行限额偿付，最高偿付限额为人民币 50 万元。同一存款人在同一家投保机构所有被保险存款账户的存款本金和利息合并计算的资金数额在最高偿付限额以内的，实行全额偿付；超出最高偿付限额的部分，依法从投保机构清算财产中受偿。

10. 【答案】B

【解析】国家金融监督管理总局组建后，中国人民银行对金融控股公司等金融集团的日常监管和金融消费者保护等方面的职责划入国家金融监督管理总局。

11. 【答案】D

【解析】委托人是信托关系的创设者，应当是具有完全民事行为能力的自然人、法人或依法成立的其他组织。受托人承担着管理信托财产的责任，应当是具有完全民事行为能力的自然人或法人。受益人是在信托中享有信托受益权的人。受益人可以是自然人、法人或者依法成立的其他组织。受益人没有行为能力限制。

12. 【答案】D

【解析】中央银行可以直接减少基础货币投放，达到减少货币供应量的目的。也可以提高法定存款准备金率，使商业银行的超额准备金减少，贷款能力减弱，货币乘数降低，派生存款数量减少，达到收缩货币供应量的目的。

13. 【答案】D

【解析】并购贷款是指银行为境内企事业法人在改制、改组过程中，有偿兼并、收购国内其他企事业法人、已建成项目，以及进行资产、债务重组发放的贷款。监管机构出于对商业银行风险管理的要求，规定商业银行发放并购贷款的期限一般不超过 7 年。

14. 【答案】B

【解析】在我国境内设立的金融机构和按照规定应当履行反洗钱义务的特定非金融机构，应当依法采取预防、监控措施，建立健全客户身份识别制度、客户身份资料和交易记录保存制度，大额交易和可疑交易报告制度，履行反洗钱义务。

15. 【答案】A

【解析】股东会作为公司的权力机构，决定公司战略性的重大问题，选举和更换董事、监事，决定有关董事、监事的报酬事项；审议批准公司的利润分配方案和弥补亏损方案；对公司增加或者减少注册资本作出决议；决定公司合并、分立、解散、清算，修改公司章程等。

16. 【答案】A

【解析】金融市场具有以下功能：①货币资金融通功能；②优化资源配置功能；③风险分散与风险管理功能；④经济调节功能；⑤交易及定价功能；⑥反映经济运行的功能。其中，融通货币资金是金融市场最主要、最基本的功能。

17. 【答案】C

【解析】接管自接管决定实施之日起开始。接管期限届满，国务院银行业监督管理机构可以决定延期，但接管期限最长不得超过二年。

18. 【答案】C

【解析】《商业银行法》规定，商业银行因解散、被撤销和被宣告破产而终止。

19. 【答案】A

【解析】我国银行监管的目标包括：①保护存款人和广大金融消费者的利益；②增强市场信心；③增进公众对现代金融的了解；④减少金融犯罪；⑤支持实体经济发展，防范金融风险。其中保护存款人和广大金融消费者的利益，这是国务院银行业监督管理机构的基本职责和目标追求。

20. 【答案】C

【解析】充当信用中介是银行最基本的职能。银行通过吸收存款，动员和集中社会上一切闲置的货币资本，然后又通过放款把这些货币资本贷放给需要资本的企业使用。这样，银行就成了货币资本的贷出者和借入者之间的中介人。

21. 【答案】D

【解析】AC 两项，保持国际收支平衡是保证国民经济持续稳定增长和经济安全的重要条件。国际收支平衡是指国际收支差额处于一个相对合理的范围内，既无巨额的国际收支赤字，又无巨额的国际收支盈余。B 项，国际收支是指一国居民在一定时期内与非本国居民在政治、经济、军事、文化及其他往来中所产生的全部交易的系统记录。

22. 【答案】A

【解析】金融犯罪的对象既可以是人，也可以是各种金融工具。就作为金融犯罪对象的人而言，不仅包括自然人，也包括遭受金融诈骗的单位、非法吸收公众存款所涉及的"公众"等。就作为金融犯罪对象的金融工具而言，具体包括货币、各种金融票证(如汇票、本票、支票等)、有价证券、信用证、信用卡等。

23. 【答案】A

【解析】被申请人为公民、法人或者其他组织对行政机关的具体行政行为不服申请行政复议情况下，作出具体行政行为的行政机关。

24. 【答案】B

【解析】融资性担保是指担保人与银行业金融机构等债权人约定当被担保人不履行对债权人负有的融资性债务时，由担保人依法承担合同约定的担保责任的行为。根据《融资性担保公司管理暂行办法》，融资性担保公司是指依法设立的、经营融资性担保业务的有限责任公司和股份有限公司，其主要业务范围包括：①贷款担保；②票据承兑担保；③贸易融资担保；④项目融资担保；⑤信用证担保；⑥其他融资性担保业务。

25. 【答案】D

【解析】当事人行使先履行抗辩权应符合以下条件：①双方当事人互负债务；②两个债务有先后履行顺序；③先履行一方未履行或未按约定履行。

26. 【答案】D

【解析】《巴塞尔协议Ⅲ》补充设置了 2.5% 的储备资本要求，用于应对严重经济衰退带来的损失。

27. 【答案】C

【解析】在正常情况下，利息率上升，货币需求减少；利息率下降，货币需求增加，利息率与货币需求呈负相关关系。

28. 【答案】C

【解析】诉讼时效的起算是指确定诉讼时效期间的开始时间点。《民法典》第一百八十八条规定，诉讼时效期间自权利人知道或者应当知道权利受到损害以及义务人之日起计算。法律另有规定的，依照其规定。

29. 【答案】B

【解析】多头监管型是指将金融机构和金融市场一般按照银行、证券、保险划分为三个领域，分别设置专业的监管机构负责包括审慎监管和业务监管在内的全面监管。

30. 【答案】B

【解析】吸收客户资金不入账罪是指银行或者其他金融机构的工作人员，吸收客户资金不入账，数额巨大或者造成重大损失的行为。

31. 【答案】A

【解析】行政处罚的适用应遵循三项基本原则：一是行政处罚的设定和实施公正、公开；二是行政处罚以事实为依据，与违法行为的事实、性质、情节以及社会危害程度相当；三是坚持处罚与教育相结合等原则。

32. 【答案】A

【解析】A 项，行政强制包括行政强制措施和行政强制执行。

33. 【答案】D

【解析】银团贷款牵头行是指经借款人同意，负责发起组织银团、分销银团贷款份额的银行。单家银行担任牵头行时，其承贷份额原则上不少于银团融资总金额的 15%；分销给其他银团贷款成员的份额原则上不低于 30%。

34. 【答案】C

【解析】货币是在商品交换出现以后，随着商品交换的发展，从商品世界分离出来的、固定作为商品交换媒介的特殊商品。

35. 【答案】B

【解析】经济周期是指经济处于生产和再生产过程中周期性出现的经济扩张与经济紧缩交替更迭、循环往复的一种现象。经济周期一般分为四个阶段：繁荣阶段、衰退阶段、萧条阶段和复苏阶段。

36. 【答案】D

【解析】行政机关应当根据被许可人的申请，在该行政许可有效期届满前作出是否准予延续的决定；逾期未作决定的，视为准予延续。

37. 【答案】A

【解析】当中央银行卖出有价证券时，从市场上回收资金，减少了流通中的货币量。降低存款利率、降低法定存款准备金率以及降低再贴现率通常会增加银行的放贷能力和市场上的货币供应量。

38. 【答案】B

【解析】民事诉讼当事人包括原告、被告、第三人和共同诉讼人。

39. 【答案】D

【解析】货币在表现商品的价值并衡量商品价值量的大小时，执行价值尺度的职能。货币充当价值尺度职能，既可以是本身有价值的特殊商品，也可以是不足值或没有价值的信用货币或价值符号。作为价值尺度，货币把一切商品的价值表现为同名的量，使商品在质的方面相同，在量的方面可以比较。货币执行价值尺度的特点：可以是观念形态的货币。

40. 【答案】C

【解析】商业银行的信息披露中，关于经营业绩必须披露的内容包括资本收益率、资产收益率、主要收支项目、净利差及影响收益的主要因素等。

41. 【答案】B

【解析】依照《商业银行法》，有下列情形之一的，接管终止：①接管决定规定的期限届满或者国务院银行业监督管理机构决定的接管延期届满；②接管期限届满前，该商业银行已恢复正常经营能力；③接管期限届满前，该商业银行被合并或者被依法宣告破产。

42. 【答案】B

【解析】《刑事诉讼法》规定的强制措施包括拘传、取保候审、监视居住、拘留和逮捕五种。

43. 【答案】A

【解析】这里王某为学校的代理人，其受委托购买电教器材，这一购买行为的法律后果直接归属学校，王某从事委托事务所产生的利益也应归学校所有，奖券应归学校所有，所以中奖所得的彩色电视机也应归学校所有。

44. 【答案】A

【解析】中国银行业协会是我国的银行业自律组织，成立于2000年，是在民政部登记注册的全国性非营利社会团体，主管单位为国务院银行业监督管理机构。

45. 【答案】A

【解析】计算资本充足率时，商业银行应当从核心一级资本中全额扣除一些不具备损失吸收能力的项目，主要包括商誉、其他无形资产(土地使用权除外)，由经营亏损引起的净递延税资产、贷款损失准备缺口、资产证券化销售利得、确定受益类的养老金资产净额、直接或间接持有本银行的股票、商业银行自身信用风险变化导致其负债公允价值变化带来的未实现损益、审慎估值调整等。

46. 【答案】A

【解析】A项更多涉及银行的组织结构和业务范围，不属于巴塞尔协议第三版的核心内容。

47. 【答案】C

【解析】附带民事诉讼是指司法机关在刑事诉讼过程中，在解决被告人刑事责任的同时，附带解决被告人的犯罪行为所造成的物质损失的赔偿问题，而进行的民事诉讼活动。《刑事诉讼法》第九十九条规定，被害人由于被告人的犯罪行为而遭受物质损失的，在刑事诉讼过程中，有权提起附带民事诉讼。被害人死亡或者丧失行为能力的，被害人的法定代理人、近亲属有权提起附带民事诉讼。如果是国家财产、集体财产遭受损失的，人民检察院在提起公诉的时候，可以提起附带民事诉讼。

48. 【答案】B

【解析】金融犯罪侵犯的客体是金融管理秩序，金融管理秩序是银行管理秩序、货币管理秩序、外汇管理秩序、信贷管理秩序、证券管理秩序、票据管理秩序、保险管理秩序等的总称，侵犯其中任何一种秩序都属于侵害金融管理秩序。

49. 【答案】A

【解析】在现阶段，我国的货币政策目标是“保持货币币值稳定，并以此促进经济增长”。币值稳定既包括避免通货膨胀和防止通货紧缩，也包括货币对内币值稳定(国内物价稳定)和对外币值稳定(汇率稳定)。这一政策目标既规定了稳定货币的第一属性，又明确了稳定货币的最终目的(促进经济增长)。

50. 【答案】D

【解析】商业银行债券投资主要是平衡流动性和盈利性，并降低资产组合的风险、提高资本充足率。

51.【答案】B

【解析】同业拆借具有期限短、金额大、风险低、手续简便等特点，从而能够反映金融市场上的资金供求状况。A项，上海银行间同业拆放利率以位于上海的全国银行间同业拆借中心为技术平台计算、发布并命名，是由信用等级较高的银行组成报价团自主报出的人民币同业拆出利率计算确定的算术平均利率。C项，同业拆借禁止利用拆入资金发放固定资产贷款或者用于投资。拆出资金限于交足存款准备金、留足备付金和归还中国人民银行到期贷款之后的闲置资金。拆入资金用于弥补票据结算、联行汇差头寸的不足和解决临时性周转资金的需要。D项，《同业拆借管理办法》规定了16类金融机构可以申请进入同业拆借市场，这个范围涵盖了所有银行类金融机构和绝大部分非银行金融机构。

52.【答案】C

【解析】久期管理是商业银行资产负债管理的重要工具，具体指以银行资产久期和负债久期分析为基础，通过对利率敏感性资产和负债的结构进行积极调整，从而实现在利率变动时，银行收益的稳定或增长。

53.【答案】B

【解析】买断式回购的交易期限最长不得超过91天，交易双方不得以任何形式展期。

54.【答案】B

【解析】经济增加值也称经济利润，是扣除全部资本的机会成本后的剩余利润。其计算公式为：EVA＝税后净营业利润－经济资本×资本成本＝16－40×10%＝12（亿元）。

55.【答案】A

【解析】对违法票据承兑、付款、保证罪主观方面一般是故意，也可能是过失。

56.【答案】A

【解析】公开发行证券，必须符合法律、行政法规规定的条件，并依法报经国务院证券监督管理机构或者国务院授权的部门注册。未经依法注册，任何单位和个人不得公开发行证券。据此，我国证券公开发行实行的是注册制。

57.【答案】C

【解析】《行政诉讼法》规定，行政诉讼的被告对作出的具体行政行为负有举证责任，应当提供作出该具体行政行为的证据和所依据的规范性文件。在诉讼过程中，被告不得自行向原告和证人收集证据。

58.【答案】B

【解析】当一国处于国际收支顺差时，说明本国出口增加、外汇收入增加，而进口减少、外汇支付减少，这时，外汇供给大于支出，从而造成本币对外升值，外汇汇率下跌。

59.【答案】B

【解析】借款人应当按期归还贷款的本金和利息。借款人到期不归还担保贷款的，商业银行依法享有要求保证人归还贷款本金和利息或者就该担保物优先受偿的权利。

60.【答案】D

【解析】理财产品可以投资于国债、地方政府债券、中央银行票据、政府机构债券、金融债券、银行存款、大额存单、同业存单、公司信用类债券、在银行间市场和证券交易所市场发行的资产支持证券、公募证券投资基金、其他债权类资产、权益类资产以及银行业监督管理机构认可的其他资产。

理财产品不得直接投资于信贷资产，不得直接或间接投资于本行信贷资产，不得直接或间接投资于本行或其他银行业金融机构发行的理财产品，不得直接或间接投资于本行发行的次级档信贷资产支持证券。面向非机构投资者发行的理财产品不得直接或间接投资于不良资产、不良资产支持证券，国务院银行业监督管理机构另有规定的除外。

61. **【答案】**D

【解析】D 项，人民法院受理破产申请后，债务人对个别债权人的债务清偿无效。

62. **【答案】**B

【解析】银行监管包含了银行监督和银行管理双重属性。我国银行监管的四个层次包括：银行自我监管、外部监管、行业自律以及市场约束。

63. **【答案】**B

【解析】最后贷款人的援助对象是暂时出现流动性不足但仍然具有清偿力的金融机构。最后贷款人没有责任救助那些因管理不善出现清偿力危机而资不抵债的金融机构，但应减轻单个金融机构失败引发的溢出效应、传染效应。所以，为了避免道德风险，中央银行应只向暂时出现流动性不足但仍然具有清偿力的机构提供援助。对于出现清偿力危机的商业银行，表明其已经濒临破产倒闭，中央银行一般不应施以救助。

64. **【答案】**D

【解析】背书是转让票据权利的行为，票据一经背书转让，票据上的权利也随之转让给被背书人。

65. **【答案】**C

【解析】保护存款人和广大金融消费者的利益是国务院银行业监督管理机构的基本职责和目标追求，是国际上银行监管机构的共同目标，也是其区别于目前我国其他监管机构的根本所在。

66. **【答案】**D

【解析】金融在促进经济增长中发挥着不可替代的作用。金融系统基本的、核心的功能主要包括便利资源在时间和空间上的转移、提供分散转移和管理风险的途径、提供清算和结算的途径、提供集中资本和股份分割的机制以及提供价格信息。

67. **【答案】**D

【解析】与非零售风险暴露相比，零售风险暴露具有笔数大、单笔风险暴露较小、风险分散的显著特点，这一特点决定了商业银行普遍采用组合的方式对零售业务进行管理。

68. **【答案】**A

【解析】B 项，信用风险计量方法包括权重法和内部评级法。C 项，商业银行采用信用风险内部评级法后，不能自行退回到权重法，需要经过监管机构的同意。D 项，商业银行不能自主选择资本计量的高级方法，必须经过监管机构的验收和核准。

69. **【答案】**A

【解析】违法发放贷款罪主观方面是故意，并且违法向关系人发放贷款罪中还要求明知是关系人而违法向其发放贷款。

70.【答案】A

【解析】B项，偿还期越短，流动性越强；C项，银行贷款的流动性通常低于国债；D项，金融债券的流动性通常高于企业债。

71.【答案】B

【解析】我国《证券法》第五十一条规定，证券交易内幕信息的知情人包括：①发行人及其董事、监事、高级管理人员；②持有公司百分之五以上股份的股东及其董事、监事、高级管理人员，公司的实际控制人及其董事、监事、高级管理人员；③发行人控股或者实际控制的公司及其董事、监事、高级管理人员；④由于所任公司职务或者因与公司业务往来可以获取公司有关内幕信息的人员；⑤上市公司收购人或者重大资产交易方及其控股股东、实际控制人、董事、监事和高级管理人员；⑥因职务、工作可以获取内幕信息的证券交易场所、证券公司、证券登记结算机构、证券服务机构的有关人员；⑦因职责、工作可以获取内幕信息的证券监督管理机构工作人员；⑧因法定职责对证券的发行、交易或者对上市公司及其收购、重大资产交易进行管理可以获取内幕信息的有关主管部门、监管机构的工作人员；⑨国务院证券监督管理机构规定的可以获取内幕信息的其他人员。

72.【答案】B

【解析】银行业金融机构应加强清廉金融建设，将清廉从业制度纳入金融业全面风险管理体系，将清廉理念贯穿金融机构业务经营各个方面、各个环节和流程。强调建立科学完备、适应市场发展的现代金融制度，保障金融业稳健发展。

73.【答案】A

【解析】银行业监管的发展历程在表象上反映为管制、放松、重新管制，但从深层次看，这是由特定历史时期银行业的实际发展状况所决定的，是对安全优先和效率优先两种监管目标的选择过程，正是由于风险与效益之间存在替代性效应，这一演变过程最终将会达成复合型监管目标的某种平衡，即寻求在效率与风险之间的平衡。

74.【答案】A

【解析】B项，票据发行便利是一种融资创新工具，通过将风险分散到多个投资者，从而降低单一机构的风险。C项，利率互换是一种金融衍生工具，用于调整利率风险，通过交换固定利率和浮动利率支付，达到转移和分散利率风险的目的。D项，长期贷款的证券化通过将长期贷款打包成证券出售给投资者，可以将风险从贷款机构转移到投资者，从而分散风险。

75.【答案】A

【解析】A项属于中国人民银行的职责。

76.【答案】A

【解析】储蓄业务客户群体大，其主要风险操作风险较为明显，需要切实防范。商业银行开办储蓄存款业务，要遵守《商业银行法》《储蓄管理条例》《个人存款账户实名制规定》等相关法律法规要求，建立健全覆盖储蓄业务的内部控制制度，包括业务管理办法、业务操作规程、财务核算办法、储蓄存款业务授权制度和岗位责任制度。

77.【答案】C

【解析】A项，同业拆借市场上的利率是货币市场最重要的基准利率之一。B项，目前，同业拆借都是无担保拆借交易，因此，同业拆借业务又称为信用拆借交易。C 项，同业拆借应当遵守中国人民银行的规定。禁止利用拆入资金发放固定资产贷款或者用于投资。D 项，同业拆借是指经中国人民银行批准进入全国银行间同业拆借市场的金融机构之间，通过全国统一的同业拆借网络进行的无担保资金融通行为。

78. 【答案】B

【解析】商业银行内部控制的审慎性原则是指，内部控制应当坚持风险为本、审慎经营的理念，设立机构或开办业务均应坚持内控优先。

79. 【答案】C

【解析】银行业从业人员应当崇尚公平竞争，遵循客户自愿原则、尊重同业公平原则。在宣传、办理业务过程中，不得使用不正当竞争手段。坚决抵制以权谋私、钱权交易、贪污贿赂、“吃拿卡要”等腐败行为。

80. 【答案】A

【解析】根据《行政强制法》，我国行政强制执行的方式有：①加处罚款或者滞纳金；②划拨存款、汇款；③拍卖或者依法处理查封、扣押的场所、设施或者财物；④排除妨碍、恢复原状；⑤代履行；⑥其他强制执行方式。

二、多选题

1. 【答案】BCDE

【解析】核心一级资本是银行资本中最核心的部分，承担风险和吸收损失的能力也最强。核心一级资本主要包括以下七个部分：实收资本或普通股，资本公积，盈余公积，一般风险准备，未分配利润，累计其他综合收益，少数股东资本可计入部分。

2. 【答案】ABE

【解析】商业银行应当在法人和集团层面，分别计算未并表和并表的流动性风险状况。用于反映银行流动性风险状况的指标包括流动性覆盖率、净稳定资金比例、流动性比例、流动性匹配率和优质流动性资产充足率。其中，资产规模不小于 2000 亿元人民币的商业银行应当持续达到流动性覆盖率、净稳定资金比例、流动性比例和流动性匹配率的最低监管标准；资产规模小于 2000 亿元人民币的商业银行应当持续达到优质流动性资产充足率、流动性比例和流动性匹配率的最低监管标准。

3. 【答案】ABCDE

【解析】ABCDE 五项表述皆正确。

4. 【答案】ABCDE

【解析】影响货币需求的主要因素包括：①收入水平；②利率水平；③社会商品可供量、物价水平、货币流通速度；④信用制度发达程度；⑤汇率；⑥公众的预期和偏好。另外，人口数量、人口密集程度、经济结构、社会分工、交通通信等技术状况都会影响货币需求。

5. 【答案】ABDE

【解析】市场约束机制的运行条件包括：①发达的金融市场；②充分有效的信息披露机制；③必须拥有维护市场正常运行的完善的法律体系；④市场参与者具有较强的金融风险意识；⑤良好的公司治理机制。

6. 【答案】ACE

【解析】银行监管的流程包括：①市场准入；②非现场监管；③现场检查。

7. 【答案】ADE

【解析】银行付息负债是指银行需要支付利息的债务，主要包括存款(如活期、定期、储蓄存款)、借款(如同业借款、央行借款、市场借款)、发行债券(如金融债券、次级债券)以及其他付息负债(如回购协议、应付票据)。

8. 【答案】ABCD

【解析】中央银行是从现代商业银行中分离出来逐渐演变而成的。首先，中央银行的产生是集中统一银行券发行的需要。其次，中央银行的产生是统一票据交换及清算的需要。再次，中央银行的产生是最后贷款人的需要。最后，中央银行的产生是对金融业统一管理的需要。正是由于银行券发行的集中、票据清算、最后贷款人和监管的需要，一些大的商业银行逐渐从商业银行体系中分离出来，演化成为中央银行。

9. 【答案】ABCE

【解析】风险监管方式的核心是监管当局能够识别、监测、预警和处置风险，识别风险是各个环节的基础。

10. 【答案】AE

【解析】职务侵占罪的犯罪主体为特殊主体，即非国有的公司、企业或者其他单位的工作人员才能构成，在这些单位工作的国家工作人员不能成为本罪的主体。

11. 【答案】BCD

【解析】当一国提高利率水平或本国利率高于外国利率时，会引起资本流入，由此对本国货币需求增大，使本币升值，外汇贬值；反之，当一国降低利率或本国利率低于外国利率时，会引起资本从本国流出，由此对外汇需求增大，外汇升值，本币贬值。

12. 【答案】ABCDE

【解析】有下列情形之一的，信托无效：①信托目的违反法律、行政法规或者损害社会公共利益；②信托财产不能确定；③委托人以非法财产或者本法规定不得设立信托的财产设立信托；④专以诉讼或者讨债为目的设立信托；⑤受益人或者受益人范围不能确定；⑥法律、行政法规规定的其他情形。

13. 【答案】ABCDE

【解析】非现场风险分析主要包括资产质量分析、资本充足性分析、流动性分析、市场风险的分析、盈亏分析等方面。

14. 【答案】BC

【解析】中央银行最后贷款人的操作方式包括：①公开市场业务，通过公开市场购买合格资产，向整个金融市场提供流动性。②再贴现窗口，直接向有偿债能力但资金暂时周转不灵的金融机构提供贷款。由于贷款不是财政性资金，因而要求金融机构提供足够的合格抵押品和担保，并且为防止道德风险，一般都采取惩罚性的利率。

15. 【答案】ABD

【解析】风险为本的监管方式，实现了由事后检查向事前监测、事后发现向事前预警、事后纠正向事前防范转变，有更强的风险监测、识别和化解能力，在监管成本不升高的情况下能取得更好效果，因此是更有效的监管。

16. 【答案】ACDE

【解析】经济资本管理主要是对风险进行管理和资本的合理配置，它并不是直接促进资产规模扩张。实际上，经济资本管理会对资产规模扩张起到一定的约束作用。

17. 【答案】ACDE

【解析】B 项，根据《商业银行委托贷款管理办法》第十九条，贷款人不得代委托人垫付资金发放委托贷款。

18. 【答案】BCDE

【解析】A 项，以区域管理为主的总分行型组织架构的缺点之一是：各职能部门受到既定职责的限制，对外部环境变化反应比较迟钝。

19. 【答案】ABD

【解析】C 项，银行不应片面引导客户追求高收益，而应根据客户的风险承受能力和投资目标提供合适的建议。E 项，银行在业务中应平衡自身利益与客户利益，避免利益冲突，而不是单方面只保护客户利益，银行在合法合规的前提下，也需要维护自身的正常经营和利益。

20. 【答案】AC

【解析】巴塞尔委员会在开展工作中始终遵循两个基本原则：①没有任何境外银行机构可以逃避监管；②监管必须是充分有效的。巴塞尔委员会成立以来发布的许多监管原则和建议，基本上体现了这两个重要的基本原则。

21. 【答案】ACDE

【解析】国家金融监督管理总局统一负责除证券业之外的金融业监管，强化机构监管、行为监管、功能监管、穿透式监管、持续监管，统筹负责金融消费者权益保护，加强风险管理和防范处置，依法查处违法违规行为。B 项属于中国证券监督管理委员会的监管对象。

22. 【答案】ABCDE

【解析】货币需求是指在一定时期内，社会各阶层（个人、企业单位、政府）愿意以货币形式持有财产的需要，或社会各阶层对货币的流通手段、支付手段和贮藏手段的需求。

23. 【答案】ACE

【解析】银行保函根据担保银行承担风险的不同及管理的需要，可分为融资类保函和非融资类保函两大类。融资类保函包括借款保函、授信额度保函、有价证券保付保函、融资租赁保函、延期付款保函；非融资类保函主要包括投标保函、预付款保函、履约保函、关税保函、即期付款保函、经营租赁保函。

24. 【答案】ABCDE

【解析】最后贷款人的主要目标是防范系统性金融风险，属于全局性目标，提供的是一种紧急资金援助或者支持，这种援助或支持不是政府为银行危机买单，而是体现为政府作为行政力量在市场经济行为中的一种宏观调控作用，而作用方式则具有救助性。

25. 【答案】ABCD

【解析】E 项，公司设立时，其资本必须以章程加以确定，并应由股东认足、缴足（或募足），其目的在于使公司在成立时就有稳固的财产基础。《公司法》允许公司资本的分批缴纳。

三、判断题

1. 【答案】A

【解析】表见代理是指无权代理人的代理行为客观上存在使相对人相信其有代理权的情况，且相对人主观上为善意，因而可以向被代理人主张代理的效力。表见代理属于广义无权代理的一种。

2. 【答案】B

【解析】银行业金融机构应当突出合规经营和风险管理的重要性，合规经营类指标和风险管理类指标权重应当明显高于其他类指标。

3. 【答案】A

【解析】依照《行政许可法》的规定，只有针对特定范围内的活动才可以设定行政许可；如果这些特定活动能够通过其他方式予以规范，可以不设行政许可。

4. 【答案】B

【解析】商业银行可以结合自己的情况选择相应的计量方法和容忍度水平，对同样的风险水平，银行选择的方法和容忍度不同，经济资本计量结果也会不同。

5. 【答案】A

【解析】违规出具金融票证罪是指银行或者其他金融机构的工作人员违反规定，为他人出具信用证或者其他保函、票据、存单、资信证明，情节严重的行为。本罪侵犯的客体是国家对金融票证的管理制度。

6. 【答案】A

【解析】情势变更是指在合同有效成立后和履行过程中，因不可归责于双方当事人的原因而使合同成立的基础发生变化，如继续履行合同将会造成显失公平的后果。在这种情况下，允许当事人变更合同的内容或者解除合同，以消除不公平的后果。

7. 【答案】A

【解析】法定存款准备金率的调整直接决定了商业银行必须存放在中央银行不能用于放贷的资金比例，因此它会影响商业银行可以自由运用的资金量。利率调整，特别是中央银行的基准利率变动，会影响商业银行的存款成本和贷款收益。

8. 【答案】A

【解析】根据金融犯罪实施主体的不同，可以划分为针对银行的犯罪和银行人员职务犯罪。针对银行的犯罪又称为外部犯罪，主要包括破坏金融管理秩序罪、金融诈骗罪等。银行人员职务犯罪又称为内部犯罪，包括贪污、受贿、挪用公款、签订合同失职罪等。

9. 【答案】A

【解析】商业银行不得用自有资金购买本行发行的理财产品，不得为理财产品投资的非标准化债权类资产或权益类资产提供任何直接或间接、显性或隐性的担保或回购承诺，不得用本行信贷资金为本行理财产品提供融资和担保。

10. 【答案】B

【解析】一般性货币政策工具主要包括法定存款准备金政策、再贴现政策及公开市场业务，即中央银行的“三大传统法宝”。

银行业法律法规与综合能力(中级)
机考真题精选(三)

一、单选题(共80题，每小题0.5分，共40分，下列选项中只有一项最符合题目的要求，不选、错选均不得分)

1. 以下关于商业银行产生与发展的说法，错误的是(　　)。
A. 高利贷性质的银行逐渐转变为资本主义商业银行
B. 现代商业银行不具有信用创造功能
C. 早期银行贷款利息很高
D. 早期银行由货币兑换业发展而来

2. 合格投资者投资于商业银行理财产品，单只混合类理财产品的金额不低于(　　)万元。
A. 100　　B. 40　　C. 30　　D. 20

3. 一家公司需要融入短期资金以保持流动性，它可以运用的金融工具是(　　)。
A. 优先股票　　B. 商业票据
C. 住房抵押贷款支持证券　　D. 普通股票

4. 商业银行最典型的中间业务是(　　)。
A. 出口押汇业务　　B. 贷款业务　　C. 担保业务　　D. 支付结算业务

5. 下列选项中，不属于商业银行内部审计目标的是(　　)。
A. 确保发展战略和经营目标实现　　B. 促进建立并持续完善公司治理架构
C. 督促审计对象有效履职　　D. 推动法律法规和监管规则的落实

6. 下列利率种类中，由银行业自律组织确定的利率是(　　)。
A. 实际利率　　B. 公定利率　　C. 市场利率　　D. 官定利率

7. 下列不属于合规风险所造成的直接后果是(　　)。
A. 重大财务损失　　B. 声誉损失　　C. 盈利能力减弱　　D. 监管处罚

8. 在国际收支中，汇款和捐赠应该记入国际收支平衡表中的(　　)。
A. 资本与金融账户　　B. 经常账户
C. 错误与遗漏账户　　D. 储备与相关账户

9. 甲银行向乙企业发放设备贷款300万元，期限5年，由丙公司作保证担保。3年后，甲银行依法将上述贷款转让给了丁银行并通知了丙公司，丁银行另外还给乙企业追加了20万元流动资金贷款。丙公司对丁银行的担保责任是(　　)。
A. 丙公司继续对设备贷款300万元承担保证责任，对追加的20万元不承担保证责任
B. 丙公司不再承担保证责任，因为甲银行与乙企业变更债权主体未得到丙公司的同意
C. 丙公司对全部320万元贷款承担保证责任
D. 丙公司对3年前的保证承担责任，对3年后的保证不承担责任

10. 商业银行吸收同业存款业务属于(　　)。
A. 负债业务　　B. 资产业务　　C. 中间业务　　D. 向中央银行借款

11. 下列不属于我国银行监管目标的是(　　)。
A. 扩大市场容量　　B. 保护存款人和广大金融消费者的利益

C. 增进公众对现代金融的了解　　D. 防范金融风险

12. 金融市场具有决定利率、汇率的功能，这属于金融市场的(　　)。

A. 货币资金融通功能　　B. 定价功能

C. 风险分散与风险管理功能　　D. 资源配置功能

13. 根据《商业银行大额风险暴露管理办法》，对一组非同业关联客户的风险暴露不得超过一级资本净额的(　　)。

A. 20%　　B. 10%　　C. 25%　　D. 15%

14. 投资者可以通过在深、沪证券交易所各地证券登记机构开设的“证券账户”或“基金账户”进行上市国债的转让交易，按交易的阶段划分，该市场为(　　)。

A. 货币市场　　B. 流通市场　　C. 发行市场　　D. 期货市场

15. 目前，我国商业银行的主要资产是(　　)。

A. 债券　　B. 贷款　　C. 存款　　D. 房地产

16. 下列关于企业集团财务公司的表述，正确的是(　　)。

A. 母公司有义务在所属财务公司出现支付困难时，负责提供资金，满足支付需要

B. 服务对象可以是非企业集团成员

C. 可以从集团外吸收存款，为非集团成员单位提供服务

D. 不属于企业集团内部的金融机构

17. 以下不属于商业银行机构的是(　　)。

A. 城市商业银行　　B. 农村中小金融机构

C. 外资银行　　D. 政策性银行

18. 由中国境内注册的公司发行、直接在中国香港上市的股票是(　　)。

A. H股　　B. B股　　C. A股　　D. N股

19. 下列关于银行金融创新过程中客户利益保护的说法，错误的是(　　)。

A. 银行应及时、高效处理客户投诉

B. 银行应向客户准确、公平地披露产品信息

C. 银行应对客户的投资损失予以全额赔付

D. 银行应履行必要的保密义务，妥善保管客户信息

20. 下列关于风险偏好的说法，正确的是(　　)。

A. 风险限额的设定可不考虑风险偏好

B. 风险偏好应说明愿意承担的各类风险的最大水平

C. 风险偏好每年制定一次，年内无需调整

D. 风险偏好只能用定量指标进行描述

21. 交易双方自行约定在未来某个日期，以约定的价格和数量买卖标的金融产品，这种金融衍生产品是(　　)。

A. 互换　　B. 远期　　C. 掉期　　D. 期权

22. 附带民事诉讼解决的是(　　)。

A. 被告人在主刑之外的附加刑问题

B. 被告人的定罪问题

C. 被告人的犯罪行为所造成的物质损失的赔偿问题

D. 被告人的精神损失

23. 目前我国划分货币层次的依据是货币的(　　)。

A. 风险性　　B. 流动性　　C. 收益性　　D. 稳定性

24. 商业银行承诺在未来某一日期按照事先约定的条件向客户提供约定的信用业务是(　　)。

A. 代理业务　　B. 承诺业务　　C. 担保业务　　D. 支付结算业务

25. 债务人无法足额偿付本金、利息或收益，或金融资产已经发生信用减值，按照我国金融资产五级分类标准，该笔金融资产应认定为(　　)。

A. 损失　　B. 可疑　　C. 次级　　D. 关注

26. 把缺乏流动性但具有未来现金流的金融资产汇集重组，转变为可在金融市场上出售和流通的证券，从而提高资产流动性的方法是(　　)。

A. 资产置换　　B. 资产剥离　　C. 资产出售　　D. 资产证券化

27. 下列不能提高商业银行资本充足率的是(　　)。

A. 增加二级资本　　B. 新设分支机构

C. 降低风险加权资产　　D. 转让贷款

28. 关于行政强制执行的实施，以下表述错误的是(　　)。

A. 具有行政强制执行权的行政机关可以依法作出强制执行决定

B. 必要时，行政机关可以对居民生活采取停止供水、供电、供热、供燃气等方式迫使当事人履行相关行政决定

C. 行政机关不得在夜间或者法定节假日实施行政强制执行，但是，情况紧急的除外

D. 没有行政强制执行权的行政机关可以在依法催告后，自履行期限满之日起三个月内，向有管辖权的人民法院申请对不履行行政决定又没有申请行政复议或者提起行政诉讼的当事人予以强制执行

29. 商业银行经营者为了提高股价而采取对长期发展不利的短期措施，因这种行为带来损失的可能性是(　　)。

A. 战略风险　　B. 市场风险　　C. 流动性风险　　D. 合规风险

30. 我国基金市场的监管主体是(　　)。

A. 中国证券投资基金业协会　　B. 证券交易所

C. 中国证监会　　D. 中国人民银行

31. 下列关于基准利率的表述，错误的是(　　)。

A. 基准利率表明央行对一段时期金融市场货币供求关系的总体判断

B. 基准利率决定着一个国家的金融市场的最高利率水平

C. 基准利率是金融机构系统制定存款利率、贷款利率、有价证券利率的依据

D. 基准利率变化趋势引导着一个国家利率的总体变化方向

32. 下列市场风险类型，黄金价格波动属于(　　)。

A. 汇率风险　　B. 利率风险　　C. 信用风险　　D. 商品价格风险

33. 在法定条件下，银行业监督管理机构可以对银行业金融机构的董事、高级管理人员和其他直接责任人员采取的措施有(　　)。

A. 对个人资产直接进行处置

B. 宣布撤换职务

C. 责令银行业金融机构对其给予纪律处分

D. 直接给予纪律处分

34. 下列哪项不是留置权的主要特征(　　)。
A. 留置权发生两次效力，即留置标的物和变价并优先受偿
B. 留置权具有不可分性，即债权得到全部清偿之前，留置权人无权留置全部标的物
C. 留置权只能发生在特定的合同关系中，如保管合同、运输合同和加工承揽合同
D. 留置权实现时，留置权人必须确定债务人履行债务的宽限期
35. 商业银行理财产品直接或间接投资于银行间市场、证券交易所市场或者国务院银行业监督管理机构认可的其他证券的，商业银行全部理财产品持有单一上市公司发行的股票，不得超过该上市公司可流通股票的(　　)。
A. 20%　　B. 10%　　C. 30%　　D. 5%
36. 根据中国证监会《公开募集证券投资基金运作管理办法》的规定，股票基金的基金资产投资于股票的比例不低于(　　)。
A. 90%　　B. 80%　　C. 60%　　D. 70%
37. 某人向银行贷款，约定以珠宝做质押，由于银行保管不当，造成珠宝价值下降，则下列表述正确的是(　　)。
A. 银行应当承担赔偿责任　　B. 珠宝不能作为质押物
C. 银行应当尽快返还质押物　　D. 银行不需要承担赔偿责任
38. 根据《中华人民共和国证券法》，下列表述正确的是(　　)。
A. 我国证券业和银行业、保险业实行混业经营
B. 证券交易内幕信息的知情人可以建议他人购买该证券
C. 禁止任何人在自己实际控制的账户之间进行证券交易，影响证券交易量
D. 法人有权出借自己或他人的证券账户
39. 根据《中华人民共和国行政处罚法》，以下表述不正确的是(　　)。
A. 一般情况下，我国行政罚款实行“裁执分离”，即作出罚款决定与执行罚款决定的不能为同一主体
B. 简易程序中当场决定依法给予二百元以下的罚款，行政机关执法人员可以当场收缴
C. 在边远、水上、交通不便地区，当事人到指定的银行或者通过电子支付系统缴纳罚款确有困难，经当事人提出，行政机关及其执法人员可以依法当场收缴罚款
D. 简易程序中不当场收缴事后难以执行的罚款，行政机构执法人员可以当场收缴
40. 根据《中华人民共和国行政复议法》，不属于行政复议机关履行行政复议职责应该遵循的原则是(　　)。
A. 疑错从无原则　　B. 公正原则　　C. 公开原则　　D. 及时、便民原则
41. 下列不属于直接融资工具的是(　　)。
A. 商业票据　　B. 银行贷款　　C. 企业债券　　D. 公司股票
42. 当商业银行面临危机时，下列选项对改善银行资本充足率起到立竿见影措施的是(　　)。
A. 调整资产结构　　B. 缩小资产规模
C. 采用资本计量高级方法　　D. 发行普通股
43. 下列选项中，不属于清廉金融行为的是(　　)。
A. 履职回避　　B. 收受客户贵重礼品
C. 为客户的朋友办理个人业务　　D. 经办业务如实反馈信息
44. 贵金属理财业务是为了满足客户的资产配置需要，投资者开展该项业务面临的主要风险

是(　　)。

A. 贵金属不能及时处置的流动性风险　　B. 与贵金属价格波动相关的市场风险

C. 银行不偿还客户投资的信用风险　　D. 银行投资贵金属产品中的操作风险

45. 下列选项中，不属于我国银行审慎监管框架组成部分的是(　　)。

A. 完善有效的内控制度　　B. 审慎全面的监管规则

C. 行之有效的监管工具　　D. 科学合理的监管组织体系

46. (　　)负责要求董事、董事长及高级管理人员纠正其损害商业银行利益的行为并监督执行。

A. 监事会　　B. 合规部门　　C. 内审部门　　D. 董事会

47. 下列关于商业银行审计外包的说法，错误的是(　　)。

A. 可将全部内部审计职能外包

B. 可将有限的、特定的内部审计活动外包给第三方

C. 不得将内部审计活动外包给近三年内为审计对象提供过与该项审计外包业务相关咨询服务的第三方及其关联机构

D. 不得将内部审计活动外包给正在为本银行提供外部审计服务的会计师事务所及其关联机构

48. 下列选项，不属于理财产品直接投资范围的是(　　)。

A. 公募投资基金　　B. 大额存单　　C. 信贷资产　　D. 金融债券

49. 根据《中华人民共和国行政复议法》，以下说法正确的是(　　)。

A. 行政复议可附带审查国务院部门规章和地方人民政府规章

B. 公民、法人或者其他组织认为行政机关的具体行政行为侵犯其合法权益的，可以依法申请行政复议

C. 公民、法人或者其他组织向人民法院提起行政诉讼，人民法院已经依法受理的，仍然可以申请行政复议

D. 行政复议可受理不服行政机关作出的行政处分或者其他人事处理决定，以及不服行政机关对民事纠纷作出的调解或者其他处理等事项

50. 银行在与客户格式合同中增加了限制消费者合法权利的条款，这违反了银行业消费者应享有的(　　)。

A. 安全权　　B. 受尊重权　　C. 隐私权　　D. 公平交易权

51. 转贴现是指金融机构将其尚未到期的商业汇票转让给(　　)而取得资金的业务行为。

A. 承兑人　　B. 金融同业　　C. 中央银行　　D. 出票人

52. 根据《中华人民共和国行政强制法》，以下表述错误的是(　　)。

A. 实施查封、扣押的，查封、扣押限于涉案的场所、设施或者财物，不得查封、扣押与违法行为无关的场所、设施或者财物

B. 实施查封、扣押的，必要时，可以查封、扣押公民个人及其所扶养家属的生活必需品

C. 实施冻结存款、汇款的，冻结存款、汇款的数额应当与违法行为涉及的金额相当

D. 行政强制措施不得委托，也不得由行政机关不具备资格的其他人员实施

53. 根据《中华人民共和国票据法》的规定，下列关于各种票据行为的表述，错误的是(　　)。

A. 背书是指在票据背面或者粘单上记载有关事项并签章的票据行为

B. 持票人按照规定提示付款的，付款人必须在当日足额付款

C. 出票是指出票人签发票据并将其交付给收款人的票据行为
D. 承兑是指汇票出票人承诺在汇票到期日支付汇票金额的票据行为

54. 金融市场一方面为社会中资金不足的一方提供了筹集资金的机会，另一方面也为资金的富余方提供了投资机会，这属于金融市场的(　　)。
A. 经济调节功能　　B. 货币资金融通功能
C. 资源配置功能　　D. 风险分散与风险管理功能

55. 国务院银行业监督管理机构对发生信用危机的商业银行进行接管的期限不得超过(　　)。
A. 1 年　　B. 3 年　　C. 5 年　　D. 2 年

56. 下列金融犯罪中，单位不能成为犯罪主体的是(　　)。
A. 伪造金融票证罪　　B. 信用卡诈骗罪
C. 集资诈骗罪　　D. 信用证诈骗罪

57. 外汇标价：1 美元 =6. 3251 元人民币，针对这种标价法，下列表述正确的是(　　)。
A. 如在中国外汇市场，则是直接标价法
B. 如在美国外汇市场，则是直接标价法
C. 如在中国外汇市场，则是间接标价法
D. 如在英国外汇市场，则是直接标价法

58. 下列业务不属于零售业务的是(　　)。
A. 支付结算　　B. 住房按揭贷款　　C. 银团贷款　　D. 信用卡

59. 同业代付业务实质属于(　　)。
A. 贸易融资方式　　B. 流动资金贷款方式
C. 固定资产贷款方式　　D. 信用担保方式

60. 商业银行应加强债券投资业务的市场风险管理，对交易账户债务头寸的估值频率应是(　　)。
A. 每周　　B. 每年　　C. 每日　　D. 每季

61. 某上市银行工作人员小王在编制本行年度报告过程中，了解到近期会有重大利好，告知其父亲购买 10000 股该行的股票，此行为违反了银行业从业人员职业操守中的(　　)规定。
A. 礼貌服务　　B. 禁止内幕交易　　C. 熟知业务　　D. 信息披露

62. 中央银行是银行的银行，下列业务中不属于这一范畴的是(　　)。
A. 对商业银行发放贷款　　B. 集中商业银行存款准备金
C. 办理商业银行间的清算　　D. 对陷入危机的银行进行救助

63. 下列关于账面资本、监管资本、经济资本的表述，错误的是(　　)。
A. 监管资本是银行按照监管要求应当持有的最低资本量
B. 经济资本反映的是银行实际持有的资本
C. 经济资本已经成为现金银行广泛应用的管理工具
D. 账面资本是银行资本金的静态反映

64. 下列选项中，不属于薪酬机制应该坚持的原则是(　　)。
A. 薪酬激励与银行竞争力及持续发展能力相兼顾
B. 短期激励与长期激励相协调
C. 薪酬机制与银行公司治理要求相统一
D. 薪酬机制与直接经营业绩相适应

65. 国内生产总值(GDP)增长率是反映一定时期经济发展水平变化程度的(　　)。

A. 动态指标　　B. 静态指标　　C. 存量指标　　D. 流量指标

66. 下列选项中，不属于区域经济发展主要分析因素的是(　　)。

A. 所在区域的基础设施　　B. 所在区域的自然资源

C. 所在区域的某个客户财务状况　　D. 所在区域的管理、法制等社会因素

67. 银行资产负债管理的长期目标是(　　)。

A. 实现股权收益率(ROE)最大化

B. 实现经风险调整后的资本回报率(RAROC)最大化

C. 实现资产回报率(ROA)最大化

D. 实现净利息收益率(NIM)最大化

68. 根据《商业银行资本管理办法》的规定，商业银行资本规划应至少设定内部资本充足率(　　)目标。

A. 1年　　B. 4年　　C. 2年　　D. 3年

69. 负责金融机构反洗钱内控制度有效实施的主体是(　　)。

A. 反洗钱牵头部门　　B. 金融机构负责人

C. 国家金融监督管理总局　　D. 财政部门

70. 下列选项中，(　　)有信用额度。

A. 一类账户　　B. 信用卡　　C. 借记卡　　D. 二类账户

71. 建立国家反洗钱数据库，妥善保存金融机构提交的大额交易和可疑交易报告信息是(　　)的职责。

A. 中国银行业协会　　B. 国家金融监督管理总局

C. 中国反洗钱信息中心　　D. 商业银行

72. 银行监管部门在确定单家银行贷款损失准备监管要求时，主要考虑的因素不包括(　　)。

A. 资本充足性　　B. 贷款分类准确性

C. 流动性水平　　D. 处置不良贷款主动性

73. 根据我国货币层次的划分标准，既包括在狭义货币供应量(M1)中，又包括在广义货币供应量(M2)中的是(　　)。

A. 财政存款　　B. 储蓄存款　　C. 定期存款　　D. 活期存款

74. 金融债券的登记、托管机构为(　　)。

A. 中央国债登记结算有限责任公司　　B. 中国人民银行

C. 中国证券业监督管理委员会　　D. 中国证券业协会

75. 存款机构收妥存款资金入账，并向存款客户出具存单或进账单的行为是(　　)。

A. 承诺　　B. 合同　　C. 要约邀请　　D. 要约

76. 下列不属于票据基本特征的是(　　)。

A. 票据是非流通证券　　B. 票据是要式证券

C. 票据是无因证券　　D. 票据是债权证券

77. 被告人的犯罪行为导致国有财产、集体财产遭受损失的，(　　)在提起公诉的时候，可以提起附带民事诉讼。

A. 人民检察院　　B. 人民法院　　C. 民政部门　　D. 公安机关

78. 下列关于同业拆借的表述，正确的是(　　)。

A. 对信用等级相同的金融机构来说，同业拆借利率一般高于回购利率
B. 借入资金称为拆出，贷出资金称为拆入
C. 同业拆借是银行及其他金融机构之间进行短期的有担保的资金融通行为
D. 同业拆借业务主要通过全国银行间债券市场进行

79. 下列选项中，不属于商业银行开展内部审计工作具体环节的是(　　)。
A. 审计计划　　B. 问题处置与处罚
C. 开展审计　　D. 问题整改与跟踪

80. 商业银行保有一定量的高流动性资产，其主要目的是(　　)。
A. 为了取得较高盈利　　B. 满足调节国际收支需要
C. 应付存款人提取存款　　D. 满足货币发行需要

二、多选题(共25题，每小题2分，共50分，下列选项中有两项或两项以上符合题目要求，多选、少选、错选均不得分)

1. 下列关于操作风险管理工具的表述，正确的有(　　)。
A. 操作风险管理工具和手段主要有风险与控制自评估(RCSA)、关键风险指标(KRI)、损失数据库(LD)等
B. 关键岗位人员未按规定进行轮岗或强制休假的比例不是反映关键岗位风险情况的关键指标
C. 关键风险指标是指对业务活动和控制环境进行日常监控的指标体系，能够反映系统、流程、产品、人员等风险信息的变化情况
D. 操作风险与控制自评估主要包括风险评估和控制评价两个方面内容
E. 操作风险损失数据一般通过历史损失数据收集等内部方式来累积，也可获取一些外部数据来弥补内部数据的不足

2. 商业银行的中间业务包括(　　)。
A. 托管业务　　B. 代理收费业务　　C. 托收业务　　D. 债券投资业务
E. 财务顾问业务

3. 关于银行流动性覆盖率和净稳定资金比例的说法，正确的有(　　)。
A. 流动性覆盖率的最低监管标准为不低于100%
B. 净稳定资金比例是短期流动性指标
C. 流动性覆盖率是合格优质流动性资产与未来180天现金净流出量的比值
D. 净稳定资金比例是可用的稳定资金与所需的稳定资金的比值
E. 净稳定资金比例的最低监管标准为不低于100%

4. 以下属于法人的有(　　)。
A. 花旗银行(中国)有限公司　　B. 中国银行天津分行
C. 中国工商银行股份有限公司　　D. 苏格兰皇家银行北京代表处
E. 中国建设银行四川省分行

5. 为了减少逆差，实现国际收支平衡，可采取降低本币汇率的方法以刺激出口。在其他条件不变的情况下，本币汇率下跌会导致国内出现的变化包括(　　)。
A. 价格水平上升　　B. 价格水平下降
C. 出口增加，经济增长　　D. 经济增长速度放慢，失业率提高
E. 经济增长，就业机会增长

6.《中国银行业金融机构企业社会责任指引》从(　　)三个方面对银行业金融机构应该履行的社会责任进行了阐述。

A. 社会责任　B. 环境责任　C. 政治责任　D. 安全责任
E. 经济责任

7. 以下保函中，属于融资类保函的有(　　)。

A. 融资租赁保函　B. 即期付款保函　C. 经营租赁保函　D. 授信额度保函
E. 借款保函

8. 商业银行内部控制应当遵循的基本原则有(　　)。

A. 前瞻性原则　B. 全覆盖原则　C. 制衡性原则　D. 相匹配原则
E. 审慎性原则

9. A银行对某大型企业客户的评级为A-，该客户在银行贷款1亿元，PD是1.52%，该笔贷款的违约损失率为45%，此外，该客户在A银行开立短期信用证2亿元，信用证适用的信用转换系数为20%，该客户为一般企业，则下列说法正确的有(　　)。

A. 若该银行采用权重法计算资本充足率，其目标资本充足率为10.5%，则该客户占用的监管资本要求为1470万元
B. 该客户这笔贷款的风险成本(预期损失)为68.4万元
C. 该客户这笔贷款的风险成本(预期损失)为95.76万元
D. 若该银行采用权重法计算资本充足率，则该客户的风险加权资产为1.4亿元
E. 若该银行采用权重法计算资本充足率，则该客户的风险加权资产为3亿元

10. 下列选择中，属于资产负债组合管理核心内容的是(　　)。

A. 资产负债匹配管理　B. 资产组合管理
C. 负债组合管理　D. 资本管理
E. 定价管理

11. 下列关于成本推动型通货膨胀的表述，正确的有(　　)。

A. 是过多的货币追求过少的商品引起的
B. 是总需求大于总供给引起的
C. 可能是利润推进的通货膨胀
D. 可以在商品劳务需求不变的情况下发生
E. 可能是工资推进的通货膨胀

12. 下列选择中，用于衡量商业银行流动性风险状况的指标有(　　)。

A. 优质流动性资产充足率　B. 资本充足率
C. 净稳定资金比例　D. 拨备覆盖率
E. 流动性比例

13. 商业银行发放并购贷款，需要重点分析的风险有(　　)。

A. 经营风险　B. 战略风险　C. 财务风险　D. 法律与合规风险
E. 整合风险

14. 公司终止的事由包括(　　)。

A. 公司解散　B. 公司破产
C. 公司董事长辞职　D. 公司被法院判决承担刑事法律责任
E. 公司被命令停业整改

15. 下列关于地方政府债券的表述，正确的有(　　)。

A. 一般以当地政府的税收能力作为还本付息的保障

B. 一般用于地方性公共设施的建设

C. 地方改革的债权工具

D. 可以是商业银行债券投资对象

E. 地方政府的债务工具

16. 以下关于内部资金转移定价(FTP)的说法，正确的有(　　)。

A. FTP 是指资金中心与业务单位之间发生的资金价格转移，而非外部的、银行与客户之间的价格

B. 利用 FTP 核算资金收益成本时，要核算清楚资产带来的收益，负债占用的成本

C. FTP 是商业银行内部资金中心与业务经营单位按照一定规则全额有偿转移资金

D. FTP 所指的资金中心是指虚拟的资金计价中心，并非日常所看到的实体资金交易部门

E. FTP 作为商业银行资产负债管理的重要工具，其主要用于公平绩效考核和剥离利率风险

17. 下列关于会计资本、监管资本和经济资本的表述，正确的有(　　)。

A. 会计资本应当不小于体现实际风险水平的经济资本

B. 经济资本是一种完全取决于银行盈利大小的资本

C. 监管资本是经济资本

D. 经济资本也称为风险资本

E. 经济资本是银行内部管理工具

18. 薪酬，是指商业银行为获得员工提供的服务和贡献而给予的报酬及其相关支出，包括(　　)。

A. 基本薪酬　　B. 福利性收入　　C. 中长期激励　　D. 绩效薪酬

E. 客户支付的酬劳

19. 中央银行间接信用指导的主要政策工具措施包括(　　)。

A. 信用配额管理　　B. 道义劝告　　C. 金融检查　　D. 窗口指导

E. 风险干预

20. 下列关于商业银行风险的表述，正确的有(　　)。

A. 通常以损失的可能性以及潜在的损失规模来计量

B. 风险等同于损失本身

C. 是未来将要遭受的损失

D. 是否能够妥善控制和管理风险，将决定商业银行的经营成效

E. 风险是未来损失发生的不确定性

21. 经济结构是指从不同角度考察的国民经济构成，一般包括(　　)等。

A. 产品结构　　B. 地区结构　　C. 所有制结构　　D. 产业结构

E. 城乡结构

22. 根据《中华人民共和国中国人民银行法》，下列属于中国人民银行职责的有(　　)。

A. 监督管理银行间同业拆借市场和银行间债券市场

B. 依法接管商业银行

C. 依法制定和执行货币政策

D. 维护支付、清算系统的正常运行

E. 依照法律、行政法规规定的条件和程序，审查批准银行业金融机构的设立、变更、终止以及业务范围

23. 张某某在某农村商业银行存款本金和利率合计71万元，该银行因经营不善实施破产清算，下列关于张某某可以获得的偿付金额的说法，正确的是(　　)。
A. 超出存款保险最高偿付限额的部分，张某某不可再获得额外补偿
B. 超出存款保险最高偿付限额的部分，张某某能从该银行清算资产中受偿
C. 依据我国存款保险制度，张某某存款利息部分不予保障
D. 依据我国存款保险制度，可通过保险准备金偿付71万元
E. 依据我国存款保险制度，可通过保险准备金偿付50万元

24. 下列选项中，属于银行自我监管实现方式的有(　　)。
A. 内部资本评估程序　　B. 内部审计
C. 内部治理　　D. 内部控制
E. 发展规划

25. 当一国存在较大国际收支顺差时，下列关于外汇收支及汇率的说法正确的有(　　)。
A. 会造成外汇供给大于支出，从而造成本币对外升值，外汇汇率下跌
B. 会造成外汇供给大于支出，从而造成本币对外贬值，外汇汇率上升
C. 会造成外汇供给小于支出，从而造成本币对外升值，外汇汇率下跌
D. 说明本国出口大于进口，外汇收入增加
E. 说明本国出口小于进口，外汇收入减少

三、**判断题**(共10题，每小题1分，共10分，请对下列各题的描述做出判断，正确请选A，错误请选B)

1. ARROW评级体系是目前美国金融管理当局对商业银行及其他金融机构的业务经营、信用状况等进行综合等级评定的制度。(　　)
2. 2005年7月21日，我国对人民币汇率形成机制进行了一次重大改革。在此之前，我国人民币汇率盯住单一美元，此次改革后，人民币汇率与美元无关。(　　)
3. 资本市场允许银行在流动性短缺时，及时融入所需资金，而在出现流动性过剩时，亦可以及时将资金运用出去，提高盈利性。(　　)
4. 订立信托，可以采取书面、口头或《信托法》认可的其他形式。(　　)
5. 小五因泄露大量客户信息被司法机关依法判刑，银行业协会可将其纳入“黑名单”管理，予以通报同业并实行行业禁入。(　　)
6. 债券投资过程中，债券信用评级能够较充分反映其风险水平和等级，商业银行无需再对债券发行人、交易对手资信状况做充分评估。(　　)
7. 公司设立时，其资本必须以章程加以确定，并应由股东认足、缴足(或募足)。(　　)
8. 风险监管是指通过识别银行业务中固有的风险种类，进而对银行业务的各类风险进行评估，并按照CAMEL评级标准系统全面持续地评价银行经营状况的监管方式。(　　)
9. 商业银行应根据客户面临的环境和社会风险性质和严重程度，确定合理的授信权限和审批流程(　　)。
10. 商业银行向中央银行借款是一种常规资金来源业务，当市场上融资行为困难时，商业银行通常可直接向中央银行借款。(　　)

参考答案及详解

一、单选题

1. 【答案】B

【解析】现代商业银行具有三个特点：一是利息水平适当，二是信用功能扩大，三是具有信用创造功能。

2. 【答案】B

【解析】商业银行发行公募理财产品的，单一投资者销售起点金额不得低于 1 万元人民币。商业银行发行私募理财产品的，合格投资者投资于单只固定收益类理财产品的金额不得低于 30 万元人民币，投资于单只混合类理财产品的金额不得低于 40 万元人民币，投资于单只权益类理财产品、单只商品及金融衍生品类理财产品的金额不得低于 100 万元人民币。

3. 【答案】B

【解析】短期金融工具的期限一般在一年以下(含一年)，如商业票据、短期国库券、银行承兑汇票、可转让大额定期存单、回购协议等。长期金融工具的期限一般在一年以上，如股票、企业债券、长期国债等。

4. 【答案】D

【解析】支付结算是银行代客户清偿债权债务、收付款项的一种传统中间业务，也是商业银行一项典型的中间业务，其特点是业务量大、风险度小、收益稳定。

5. 【答案】A

【解析】商业银行内部审计目标包括：①推动国家有关经济金融法律法规和监管规则的有效落实；②促进商业银行建立并持续完善有效的风险管理、内控合规和公司治理架构；③督促相关审计对象有效履职，共同实现本银行战略目标。

6. 【答案】B

【解析】公定利率是由一个国家或地区银行公会(同业协会)等金融机构行业组织所确定的利率。公定利率由同业协会组织的绝大多数成员共同商定和遵守，主要是存款利率和贷款利率。官定利率是由政府金融管理部门或中央银行根据国家经济发展和金融市场需要所确定和调整的利率。

7. 【答案】C

【解析】合规风险是指商业银行因没有遵循法律、规则和准则可能遭受法律制裁、监管处罚、重大财务损失和声誉损失的风险。

8. 【答案】B

【解析】汇款和捐赠属于国际收支平衡表经常账户中的经常转移。

9. 【答案】A

【解析】保证期间，债权人依法将主债权转让给第三人的，保证人在原保证担保的范围内继续承担保证责任。因此，丙公司继续对设备贷款 300 万元承担保证责任，对追加的 20 万元不承担保证责任。

10. 【答案】A

【解析】同业存款也称同业存放，属机构存款，全称是同业及其他金融机构存入款项，是指因支付清算和业务合作等的需要，由其他金融机构存放于商业银行的款项。同业存放属于商业银行的负债业务，与此相对应的概念是存放同业，即存放在其他商业银行的款项，属于商业银行的资产业务。

11. 【答案】A

【解析】我国的银行监管目标主要包括：①保护存款人和广大金融消费者的利益；②增强市场信心；③增进公众对现代金融的了解；④减少金融犯罪；⑤支持实体经济发展，防范金融风险。

12. 【答案】B

【解析】金融市场具有交易及定价功能。金融交易中买卖双方相互作用过程所形成的价格，使金融市场具有决定和发现利率、汇率、证券价格等金融资产价格的功能，为金融资产交易提供价格依据，并通过调节价格引导资源配置。

13. 【答案】A

【解析】大额风险暴露是指商业银行对单一客户或一组关联客户超过其一级资本净额2.5%的风险暴露。对非同业单一客户的贷款余额不得超过资本净额的10%，对非同业单一客户的风险暴露不得超过一级资本净额的15%。对一组非同业关联客户的风险暴露不得超过一级资本净额的20%。对同业单一客户或集团客户的风险暴露不得超过一级资本净额的25%。全球系统重要性银行对另一家全球系统重要性银行的风险暴露不得超过一级资本净额的15%。

14. 【答案】B

【解析】按金融工具发行和流通的阶段划分，金融市场可分为发行市场和流通市场。发行市场也称为一级市场，是债券、股票等金融工具初次发行、供投资者认购投资的市场。流通市场也称为二级市场，是对已上市的金融工具(如债券、股票等)进行买卖转让的市场。流通市场可以为有价证券提供流动性，使证券持有者随时卖掉手中的有价证券得以变现。

15. 【答案】B

【解析】贷款是银行最主要的资产，是银行最主要的资金运用。

16. 【答案】A

【解析】集团母公司应当承担财务公司风险防范和化解的主体责任，应当建立有效的风险隔离机制，防止风险通过财务公司外溢；集团母公司及财务公司控股股东应当在必要时向财务公司补充资本。

17. 【答案】D

【解析】政策性银行主要是指那些多由政府创立、参股或担保的不以营利为目的，专门为贯彻并配合政府社会经济政策或意图，在特定的业务领域内从事政策性融资活动，协助政府发展经济、进行宏观经济管理的金融机构。一般来说，政策性银行具有特殊的融资原则、坚持经济效益而不以营利为目的。

18. 【答案】A

【解析】我国的股票根据上市地点及股票投资者的不同，分为A股、B股、H股、N股等几种。A股是以人民币标明面值、以人民币认购和进行交易、供国内投资者买卖的股票。B 股又称为人民币特种股票，是指以人民币标明面值、以外币认购和进行交易、专供外国和我国香港、澳门、台湾地区的投资者买卖的股票。H 股是指由中国境内注册的公司发行、直接在中国香港上市的股票。N 股是指由中国境内注册的公司发行、直接在美国纽约上市的股票。

19.【答案】C

【解析】银行业从业人员在向客户销售产品的过程中，应当严格落实销售专区录音录像等监管要求，按照规定以明确的、足以让客户注意的方式向其充分提示必要信息，对涉及的法律风险、政策风险以及市场风险等进行充分地提示。严禁为达成交易而隐瞒风险或进行虚假或误导性陈述，严禁向客户做出不符合有关法律法规及所在机构有关规章制度的承诺或保证。

20.【答案】B

【解析】风险偏好实际上是由风险承受力、偏好、容忍度、限额和风险目标或范围等几个核心组成，其中，风险承受能力指的是一家银行在追求履行其使命、达至其愿景、实现其业务目标和价值目标时能承受的风险类型和最大风险数额，它与银行的资本直接相关并受外界利益相关方或监管机构的要求的影响。

21.【答案】B

【解析】债券远期是交易双方约定在未来某一日期，以约定价格和数量买卖标的债券的金融合约，是债券市场规避利率风险的金融衍生工具。中国人民银行于 2005 年发布《全国银行间债券市场远期交易管理规定》，在银行间债券市场正式推出债券远期交易，为市场参与者提供了有效的规避风险和盈利的手段，在促进债券市场价格的有效发现以及形成完整合理的收益率曲线结构等方面具有重要意义。

22.【答案】C

【解析】附带民事诉讼是指司法机关在刑事诉讼过程中，在解决被告人刑事责任的同时，附带解决被告人的犯罪行为所造成的物质损失的赔偿问题，而进行的民事诉讼活动。

23.【答案】B

【解析】在实践中，各国中央银行对货币层次的划分不尽相同，但所依据的标准基本一致，即货币的流动性。流动性是金融资产转化为现金所需要的时间和成本的多少，即金融资产转化为货币而不损失的能力。

24.【答案】B

【解析】承诺业务是指商业银行承诺在未来某一日期按照事先约定的条件向客户提供约定的信用业务，包括贷款承诺等。

25.【答案】C

【解析】五类金融资产的核心定义分别为：①正常类，债务人能够履行合同，没有客观证据表明本金、利息或收益不能按时足额偿付；②关注类，虽然存在一些可能对履行合同产生不利影响的因素，但债务人目前有能力偿付本金、利息或收益；③次级类，债务人无法足额偿付本金、利息或收益，或金融资产已经发生信用减值；④可疑类，债务人已经无法足额偿付本金、利息或收益，金融资产已发生显著信用减值；⑤损失类，在采取所有可能的措施后，只能收回极少部分金融资产，或损失全部金融资产。

26.【答案】D

【解析】资产证券化是指把缺乏流动性，但具有未来现金流的资产汇集起来，通过结构性重组，将其转变为可以在金融市场上出售和流通的证券，据以融通资金的机制和过程。A 项，资产置换是指上市公司的控股股东以优质资产或现金置换上市公司的呆滞资产，或以主营业务资产置换非主营业务资产等情况，包括整体资产置换和部分资产置换等形式。B 项，资产剥离是指在企业股份制改制过程中将原企业中不属于拟建股份制企业的资产、负债从原有的企业账目中分离出去的行为。C 项，资产出售是指资产所有人以资产所有权换取现金、股票或其他有价证券的一种交易行为。

27. 【答案】B

【解析】商业银行要提高资本充足率，主要有两个途径：一是增加资本；二是降低总的风险加权资产。前者称为分子对策，后者称为分母对策。

28. 【答案】B

【解析】具有行政强制执行权的行政机关可以依法作出强制执行决定。行政机关不得在夜间或者法定节假日实施行政强制执行。但是，情况紧急的除外。行政机关不得对居民生活采取停止供水、供电、供热、供燃气等方式迫使当事人履行相关行政决定。

29. 【答案】A

【解析】战略风险是指商业银行在追求短期商业目的和长期发展目标的系统化管理过程中，不适当的发展规划和战略决策可能威胁商业银行未来发展的潜在风险。

30. 【答案】C

【解析】中国证监会是我国基金市场的监管主体，依法对基金市场主体及其活动实施监督管理。中国证券投资基金业协会作为行业自律性组织，对基金业实施行业自律管理。此外，证券交易所负责组织和监督基金的上市交易，并对上市交易基金的信息披露进行监督。

31. 【答案】B

【解析】基准利率有两重含义：一是基准利率决定着一个国家的金融市场利率水平，是金融机构系统制定存款利率、贷款利率、有价证券利率的依据；二是基准利率表明中央银行对于当期金融市场货币供求关系的总体判断，基准利率的变化趋势引导着一个国家利率的总体变化方向。中国人民银行对商业银行的再贷款利率，可以理解为我国目前的基准利率。

32. 【答案】A

【解析】汇率风险是指由于汇率的不利变动导致银行业务发生损失的风险。黄金被纳入汇率风险考虑，其原因在于，黄金曾长时间在国际结算体系中发挥国际货币职能，从而充当外汇资产的作用。

33. 【答案】C

【解析】银行业金融机构的行为尚不构成犯罪的，国务院银行业监督管理机构应当对直接负责的董事、高级管理人员和其他直接责任人员给予警告，处五万元以上五十万元以下罚款。对情形轻微的情况，国务院银行业监督管理机构应当责令银行业金融机构对直接负责的董事、高级管理人员和其他直接责任人员给予纪律处分。

34. 【答案】B

【解析】B 项，法律规定或者当事人约定不得留置的动产，不得留置；留置财产为可分物的，留置财产的价值应当相当于债务的金额。

35. 【答案】C

【解析】商业银行理财产品直接或间接投资于银行间市场、证券交易所市场或者国务院银行业监督管理机构认可的其他证券的，应当符合以下要求：①每只公募理财产品持有单只证券或单只公募证券投资基金的市值不得超过该理财产品净资产的10%；②商业银行全部公募理财产品持有单只证券或单只公募证券投资基金的市值，不得超过该证券市值或该公募证券投资基金市值的30%；③商业银行全部理财产品持有单一上市公司发行的股票，不得超过该上市公司可流通股票的30%。

36. 【答案】B

【解析】根据中国证监会《公开募集证券投资基金运作管理办法》的规定，百分之八十以上的基金资产投资于股票的，为股票基金。

37. 【答案】B

【解析】《民法典》第四百四十条规定，债务人或者第三人有权处分的下列权利可以出质：①汇票、本票、支票；②债券、存款单；③仓单、提单；④可以转让的基金份额、股权；⑤可以转让的注册商标专用权、专利权、著作权等知识产权中的财产权；⑥现有的以及将有的应收账款；⑦法律、行政法规规定可以出质的其他财产权利。B项，珠宝不属于法律规定的可以出质的范围。

38. 【答案】C

【解析】《中华人民共和国证券法》贯彻公开、公平、公正原则。此外，该法还规定了平等、自愿、有偿、诚实信用原则，分业经营、分业管理原则以及合法原则等。证券交易内幕信息的知情人和非法获取内幕信息的人，在内幕信息公开前，不得买卖该公司的证券，或者泄露该信息，或者建议他人买卖该证券。

39. 【答案】B

【解析】对于简易程序中当场决定依法给予100元以下的罚款，或不当场收缴事后难以执行的罚款，《行政处罚法》规定行政机关执法人员可以当场收缴。

40. 【答案】A

【解析】行政复议机关履行行政复议职责，应当遵循合法、公正、公开、及时、便民的原则，坚持有错必纠，保障法律、法规的正确实施。

41. 【答案】B

【解析】按融资方式划分，金融工具可分为直接融资工具和间接融资工具：①直接融资工具包括政府、企业发行的国库券、企业债券、商业票据、公司股票等；②间接融资工具包括银行债券、银行承兑汇票、可转让大额存单、人寿保险单等。

42. 【答案】B

【解析】降低规模和调整结构是商业银行提高资本充足率的分母对策主要采用的两种措施。其中，降低规模即银行缩小总体的资产规模，这种方法在提高资本充足率方面能够起到立竿见影的效果。

43. 【答案】B

【解析】《银行业从业人员职业操守和行为准则》明确了银行业从业人员的职业行为规范。银行业从业人员应履职遵纪：①经办业务，要如实反馈信息。②按照纪律要求处理好利益冲突。③严禁非法利益输送交易。④做好履职回避。⑤严禁违规兼职谋利。⑥自觉抵制不正当交易行为。⑦严禁以任何方式索取或收受客户、供应商、竞争对手、下属机构、下级员工及其他利益相关方的贿赂或不当利益。⑧厉行勤俭节约。⑨塑造良好职业形象。⑩营造风清气正的职场环境和氛围。

44. 【答案】B

【解析】贵金属理财业务是指商业银行向客户销售投资于贵金属市场或与贵金属挂钩的金融工具如股票、期货、期权等的理财产品的业务。贵金属理财业务是为了满足客户的资产配置需求，主要风险是与贵金属价格波动相关的市场风险。

45. 【答案】A

【解析】我国当前银行监管的审慎监管框架主要包括三大组成部分：①审慎全面的监管规则；②行之有效的监管工具；③科学合理的监管组织体系。

46. 【答案】A

【解析】监事会是商业银行的内部监督机构，对股东大会负责。除依据《公司法》等法律法规和商业银行章程履行职责外，还应当重点监督评估本行的发展战略、经营决策、风险管理和内部控制，董事的选聘程序，全行薪酬管理制度及高级管理人员薪酬方案的科学性、合理性等。

47. 【答案】A

【解析】A 项，商业银行不得将内部审计职能外包，但可将有限的、特定的内部审计活动外包给第三方，以缓解内部审计资源压力并提升内部审计工作的全面性。

48. 【答案】C

【解析】商业银行理财产品可以投资于国债、地方政府债券、中央银行票据、政府机构债券、金融债券、银行存款、大额存单、同业存单、公司信用类债券、在银行间市场和证券交易所市场发行的资产支持证券、公募证券投资基金、其他债权类资产、权益类资产以及银行业监督管理机构认可的其他资产。

商业银行理财产品不得直接投资于信贷资产，不得直接或间接投资于本行信贷资产，不得直接或间接投资于本行或其他银行业金融机构发行的理财产品，不得直接或间接投资于本行发行的次级档信贷资产支持证券。商业银行面向非机构投资者发行的理财产品不得直接或间接投资于不良资产、不良资产支持证券，国务院银行业监督管理机构另有规定的除外。

49. 【答案】B

【解析】行政复议是指公民、法人或者其他组织认为具体行政行为侵犯其合法权益，向行政机关提出行政复议申请，行政机关受理行政复议申请、作出行政复议决定的活动。A 项，行政复议可附带审查的规定不含国务院部、委员会规章和地方人民政府规章。C 项，公民、法人或者其他组织向人民法院提起行政诉讼，人民法院已经依法受理的，不得申请行政复议。D 项，行政复议不受理不服行政机关作出的行政处分或者其他人事处理决定以及不服行政机关对民事纠纷作出的调解或者其他处理等事项。

50. 【答案】D

【解析】公平交易权是指，银行在与消费者形成法律关系时，应当遵循公正、平等、诚实、信用的原则，不得强行要求消费者购买、使用其产品或接受其服务，银行业金融机构不得设置违反公平原则的交易条件，在格式合同中不得加重金融消费者责任、限制或者排除金融消费者合法权利，不得限制金融消费者寻求法律救济途径，不得减轻、免除本机构损害金融消费者合法权益应当承担的民事责任。

51. 【答案】B

【解析】票据转贴现是指金融机构为了取得资金，将未到期的已贴现商业汇票再以卖断方式向另一金融机构转让的票据行为，是金融机构间融通资金的一种方式。

52. 【答案】B

【解析】实施查封、扣押的，查封、扣押限于涉案的场所、设施或者财物，不得查封、扣押与违法行为无关的场所、设施或者财物；不得查封、扣押公民个人及其所扶养家属的生活必需品。当事人的场所、设施或者财物已被其他国家机关依法查封的，不得重复查封。

53. 【答案】D

【解析】D 项，承兑是指汇票付款人承诺在汇票到期日支付汇票金额的票据行为。

54. 【答案】B

【解析】融通货币资金是金融市场最主要、最基本的功能。金融市场为人们创造了丰富的金融工具和多种交易方式，为不同投资偏好的资金供给者及需求者进行多种形式的金融投资融资交易创造了便捷的条件。金融市场一方面为社会中资金不足的一方提供了筹集资金的机会，另一方面也为资金的盈余方提供了投资机会，为资金的需求方和供给方的融资活动搭起了一座桥梁，使社会资金实现在盈余部门和短缺部门的融通和调剂。

55. 【答案】D

【解析】国务院银行业监督管理机构对发生信用危机的商业银行进行接管，自接管决定实施之日起开始。接管期限届满，国务院银行业监督管理机构可以决定延期，但接管期限最长不得超过二年。

56. 【答案】B

【解析】B 项，信用卡诈骗罪是指使用伪造的信用卡，或者使用以虚假的身份证明骗领的信用卡，或者使用作废的信用卡，或者冒用他人的信用卡，或者利用信用卡恶意透支进行诈骗活动，数额较大的行为。信用卡诈骗罪主体是一般主体，仅为自然人，单位不构成本罪。

57. 【答案】A

【解析】直接标价法是以一定单位的外币作为标准，来计算应付多少本币的标价方法，又称为应付标价法。在直接标价法下，外币的数额作为标准保持固定不变，应付本币金额随着外币和本币币值的变化而变动。

58. 【答案】C

【解析】零售业务(Retail Banking)是指银行为个人和小微企业提供的零售银行服务，主要是一些相对常规的金融服务，包括银行账户、支付结算、银行卡、信用卡、房贷、车贷、经营性贷款等。

59. 【答案】A

【解析】同业代付分为境内同业代付和海外同业代付，业务实质均属贸易融资方式，银行办理同业代付业务应具有真实贸易背景。

60. 【答案】C

【解析】商业银行应加强债券投资业务的市场风险管理，对交易账户债券头寸进行每日估值；对银行账户债券头寸应在每年至少进行一次估值的基础上，根据券种风险程度和市场波动情况适当提高估值频率，并采取必要的手段保证估值结果的公允合理。

61. 【答案】B

【解析】禁止内幕交易规定是指，证券交易内幕信息的知情人和非法获取内幕信息的人，在内幕信息公开前，不得买卖该公司的证券，或者泄露该信息，或者建议他人买卖该证券。

62. 【答案】D

【解析】中央银行是银行的银行。银行的银行是指中央银行是商业银行的银行，即主要同商业银行发生业务关系，集中商业银行的准备金并对它们提供信用。具体包括：集中商业银行的存款准备；办理商业银行间的清算；对商业银行发放贷款。D 项，中央银行对陷入危机的银行进行救助主要体现了其最后贷款人制度。

63. 【答案】B

【解析】B 项，账面资本反映了银行实际拥有的资本水平，是银行资本金的静态反映。

64. 【答案】D

【解析】薪酬机制一般应坚持以下原则：①薪酬机制与银行公司治理要求相统一；②薪酬激励与银行竞争能力及银行持续能力建设相兼顾；③薪酬水平与风险成本调整后的经营业绩相适应；④短期激励与长期激励相协调。

65. 【答案】A

【解析】衡量经济增长的宏观经济指标是国内生产总值(GDP)，它是指一国(或地区)所有常住居民在一定时期内生产活动的最终成果，即指在一国的领土范围内，本国居民和外国居民在一定时期内所生产的、以市场价格表示的产品和劳务总值。GDP 是衡量一国(或地区)整体经济状况的主要指标，GDP 增长率是反映一定时期经济发展水平变化程度的动态指标。

66. 【答案】C

【解析】区域发展的自然条件及社会经济背景条件主要指区域自然条件和自然资源、人口与劳动力、科学技术条件、基础设施条件及政策、管理、法制等社会因素。

67. 【答案】B

【解析】资产负债管理长期目标可概括为：从银行整体战略出发，建立符合现代商业银行要求的资产负债管理体系，强化资本约束，提高风险控制水平，加强业务经营引导和调控能力，统筹把握资产负债的总量和结构，促进流动性、安全性和效益性的协调统一，实现经济资本回报率(RAROC)最大化，进而持续提升股东价值回报。

68. 【答案】D

【解析】资本规划是银行根据各项内、外部约束，量身定做的一套兼顾当期及未来资本充足率要求、发展目标和管理需要的关于整体资本需求和补充的计划。从商业银行自身角度看，基于当前及未来的资本需求和资本可获得性制定资本规划，有助于确保资本水平长期稳定及经营发展的稳健性。根据《商业银行资本管理办法》的规定，商业银行资本规划应至少设定内部资本充足率三年目标。

69. 【答案】B

【解析】金融机构应当建立健全反洗钱内部控制制度，金融机构的负责人应当对反洗钱内部控制制度的有效实施负责。

70. 【答案】B

【解析】按照是否交存备用金，信用卡分为贷记卡和准贷记卡。贷记卡是指发卡银行给予持卡人一定的信用额度，持卡人可在信用额度内先消费、后还款的信用卡。准贷记卡是指持卡人先按发卡银行要求交存一定金额的备用金，当备用金账户余额不足支付时，可在发卡银行规定的信用额度内透支的信用卡。

71. 【答案】C

【解析】根据《金融机构反洗钱规定》，建立国家反洗钱数据库，妥善保存金融机构提交的大额交易和可疑交易报告信息是中国反洗钱信息中心的职责。

72. 【答案】C

【解析】银行监管部门在确定单家银行具体监管要求时，应考虑以下三方面因素：①贷款分类准确性；②处置不良贷款主动性；③资本充足性。

73. 【答案】D

【解析】我国货币供应量分为三个层次：M0、M1 和 M2。M0 是流通中的现金；M1 = M0 + 活期存款；M2 = M1 + 储蓄存款 + 定期存款 + 其他存款。

74. 【答案】A

【解析】中央国债登记结算有限责任公司是为全国债券市场提供国债、金融债券、企业债券和其他固定收益证券的登记、托管、结算和代理还本付息等服务的国有独资金融机构。

75. 【答案】A

【解析】承诺是受要约人同意要约的意思表示。即受约人同意接受要约的全部条件而与要约人成立合同。这时银行已经接受了客户的存款凭条，并开展了业务。说明受约人已经同意了要约的全部条件。开具存单或进账单，合同成立，属于承诺。

76. 【答案】A

【解析】票据是指出票人依法签发，由自己无条件支付或委托他人无条件支付一定金额的有价证券。票据的基本特征包括：①票据是完全有价证券。②票据是要式证券。③票据是一种无因证券。④票据是流通证券。⑤票据是文义证券。⑥票据是设权证券。⑦票据是债权证券。

77. 【答案】A

【解析】如果是国家财产、集体财产遭受损失的，人民检察院在提起公诉的时候，可以提起附带民事诉讼。

78. 【答案】A

【解析】B 项，借入资金称为拆入，贷出资金称为拆出。CD 两项，同业拆借是指经中国人民银行批准进入全国银行间同业拆借市场的金融机构之间，通过全国统一的同业拆借网络进行的无担保资金融通行为。

79. 【答案】B

【解析】商业银行开展内部审计工作包括制定审计计划、组建审计组、开展审计、报告、问题整改与跟踪等环节。

80. 【答案】C

【解析】商业银行提供现金满足客户提取存款的要求和支付到期债务本息，这部分现金称为基本流动性，基本流动性加上为贷款需求提供的现金称为充足流动性。保持适度的流动性是商业银行流动性管理所追求的目标。

二、多选题

1. 【答案】ACDE

【解析】B 项，关键岗位人员未按规定进行轮岗或强制休假的比例就是一个关键风险指标，可反映关键岗位的风险情况。

2. 【答案】ABCE

【解析】商业银行的中间业务是指银行不直接参与资金借贷，而是作为中介提供各种服务的业务。D 项，债券投资业务是一种资产业务，属于银行的表内业务，不属于中间业务。

3. 【答案】ADE

【解析】B 项，净稳定资金比例是长期流动性指标。C 项，流动性覆盖率 = 合格优质流动性资产 ÷ 未来 30 天现金净流出量。

4. 【答案】AC

【解析】现代商业银行，尤其是大型商业银行，组织架构庞大而复杂，类型也有多种。从企业法人角度划分，商业银行的组织架构可划分为统一法人制组织架构和多法人制组织架构。统一法人制组织架构是相对集权的组织形式。总部与分支机构之间是直接的隶属关系，分支机构在法律上不具备独立的法人资格，经营上接受总部的管理和指导。多法人制组织架构是相对彻底分权的组织形式。集团总部下设立若干子公司，子公司在法律上是具有法人地位的企业，母公司和子公司之间主要是资本上的联接关系。

5. 【答案】ACE

【解析】在其他条件不变的情况下，本币汇率下跌，意味着本币贬值。从出口角度看，本币贬值使得本国出口商品在国际市场上价格相对降低，从而刺激出口增加。出口增加会带动国内生产规模的扩大，进而促进经济增长，就业机会也随之增加。从价格水平来看，由于出口增加，国内市场供给相对减少，同时进口商品价格因本币贬值而上升，会推动国内价格水平上升。

6. 【答案】ABE

【解析】2009 年，中国银行业协会印发《中国银行业金融机构企业社会责任指引》，从经济责任、社会责任、环境责任三个方面对银行业金融机构应该履行的社会责任进行了阐述，并对银行业金融机构履行社会责任的管理机制和制度提出了建议。

7. 【答案】ADE

【解析】银行保函是指银行应申请人的要求，向受益人作出的书面付款保证承诺，银行将凭受益人提交的与保函条款相符的书面索赔履行担保支付或赔偿责任。银行保函根据担保银行承担风险的不同及管理的需要，可分为融资类保函和非融资类保函两大类，融资类保函包括借款保函、授信额度保函、有价证券保付保函、融资租赁保函和延期付款保函。BC 两项属于非融资类保函。

8. 【答案】BCDE

【解析】商业银行内部控制应当遵循以下基本原则：①全覆盖原则。内部控制应当贯穿决策、执行和监督全过程，覆盖各项业务流程和管理活动，覆盖所有的部门、岗位和人员。②制衡性原则。内部控制应当在治理结构、机构设置及权责分配、业务流程等方面形成相互制约、相互监督的机制。③审慎性原则。内部控制应当坚持风险为本、审慎经营的理念，设立机构或开办业务均应坚持内控优先。④相匹配原则。内部控制应当与管理模式、业务规模、产品复杂程度、风险状况等相适应，并根据情况变化及时进行调整。

9. 【答案】ABD

【解析】该客户这笔贷款的风险成本（预期损失）= 1 亿元 × 1.52% × 45% = 68.4 万元。信用证适用的信用转换系数为20%，折算到表内金额为2亿元×20%=0.4亿元。该公司总的风险暴露为1亿元+0.4亿元=1.4亿元。该公司为一般企业，适用风险权重为100%。则该企业占用的风险加权资产为1.4亿元×100%=1.4亿元。假如对该银行的目标资本充足率要求为10.5%，则该客户占用的监管资本要求为1.4亿元×10.5%=1470万元。

10. 【答案】ABC

【解析】资产负债组合管理是对银行资产负债表进行积极的管理，即在满足风险性、效益性、流动性协调平衡的基础上，通过优化资产负债表的组合配置结构，谋求收益水平的持续提高。资产负债组合管理包括资产组合管理、负债组合管理和资产负债匹配管理三个部分。

11. 【答案】CDE

【解析】成本推动型通货膨胀的根源在于社会总供给的变化，在商品和劳务的需求不变的情况下，因生产成本的提高而推动物价上涨。生产成本的提高主要来自两个方面的原因：①工资推进的通货膨胀。②利润推进的通货膨胀。AB两项属于需求拉上型通货膨胀的表述。

12. 【答案】ACE

【解析】商业银行应当在法人和集团层面，分别计算未并表和并表的流动性风险状况。用于反映银行流动性风险状况的指标包括流动性覆盖率、净稳定资金比例、流动性比例、流动性匹配率和优质流动性资产充足率。

13. 【答案】ABCDE

【解析】商业银行办理并购贷款业务，要在全面分析战略风险、法律与合规风险、整合风险、经营风险以及财务风险等与并购有关的各项风险的基础上评估并购贷款的风险，涉及跨境交易的，还应分析国别风险、汇率风险和资金过境风险。

14. 【答案】AB

【解析】公司因破产或解散而导致终止，丧失其企业法人资格。公司终止主要有两种情形：①公司破产；②公司解散。

15. 【答案】BDE

【解析】地方政府债券也被称为市政债券，从概念上讲，是指地方政府根据信用原则、以承担还本付息责任为前提而筹集资金的债务工具。从当前发展实务上讲，国内的地方政府债券是指省、自治区、直辖市和经省级人民政府批准自办债券发行的计划单列市人民政府发行的、约定一定期限内还本付息的政府债券。地方政府债券包括一般债券和专项债券：一般债券是为没有收益的公益性项目发行，主要以一般公共预算收入作为还本付息资金来源的政府债券；专项债券是为有一定收益的公益性项目发行，以公益性项目对应的政府性基金收入或专项收入作为还本付息资金来源的政府债券。地方政府依法自行组织本地区地方政府债券发行和还本付息工作，地方政府债券发行兑付工作由地方政府财政部门负责办理。

16. 【答案】ACDE

【解析】利用FTP核算资金收益或成本时，对负债而言是收益，对资产而言是成本。实施FTP的目的之一，就是要核算清楚负债带来了多少收益，资产占用了多少成本。

17. 【答案】ADE

【解析】B 项，经济资本是根据银行资产的风险程度计算出来的虚拟资本，即银行所“需要”的资本，或“应该持有”的资本，而不是银行实实在在拥有的资本。C 项，监管资本涉及两个层次的概念：一是银行实际持有的符合监管规定的合格资本；二是银行按照监管要求应当持有的最低资本量或最低资本要求。

18. 【答案】ABCD

【解析】薪酬是指商业银行为获得员工提供的服务和贡献而给予的报酬及其相关支出，包括基本薪酬、绩效薪酬、中长期激励、福利性收入等项下的货币和非现金的各种权益性支出。

19. 【答案】BCD

【解析】除一般性货币政策工具外，中央银行还可以利用选择性货币政策工具、直接性货币政策工具、间接性货币政策工具对经济进行调控。选择性货币政策工具主要包括证券市场信用控制、消费者信用控制、不动产信用控制、优惠利率、预缴进口保证金等；直接性货币政策工具主要包括利率限制、信用配额、直接干预、流动性比率等；间接性货币政策工具主要包括窗口指导、道义劝告、金融检查、公开宣传等。

20. 【答案】ADE

【解析】风险不等同于损失本身，风险是一个事前概念，损失是一个事后概念，风险的概念既涵盖了未来可能损失的大小，又涵盖了损失发生概率的高低。是否能够妥善控制和管理风险，将决定商业银行的经营成效。

21. 【答案】ABCDE

【解析】经济结构是指从不同角度考察的国民经济构成，一般包括产业结构、地区结构、城乡结构、产品结构、所有制结构、分配结构、技术结构、消费投资结构等。

22. 【答案】ACD

【解析】中国人民银行的主要职责有：①发布与履行其职责有关的命令和规章；②依法制定和执行货币政策；③发行人民币，管理人民币流通；④监督管理银行间同业拆借市场和银行间债券市场；⑤实施外汇管理，监督管理银行间外汇市场；⑥监督管理黄金市场；⑦持有、管理、经营国家外汇储备、黄金储备；⑧经理国库；⑨维护支付、清算系统的正常运行；⑩指导、部署金融业反洗钱工作，负责反洗钱的资金监测；⑪负责金融业的统计、调查、分析和预测；⑫作为国家的中央银行，从事有关的国际金融活动；⑬国务院规定的其他职责。

23. 【答案】BE

【解析】存款保险实行限额偿付，最高偿付限额为人民币 50 万元。同一存款人在同一家投保机构所有被保险存款账户的存款本金和利息合并计算的资金数额在最高偿付限额以内的，实行全额偿付；超出最高偿付限额的部分，依法从投保机构清算财产中受偿。

24. 【答案】BCD

【解析】商业银行自我监管通过内部治理、内部控制与内部审计实现。

25. 【答案】AD

【解析】国际收支是影响汇率变动的最重要因素。当一国存在较大国际收支逆差时，说明本国外汇收入比外汇支出少，对外汇的需求大于外汇供给，会造成外汇汇率上涨，本币对外贬值；反之，当一国处于国际收支顺差时，说明本国出口增加、外汇收入增加，而进口减少、外汇支付减少，这时，外汇供给大于支出，从而造成本币对外升值，外汇汇率下跌。

三、判断题

1. 【答案】B

【解析】骆驼(CAMEL)评级体系是目前美国金融管理当局对商业银行及其他金融机构的业务经营、信用状况等进行的一整套规范化、制度化和指标化的综合等级评定制度。

2. 【答案】B

【解析】虽然不再单一盯住美元，但美元仍然是参考一篮子货币中的重要组成部分，人民币汇率还是会受到美元汇率波动的影响。

3. 【答案】B

【解析】资本市场是长期资金融通市场，在资本市场上，发行主体所筹集的资金大多用于固定资产的投资，偿还期长，流动性相对较小，风险相对较高，被当做固定资产投资的资本来运用，因此称该市场为资本市场。

4. 【答案】B

【解析】设立信托，应当采取书面形式。根据《信托法》的规定，书面形式包括信托合同、遗嘱或者法律、行政法规规定的其他书面文件等。采取信托合同形式设立信托的，信托合同签订时，信托成立。采取其他书面形式设立信托的，受托人承诺信托时，信托成立。

5. 【答案】A

【解析】为加强银行业从业人员行为管理，银行业协会、银行业金融机构应当健全关于员工违反职业操守和行为准则的惩戒机制。银行业协会建立违法违规违纪人员“黑名单”和“灰名单”制度。

6. 【答案】B

【解析】商业银行应加强债券投资业务的信用风险管理，充分评估债券发行人、交易对手的资信状况，将债券资产纳入全行统一的信用风险管理体系，包括实行统一的授信管理。

7. 【答案】A

【解析】公司设立时，其资本必须以章程加以确定，并应由股东认足、缴足(或募足)，其目的在于使公司在成立时就有稳固的财产基础。《公司法》允许公司资本的分批缴纳。

8. 【答案】A

【解析】风险监管是指通过识别银行业务中固有的风险种类，进而对银行业务的各类风险进行评估，并按照CAMEL评级标准系统全面持续地评价银行经营状况的监管方式。风险为本的监管方式，实现了由事后检查向事前监测、事后发现向事前预警、事后纠正向事前防范转变，有更强的风险监测、识别和化解能力，在监管成本不升高的情况下能取得更好效果，因此是更有效的监管。

9. 【答案】A

【解析】商业银行应加强授信审批管理，根据客户面临的环境和社会风险的性质和严重程度，确定合理的授信权限和审批流程。对环境和社会表现不合规的客户，应当不予授信。

10. 【答案】B

【解析】商业银行一般只把向中央银行借款作为融资的最后选择，只有在通过其他方式难以借到足够的资金时，才会求助于中央银行，这也是中央银行被称为最后贷款人的原因。

银行业法律法规与综合能力(中级)
机考真题精选(四)

一、单选题(共80题，每小题0.5分，共40分，下列选项中只有一项最符合题目的要求，不选、错选均不得分)

1. 商业银行的下列资产中，风险最小且流动性最强的是(　　)。
   A. 普通股票　　B. 企业债券　　C. 金融债券　　D. 中央银行票据
2. 下列关于债券回购与同业拆借业务的说法，错误的是(　　)。
   A. 债券正回购和同业拆入是银行重要的资金来源
   B. 对信用等级相同的金融机构来说，债券回购利率一般低于拆借利率
   C. 两者都是银行的短期资金融通行为
   D. 债券回购交易量远小于同业拆借交易量
3. 甲公司委托乙银行为代理人向其客户提供服务，下列情形中甲公司不需要对此服务过程承担民事责任的是(　　)。
   A. 乙银行知道甲公司要求的代理内容属于违法行为，仍然进行代理活动
   B. 甲公司客户知道乙银行代理期限已过，继续接受乙银行提供的服务
   C. 甲公司知道乙银行在提供服务的过程中超越了其代理权限，但未作否认表示
   D. 甲公司知道乙银行在提供服务的过程中行为违法，但不表示反对
4. 下列关于贷款利率的表述，正确的是(　　)。
   A. 商业银行只能上浮贷款利率10%
   B. 商业银行贷款利率上限已经放开
   C. 商业银行不得下浮贷款利率
   D. 商业银行贷款利率只能与人民银行的贷款基准利率相同
5. 银团贷款业务中，对借款人或贷款项目进行贷款尽职调查，并在此基础上与借款人进行前期谈判的职责，主要由(　　)负责。
   A. 委托行　　B. 代理行　　C. 牵头行　　D. 各参加行
6. 中央银行在金融市场上可以通过卖出或买入有价证券影响基础货币的供给，这种货币政策工具是(　　)。
   A. 窗口指导　　B. 再贷款与再贴现
   C. 公开市场业务　　D. 存款准备金率
7. 下列关于我国中央银行票据的表述，正确的是(　　)。
   A. 中央银行票据一般为期限五年以上的长期债券
   B. 发行中央银行票据的目的是筹资
   C. 中央银行票据具有风险低、流动性低等特点
   D. 中央银行票据由中国人民银行面向全国银行间债券市场成员发行
8. 下列关于同业拆借的表述，错误的是(　　)。
   A. 借入资金称为拆入，贷出资金称为拆出
   B. 同业拆借业务主要通过全国银行间债券市场进行
   C. 同业拆借的利率随资金供求的变化而变化

D. 同业拆借是银行及其他金融机构之间进行短期的资金借贷

9. 下列不属于第二版巴塞尔资本协议资本监管“三大支柱”的是(　　)。

A. 监督检查　B. 市场约束　C. MPA 监管考核　D. 最低资本要求

10. (　　)是指无权代理人的代理行为客观上存在使相对人相信其有代理权的情况，且相对人主观上为善意，因而可以向被代理人主张代理的效力。

A. 无权代理　B. 委托代理　C. 表见代理　D. 法定代理

11. 银行在金融创新中，保护客户利益的方式是(　　)。

A. 充分鼓励客户消费、充分信息披露　B. 充分鼓励客户消费、客户资产隔离

C. 客户竞争、客户资产隔离　D. 客户教育、充分信息披露

12. 金融期货的标的物不包括(　　)。

A. 债券　B. 股票指数　C. 原油　D. 外汇

13. 商业银行经济资本是指(　　)。

A. 商业银行在既定的期限和置信区间内，根据银行实际承担的经营风险计算的用以覆盖预期损失所需的资本

B. 商业银行在既定的期限和置信区间内，根据银行实际承担的经营风险计算的用以覆盖不良贷款所需的资本

C. 商业银行在既定的期限和置信区间内，根据银行实际承担的经营风险计算的用以覆盖预期损失和非预期损失而应该持有的资本

D. 商业银行在既定的期限和置信区间内，根据银行实际承担的经营风险计算的用以覆盖非预期损失所需的资本

14. 设立城市商业银行的注册资本最低限额为(　　)。

A. 认缴资本五千万元人民币　B. 实缴资本一亿元人民币

C. 实缴资本五千万元人民币　D. 认缴资本一亿元人民币

15. (　　)是证券发行和交易机制的核心，投资者可以获取与证券有关的信息，供投资决策时参考。

A. 公正原则　B. 公平原则　C. 公信原则　D. 公开原则

16. 商业银行开展金融创新时，应遵循(　　)，不得进行低价倾销。

A. 知识产权保护原则　B. 公平竞争原则

C. 合法合规原则　D. 成本可算原则

17. 根据《中华人民共和国反洗钱法》的规定，金融机构在反洗钱方面的义务不包括(　　)。

A. 建立客户身份资料和交易记录保存制度

B. 执行大额交易报告制度

C. 建立客户身份识别制度

D. 代表中国政府与外国政府开展反洗钱合作

18. (　　)是基金的所有者。

A. 基金托管人　B. 基金公司　C. 基金投资者　D. 基金管理人

19. 下列选项中，不属于商业银行风险管理“三道防线”的是(　　)。

A. 内部审计部门　B. 高级管理层　C. 前台业务部门　D. 风险管理部门

20. 下列关于最后贷款人的表述，正确的是(　　)。

A. 防范的金融风险属于局部性目标

B. 是政府为银行危机买单

C. 最后贷款人的主要目标是防范系统性金融风险

D. 最后贷款人的主要目标是防范非系统性金融风险

21. 商业银行优质流动性资产充足率的最低监管标准为不低于(　　)。

A. 200%　　B. 100%　　C. 140%　　D. 120%

22. A银行某支行员工在营业室直接窃取保管现金和利用保管交款单位存折之机盗支存款，累计贪污公款32万元，该事件的风险成因是(　　)。

A. 失职违规　　B. 内部欺诈　　C. 关键人员流失　　D. 知识技能匮乏

23. 下列不属于监管工具的是(　　)。

A. 成本回报率　　B. 杠杆率　　C. 拨备覆盖率　　D. 不良资产率

24. 某商业银行在客户选择上注重选择高风险、高收益的客户，则该银行的风险战略为(　　)。

A. 进取型　　B. 保守型　　C. 稳健型　　D. 消极型

25. 根据监管相关规定，理财产品的风险评级至少包括(　　)个等级。

A. 6　　B. 5　　C. 3　　D. 4

26. 下列关于商业银行经营的“三性”原则的表述，正确的是(　　)。

A. 以效益性、安全性、流动性为经营原则

B. 以安全性、效益性、流动性为经营原则

C. 以流动性、效益性、安全性为经营原则

D. 以安全性、流动性、效益性为经营原则

27. 下列行为中，违反“公平竞争”原则的是(　　)。

A. 某银行在向客户推销信用卡业务时，明确告知客户在信用卡使用过程中，消费达到一定积分后，可以获得一些金额不大的纪念品

B. 某银行为提高服务质量，定期对从业人员进行培训，讲授金融产品和服务的特点和技巧，经过一段时间后，该行的服务质量和效率显著提高，吸引了更多客户

C. 某银行客户经理为了获得一家上市企业的贷款业务，自己掏钱购买贵重礼物馈赠给该企业财务部门负责人

D. 与同业相比，某银行同类产品定价并非最低，但却能在提供产品和服务的过程中，为客户提供增值服务

28. 根据期权分类，期权买方只能在期权到期日方能行使权利的期权是(　　)。

A. 看涨期权　　B. 美式期权　　C. 欧式期权　　D. 看跌期权

29. 下列选项中，符合清廉金融行为规范的是(　　)。

A. 为提高处置回收率，委托当地涉黑组织催收不良贷款

B. 为提高个人贷款比重，向在校高中生发放贷款

C. 为提高贷款利息收入，利率上浮发放公司类贷款

D. 为提高个人贷款比重，暗示客户利用消费贷资金进行投资

30. 下列不属于票据丧失后的补救措施是(　　)。

A. 公示催告　　B. 登报声明作废　　C. 挂失止付　　D. 提起诉讼

31. 国际友人对我国某慈善机构的外汇捐赠应记入国际收支的(　　)。

A. 资本账户　　B. 外汇储备　　C. 经常账户　　D. 错误与遗漏

32. 董事会决议，必须经全体董事______以上通过，对利润分配方案等重大事项，应由董事会______以上董事通过方可有效。(　　)

A. 半数，三分之二　　B. 三分之一，半数

C. 半数，全体　　D. 三分之一，三分之二

33. (　　)是商业银行董事会、监事会、高级管理层和全体员工参与的，通过制定和实施

系统化的流程和方法，实现控制目标的动态过程和机制。

A. 内部控制　　B. 风险管理　　C. 合规管理　　D. 公司治理

34. 甲公司向乙银行交付 35 万元，申请签发银行汇票向丙公司付款。这份汇票的当事人为(　　)。

A. 出票人甲公司、付款人甲公司、收款人丙公司

B. 出票人乙银行、付款人甲公司、收款人丙公司

C. 出票人乙银行、付款人乙银行、收款人丙公司

D. 出票人甲公司、付款人乙银行、收款人丙公司

35. 我国反洗钱的行政主管部门是(　　)。

A. 中国反洗钱监测分析中心　　B. 中国人民银行

C. 中国公安部　　D. 国家金融监督管理总局

36. 下列关于风险偏好指标体系设定原则的说法有误的是(　　)。

A. 充分考虑银行目前的实际风险管理能力及风险暴露情况

B. 最重要的是体现监管机构的期望

C. 风险偏好要相对稳定

D. 与银行发展战略协调一致

37. 积极的供给政策可以抑制通货膨胀，主要是以积极的刺激生产的办法增加供给，同时压缩总需求，下列措施属于积极的供给政策的是(　　)。

A. 提高货币增长率　　B. 增加政府支出

C. 大幅降低税率　　D. 降低利率水平

38. 下列不属于商业银行短期负债的是(　　)。

A. 发行次级债券　　B. 向中央银行借款

C. 同业拆入　　D. 活期存款

39. 当破产财产不足以支付同一顺序所有破产债权时，各债权人受偿的要求是(　　)。

A. 平均受偿　　B. 比例受偿　　C. 优先受偿　　D. 顺序受偿

40. 以下关于净利息收益率(NIM)说法错误的是(　　)。

A. NIM 不宜作为银行衡量资产负债效率的指标

B. NIM 越高，蕴含的结构风险可能也相应较高

C. 以 NIM 为核心的短期管理目标突出了对利润最大化的追求

D. 是净利息收入与生息资产平均余额之比

41. 根据《中华人民共和国行政处罚法》，以下不属于行政处罚的是(　　)。

A. 限制人身自由　　B. 责令停产停业

C. 罚款　　D. 暂扣或者吊销许可证、执照

42. 贵金属能成为商业银行重要的产品类别之一，是因为贵金属同时具有(　　)两重属性。

A. 商品属性，时间属性　　B. 贮藏属性，货币属性

C. 商品属性，货币属性　　D. 商品属性，贮藏属性

43. 下列财产不可以抵押的是(　　)。

A. 建设用地使用权　　B. 交通运输工具

C. 某公立学校教学楼　　D. 在建商品房

44. 中国银行业协会的最高权力机构是(　　)。

A. 国家金融监督管理总局　　B. 理事会

C. 常务理事会　　D. 会员大会

45. 下列关于金融工具和金融市场的表述，错误的是(　　)。
A. 股票属于直接融资
B. 银行间债券市场属于资本市场，回购协议是其中的一种长期金融工具
C. 商业票据市场属于货币市场
D. 贷款属于间接融资
46. 在我国，仲裁实行的是(　　)制度。
A. 一裁终局　　B. 先裁后审　　C. 两裁终局　　D. 可裁可审
47. 下列做法中，不符合绿色信贷标准的是(　　)。
A. 环境和社会风险无需纳入尽职调查的重点内容
B. 建立健全绿色信贷标识和统计制度
C. 对客户的环境和社会风险进行动态评估和分类
D. 对存在重大环境和社会风险客户实行名单制管理
48. 某银行十分重视消费者的权益保障，这是尽到了银行的(　　)。
A. 环境责任　　B. 经济责任　　C. 市场责任　　D. 社会责任
49. 下列关于商业银行存款利率的表述，错误的是(　　)。
A. 存款利率的高低直接决定了存款人的利息收益
B. 存款利率越高，银行的利润越高
C. 存款利率越高，银行的融资成本越高
D. 存款利率的高低直接决定了金融机构的融资成本
50. (　　)是指国务院银行业监督管理机构在银行业金融机构已经或可能发生信用危机，严重影响存款人的利益的情况下，对该银行采取的整顿和改组措施。
A. 破产　　B. 接管　　C. 重组　　D. 撤销
51. 某银行客户经理办理其父亲所经营的一笔贷款项目时，应该(　　)。
A. 公平对待，不必向银行披露其亲属关系
B. 可与其他客户一样处理
C. 向银行管理层报告其亲属关系，并申请回避
D. 以优惠利率发放贷款
52. 当出现普遍的经济不景气时，银行贷款所面临的主要风险是(　　)。
A. 声誉风险　　B. 市场风险　　C. 信用风险　　D. 利率风险
53. 2014 年初，原中国银监会同意某省政府对 A 商业银行进行重组，将其改制成为一家以民间资本为主体的全国型股份制商业银行，2014 年底，原中国银监会下发《关于 A 商业银行重组和 A 商业银行股份有限公司开业有关问题的批复》，A 商业银行获准开业，这是属于中国银行业监督管理机构监督措施中的(　　)。
A. 非现场监管　　B. 信息披露监管　　C. 市场准入监管　　D. 现场检查
54. 根据中国人民银行《个人外汇管理办法》规定，对个人非经营性外汇收付统一通过(　　)。
A. 经营项目账户　　B. 外汇储蓄账户　　C. 外汇结算账户　　D. 现汇账户
55. 银行在某业务单元的税后净利润为 20 亿元，预期损失为 4 亿元，其经济资本占用为 50 亿元，则该业务的经风险调整的资本收益率(RAROC)为(　　)。
A. 10%　　B. 4%　　C. 32%　　D. 15%
56. 王某以高利贷吸引公众存款，而后以更高利率将吸收的存款贷给一些公司企业。王某的这一行为违反了(　　)。
A. 非法吸收公众存款罪　　B. 擅自设立金融机构罪

C. 违法发放贷款罪　　　　　　　　　　D. 高利转贷罪

57. 根据《银行业金融机构从业人员行为管理指引》的规定，银行业金融机构从业人员行为管理应以(　　)为本。

A. 效率　　B. 风险　　C. 能力　　D. 效益

58. 商业银行理财产品直接或间接投资于银行间市场、证券交易所市场或者国务院银行业监督管理机构认可的其他证券的，每只公募理财产品持有单只证券或单只公募证券投资基金的市值不得超过该理财产品净资产的(　　)。

A. 5%　　B. 30%　　C. 10%　　D. 20%

59. 吸收客户资金不入账罪侵犯的客体是(　　)。

A. 国家对金融机构的设立管理制度　　B. 国家对存款的管理制度

C. 国家对金融机构的准入管理制度　　D. 国家对贷款的管理制度

60. 在某行业中，独家企业生产某种特质产品从而整个行业的市场完全处于一家企业所控制之下的情形，该行业是(　　)。

A. 垄断竞争的行业　　B. 完全垄断的行业

C. 寡头垄断的行业　　D. 完全竞争的行业

61. 从业务运作实质来看，福费廷是一种(　　)。

A. 远期票据贴现　　B. 银行保函　　C. 质押贷款　　D. 保付代

62. 下列业务中，我国商业银行目前在境内可以从事的业务是(　　)。

A. 向非金融机构和企业投资　　B. 同业拆借

C. 购置非自用不动产　　D. 信托或者股票业务

63. 存款关系是存款人与商业银行之间的(　　)。

A. 债权债务关系　　B. 保管关系　　C. 所有关系　　D. 信用关系

64. 下列各项中，属于导致银行业金融机构的法人资格被撤销的原因是(　　)。

A. 不撤销该金融机构将严重危害金融秩序、损害社会公众利益

B. 该金融机构的董事长因违法被刑拘

C. 该金融机构资本利用率低于同行业水平

D. 该金融机构收入低

65. 下列关于远期外汇交易的表述，正确的是(　　)。

A. 远期外汇交易外汇汇率以即期汇率为基础

B. 远期外汇交易成交后立即办理交割

C. 远期外汇交易外汇汇率低于即期外汇汇率

D. 远期外汇交易外汇汇率高于即期外汇汇率

66. 无效合同的法律效力(　　)。

A. 自登记时无效　　B. 自履行时无效

C. 自订立时无效　　D. 自被确认无效时无效

67. 商业银行由于不完善或有问题的内部程序、员工、信息科技系统以及外部事件所造成损失的是(　　)。

A. 操作风险　　B. 市场风险　　C. 系统风险　　D. 声誉风险

68. 投资或购买与基础资产收益波动负相关的某种资产或金融衍生品的风险管理策略是(　　)。

A. 风险对冲　　B. 风险分散　　C. 风险规避　　D. 风险转移

69. 下列关于银行章程的表述，错误的是(　　)。

A. 是银行公司治理的基本文件　　B. 无需对股东大会的组成作出制度安排

C. 载明有关法律法规要求的其他事项　　D. 对董、监、高的组成作出制度安排

70. 下列关于商业银行资本的表述，正确的是(　　)。

A. 银行资本等于会计资本、监管资本和经济资本之和

B. 经济资本也称为风险资本

C. 商业银行的经济资本应大于会计资本

D. 银行资本能够鼓励银行进行业务扩张

71. 主要反映一国的贸易和劳务往来状况的国际收支项目是(　　)。

A. 资本账户　　B. 出口项目　　C. 劳务收支　　D. 经常账户

72. 巴塞尔资本协议构建了“三大支柱”的监管框架，第三支柱规定的银行信息披露的频率应该是(　　)。

A. 每年　　B. 每月　　C. 每半年　　D. 每季度

73. 下列行为中，不符合银行从业人员职业操守要求的是(　　)。

A. 应了解金融机构和个人在协助执行中的有关职责

B. 应了解协助执行的法定程序

C. 可透露执法机关的活动信息

D. 应了解哪些机关有权查询、冻结、销毁客户资产

74. 在行业的市场结构中，(　　)是由许多企业生产同质产品的市场情形，是竞争充分而不受任何阻碍和干扰的一种市场结构。

A. 完全竞争的行业　　B. 垄断竞争的行业

C. 完全垄断的行业　　D. 寡头垄断的行业

75. 信托受托人必须为(　　)的最大利益，依照信托文件的规定管理好信托财产。

A. 自身及受益人　　B. 委托人　　C. 自身　　D. 受益人

76. 下列属于中央银行业务的是(　　)。

A. 办理企业间的支付结算　　B. 吸收企业和个人的存款

C. 集中商业银行的准备金　　D. 对工商企业发放贷款

77. 商业银行根据某一利率以及客户的信用评级、借款金额、供求关系等因素综合确定贷款利率，该利率属于(　　)。

A. 基准利率　　B. 官定利率　　C. 市场利率　　D. 公定利率

78. 单位活期存款账户中的一般存款账户不得办理(　　)。

A. 现金支取　　B. 转账结算　　C. 现金缴存　　D. 借款相关的业务

79. 根据《商业银行大额风险暴露管理办法》，对非同业单一客户的贷款余额不得超过资本净额的(　　)。

A. 15%　　B. 25%　　C. 10%　　D. 20%

80. 目前我国商业银行中长期投资品种中，最安全和最具流动性的金融工具是(　　)。

A. 中央银行票据　　B. 国债　　C. 金融债券　　D. 企业债券

二、多选题(共25题，每小题2分，共50分，下列选项中有两项或两项以上符合题目要求，多选、少选、错选均不得分)

1. 货币政策传导的汇率渠道也叫国际贸易渠道，如果本国货币供应量增加，其产生的传导效应包括(　　)。

A. 会导致本国货币的供给下降　　B. 会导致本国的利率下降

C. 会使本国净出口增加　　D. 会导致本国总产出的增加

E. 会使本国货币贬值

2. 下列关于商业银行支付结算业务规定的表述，正确的有(　　)。
A. 现金支票可以用于提取现金，也能用于转账
B. 信用证是一种有条件的银行支付承诺
C. 银行本票一般适用于单位和个人在同一交换区域支付各种款项
D. 托收银行对托收的款项能否收到要承担责任
E. 银行承兑汇票的出票人一般为银行

3. 中央银行是政府的银行，下列业务中属于这一范畴的是(　　)。
A. 代理国库　　B. 经办财政收支
C. 代表国家与国际金融机构开展业务　　D. 代表国家执行货币政策
E. 对国家提供信贷

4. 下列属于刑罚的有(　　)。
A. 无期徒刑　　B. 行政处罚　　C. 有期徒刑　　D. 行政拘留
E. 死刑

5. 有下列情形之一，以非法占有为目的，诈骗银行或者其他金融机构的贷款，数额较大的，涉嫌构成贷款诈骗罪(　　)。
A. 编造引进资金、项目等虚假理由的
B. 使用虚假的经济合同的
C. 使用虚假的证明文件的
D. 使用虚假的产权证明作担保或者超出抵押物价值重复担保的
E. 以其他方法诈骗贷款的

6. 以下关于中国银行业协会的表述中，错误的选项有(　　)。
A. 在华外资金融机构必须加入中国银行业协会
B. 中国银行业协会的最高权力机构是会员大会
C. 各省银行业协会是中国银行业协会的分支机构，有隶属关系
D. 中国银行业协会是我国的银行业自律组织，属全国性营利社会团体，主管单位为民政部
E. 中国银行业协会的最高权力机构是董事会

7. 合同的内容由当事人约定，一般包括以下条款内容(　　)。
A. 违约责任　　B. 解决争议的方法
C. 履行期限、地点和方式　　D. 标的、数量、质量、价款或者报酬
E. 当事人的姓名或者名称和住所

8. 下列关于国家支持普惠金融业务发展的说法，正确的有(　　)。
A. 合理设置小微企业等业务的不良贷款容忍度
B. 支持银行完善服务网络
C. 对银行业普惠业务不良贷款予以直接处置
D. 完善税收优惠措施
E. 由人民银行拨付普惠贷款资金

9. 根据《银行业金融机构绩效考评监管指引》，银行业金融机构绩效考评指标应包括(　　)。
A. 发展转型类指标　　B. 风险管理类指标
C. 合规经营类指标　　D. 社会责任类指标
E. 经营效益类指标

10. 福费廷不同于一般的票据贴现业务之处在于(　　)。

A. 银行放弃了票据追索权　B. 带有长期固定利率融资的性质
C. 属于中长期融资　D. 票据金额比较大
E. 银行承担了票据拒付的所有风险

11. 下列选项中，通常属于防守型行业的有(　　)。
A. 房地产业　B. 公共事业　C. 有色金属行业　D. 生物技术行业
E. 食品行业

12. 下列关于债券回购业务风险的说法，正确的有(　　)。
A. 当质押债券价格波动大幅波动时，也会面临抵押价值不足以偿付本息的风险
B. 债券回购业务总体内含风险较低
C. 由于有债券做抵押，该业务不会面临信用风险
D. 对债券正回购一方来说，面临逆回购方不能按时赔付本息的风险
E. 对债券回购业务通常要实施限额管理和期限管理

13. 洗钱的常见方式包括(　　)。
A. 使用空壳公司　B. 伪造商业票据
C. 借用金融机构　D. 通过证券和保险业洗钱
E. 利用犯罪所得直接购置不动产和动产

14. 下列选项中，属于银行卡产业发展趋势的有(　　)。
A. 利率市场化及因客定价逐步推进　B. 数字化无卡支付
C. 场景化获客　D. 金融科技与银行卡业务深度融合
E. 信用卡取现越来越多

15. 下列属于商业银行授信业务的有(　　)。
A. 吸收存款　B. 发放贷款　C. 办理票据承兑　D. 办理国内外结算
E. 办理票据贴现

16. 下列选项中，属于商业银行债券的有(　　)。
A. 混合资本债券　B. 次级债券　C. 政策性金融债券　D. 普通债券
E. 可转换债券

17. 可撤销的合同类型包括(　　)。
A. 因重大误解订立的合同　B. 因欺诈而订立的合同
C. 乘人之危的合同　D. 因胁迫而订立的合同
E. 显失公平的合同

18. 下列属于商业银行战略风险表现的有(　　)。
A. 商业银行实现发展目标而制定的经营战略存在缺陷
B. 商业银行签署的合同缺乏执行力
C. 商业银行发展目标缺乏整体兼容性
D. 商业银行缺乏实现发展目标的资源
E. 商业银行缺乏战略实施过程的质量保证措施

19. 保理业务是一项综合性金融服务，其具有的功能有(　　)。
A. 贸易融资　B. 应收账款管理　C. 商业资信调查　D. 信用风险担保
E. 应付账款管理

20. 民事法律行为应当具备的条件有(　　)。
A. 应当采取书面形式　B. 不违反法律、行政法规的强制性规定
C. 意思表示真实　D. 附加相应条件

E. 行为人具有相应的民事行为能力

21. 现代商业银行具有的特点包括(　　)。

A. 利息水平较低　　B. 具有信用创造功能

C. 信用功能收缩　　D. 利息水平适当

E. 信用功能扩大

22. 下列权利属于票据权利的有(　　)。

A. 质押票据权　　B. 追索权　　C. 票据转让权　　D. 票据设质权

E. 付款请求权

23. 下列选项中，属于银行生息资产的有(　　)。

A. 委托贷款　　B. 递延税项资产　　C. 客户贷款　　D. 存放央行款项

E. 存放同业款项

24. 下列属于行政强制当事人法定权利的有(　　)。

A. 有权依法申请行政复议或者提起行政诉讼

B. 无权向行政强制的设定机关和实施机关提出意见和建议

C. 因人民法院在强制执行中有违法行为或者扩大强制执行范围受到损害的，有权依法要求赔偿

D. 因行政机关违法实施行政强制受到损害的，有权依法要求赔偿

E. 陈述权和申辩权

25. 下列选项中，属于商业银行提供的咨询服务的有(　　)。

A. 代客理财　　B. 资信证明　　C. 代销基金　　D. 信息咨询

E. 资信调查

三、**判断题**(共10题，每小题1分，共10分，请对下列各题的描述做出判断，正确请选A，错误请选B)

1. 在银行组织架构中，前台业务部门是银行“利润中心”的重要组成部门，应该承担业务指标和利润指标的考核。(　　)

2. 出于风险控制的考虑，贵金属业务只能进行实物贵金属的销售和回购，而不能进行实物贵金属的买卖。(　　)

3. 存款保险制度又称存款保障制度，是指由中国人民银行提供一定资金作为保险准备金，从而稳定金融秩序的一种制度安排。(　　)

4. 《票据法》中票据权利是指持票人向合法持有票据一方请求支付票据金额的权利，包括付款请求权和追索权。(　　)

5. 风险管理文化是商业银行风险管理体系中的一种“成文的规定”。(　　)

6. 质押汇票指商业银行凭借获得货运单据质押权利有追索权地对信用证项下或出口托收项下票据进行融资的行为。(　　)

7. 银行业金融机构应加强清廉金融建设，将清廉从业制度纳入金融风险管理体系。(　　)

8. 合规性监管是一种消极的监管方法。(　　)

9. 商业银行的经营发展具有一定的稳定性，很少受经济波动的周期性影响。(　　)

10. A商业银行违规收取服务费用，当地物价局对其作出罚款人民币50万元的决定，对于这一罚款决定，该物价局有权基于便利执行的需要自行收缴。(　　)

参考答案及详解

一、单选题

1. 【答案】D

【解析】中央银行票据简称央行票据或央票，是指中国人民银行面向全国银行间债券市场成员发行的、期限一般在三年以内的中短期债券。与财政部通过发行国债筹集资金的性质不同，中国人民银行发行票据的目的不是筹资，而是通过公开市场操作调节金融体系的流动性，是一种重要的货币政策手段。央行票据具有无风险、流动性高等特点，从而是商业银行债券投资的重要对象。

2. 【答案】D

【解析】债券回购是商业银行短期借款的重要方式，是指以债券抵押的短期资金借贷行为。与纯粹以信用为基础、没有任何担保的同业拆借相比，债券回购的风险要低得多，对信用等级相同的金融机构来说，债券回购利率一般低于拆借利率。因此，债券回购的交易量要远大于同业拆借的交易量。

3. 【答案】B

【解析】《民法典》第一百七十一条第一款规定，行为人没有代理权、超越代理权或者代理权终止后，仍然实施代理行为，未经被代理人追认的，对被代理人不发生效力。也就是说，无权代理经被代理人追认，即直接对被代理人发生法律效力，产生与有权代理相同的法律后果。

4. 【答案】B

【解析】近年来，我国利率市场化改革稳步推进，无论是贷款还是存款利率管制都已经取消，金融机构都有了利率的自主定价权。

5. 【答案】C

【解析】银团贷款由借款人或银行发起。牵头行应当与借款人谈妥银团贷款的初步条件，并获得借款人签署的银团贷款委任书。牵头行应当按照授信工作尽职的相关要求，对借款人或贷款项目进行贷前尽职调查，并在此基础上与借款人进行前期谈判，商谈贷款的用途、额度、利率、期限、担保形式、提款条件、还款方式和相关费用等，并据此编制银团贷款信息备忘录。

6. 【答案】C

【解析】公开市场业务是指中央银行在金融市场上卖出或买进有价证券，吞吐基础货币，以改变商业银行等金融机构的可用资金，进而影响货币供应量和利率，实现货币政策目标的一种政策措施。

7. 【答案】D

【解析】中央银行票据简称央行票据或央票，是指中国人民银行面向全国银行间债券市场成员发行的、期限一般在三年以内的中短期债券。与财政部通过发行国债筹集资金的性质不同，中国人民银行发行票据的目的不是筹资，而是通过公开市场操作调节金融体系的流动性，是一种重要的货币政策手段。央行票据具有无风险、流动性高等特点，从而是商业银行债券投资的重要对象。

8. 【答案】B

【解析】同业拆借是指经中国人民银行批准进入全国银行间同业拆借市场的金融机构之间，通过全国统一的同业拆借网络进行的无担保资金融通行为。同业拆借具有期限短、金额大、风险低、手续简便等特点，从而能够反映金融市场上的资金供求状况。

9. 【答案】C

【解析】第二版巴塞尔资本协议构建了“三大支柱”的监管框架，扩大了资本覆盖风险的种类，改革了风险加权资产的计算方法。①第一支柱：最低资本要求。明确商业银行总资本充足率不得低于8%，核心资本充足率不得低于4%，资本要全面覆盖信用风险、市场风险和操作风险。②第二支柱：监督检查。在第二支柱下，商业银行应建立内部资本充足评估程序，用于评估与其风险轮廓相适应的总体资本水平，评估的范围应覆盖银行面临的所有实质性风险，据此制定相应的战略确保维持充足的资本水平。③第三支柱：市场纪律。第三支柱又称市场约束、信息披露，是对第一支柱和第二支柱的补充。

10. 【答案】C

【解析】A 项，无权代理是指行为人不具有代理权，但以他人的名义与第三人进行代理行为。B 项，委托代理是根据委托人的委托授权而产生的代理关系。D 项，法定代理是根据法律的规定而直接产生的代理关系。

11. 【答案】D

【解析】在金融创新活动中，银行需要特别注意从审慎尽责、充分信息披露、引导理性消费、客户资产隔离、妥善处理利益冲突、客户教育六个方面来保护客户利益。

12. 【答案】C

【解析】C 项属于实物期货的标的物。

13. 【答案】D

【解析】经济资本是描述在一定的置信度水平下(如99%)，为了应对未来一定期限内资产的非预期损失而应该持有或需要的资本金。经济资本是根据银行资产的风险程度计算出来的虚拟资本，即银行所“需要”的资本，或“应该持有”的资本，而不是银行实实在在拥有的资本。

14. 【答案】B

【解析】设立全国性商业银行的注册资本最低限额为十亿元人民币。设立城市商业银行的注册资本最低限额为一亿元人民币，设立农村商业银行的注册资本最低限额为五千万元人民币。注册资本应当是实缴资本。

15. 【答案】D

【解析】公开原则也称信息公开原则，包括证券信息的初期披露和持续披露两个方面，它要求证券发行人必须依法将与证券有关的一切真实情况予以公开，以供投资者投资决策时参考。公开原则是证券发行和交易制度的核心。

16. 【答案】B

【解析】根据《商业银行金融创新指引》，商业银行开展金融创新活动，应坚持公平竞争原则，不得以排挤竞争对手为目的，进行低价倾销、恶性竞争或其他不正当竞争。

17. 【答案】D

【解析】根据《反洗钱法》的规定，金融机构在反洗钱方面的义务主要有：①健全反洗钱内控制度；②建立客户身份识别制度；③按照规定建立客户身份资料和交易记录保存制度；④按照规定执行大额交易和可疑交易报告制度；⑤按照反洗钱预防、监控制度的要求，开展反洗钱培训和宣传工作。

18. 【答案】C

【解析】基金投资者是证券投资基金的所有者。基金投资人共担风险，共享收益。基金投资收益在扣除由基金承担的费用后的盈余全部归基金投资者所有，并依据各投资者所持有的基金份额比例进行分配。为基金提供服务的基金托管人、基金管理人只能按规定收取一定的托管费、管理费，并不参与基金收益的分配。

19. 【答案】B

【解析】风险管理的“三道防线”是指在商业银行内部形成的在风险管理方面承担不同职责的三个团队(或部门)，即业务团队、风险管理团队和内部审计团队。业务团队是风险管理的“第一道防线”，负责识别、评估、缓释和监控各自业务领域的风险，对管理和控制其经营活动承担的风险负有首要、直接的责任。风险管理团队是风险管理的“第二道防线”，主要职能包括建立银行的风险政策制度体系，对各个业务单元的风险管理提供专业咨询和指导，并通过风险偏好和限额等方式，监控、评估和管理全行风险，有效防止系统性风险的发生。内部审计团队作为风险管理的“第三道防线”，负责对全行风险管理体系有效性进行监督和评估。“三道防线”分工协作，协调配合，并保持相互的独立性，从而为风险管理体系的有效性提供保障。

20. 【答案】C

【解析】最后贷款人制度是指在银行体系由于遭遇不利的冲击引起流动性需求增加，而银行体系本身又无法满足这种需求时，由中央银行向银行体系提供流动性以确保银行体系稳健经营的一种制度安排。最后贷款人的主要目标是防范系统性金融风险，属于全局性目标，提供的是一种紧急资金援助或者支持，这种援助或支持不是政府为银行危机买单，而是体现为政府作为行政力量在市场经济行为中的一种宏观调控作用，而作用方式则具有救助性。

21. 【答案】B

【解析】优质流动性资产充足率监管指标旨在确保商业银行保持充足的、无变现障碍的优质流动性资产，在压力情况下，银行可通过变现这些资产来满足未来30天内的流动性需求。其计算公式为：

$$优质流动性资产充足率=优质流动性资产÷短期现金净流出$$

优质流动性资产充足率的最低监管标准为不低于100%。

22. 【答案】B

【解析】根据操作风险引起原因的不同，可以分为由人员、系统、流程和外部事件所引发的四类风险。人员因素主要是因银行内部员工发生内部欺诈、失职违规，以及因员工的知识/技能匮乏、关键人员流失、违反用工法、劳动力中断等造成损失或者不良影响的风险。该员工利用职务之便累计贪污公款32万元，构成内部欺诈。

23. 【答案】A

【解析】我国传统的监管工具主要包括流动性、拨备覆盖率、风险集中度、不良资产率等。近年来，在国际金融危机、《巴塞尔协议Ⅲ》发布的背景下，国务院银行业监督管理机构于2011年4月27日公布关于中国银行业实施新监管标准的指导意见，并陆续引入或更新了资本、拨备、流动性（LCR、NSFR）、银行账簿利率风险（IRRBB）、大额风险暴露、杠杆率等银行监管工具。

24.【答案】A

【解析】商业银行风险战略一般分为进取、稳健、保守三种类型。进取型强调"高风险高回报"，主要考虑收益、规模、速度、利润等，多选择高风险、高收益的客户和业务；稳健型强调承担适度风险换取适中回报，统筹考虑规模、速度、质量三者关系，强调收益、风险和成本的内在平衡，多选择风险适中、综合收益较高的客户和业务；保守型强调"低风险"，多选择低风险的客户和业务。

25.【答案】B

【解析】理财产品风险评级结果应当以风险等级体现，由低到高至少包括一级至五级，并可以根据实际情况进一步细分。从投资者风险评估方面，商业银行应当对非机构投资者的风险承受能力进行评估，确定投资者风险承受能力评级，由低到高至少包括一级至五级，并可以根据实际情况进一步细分。

26.【答案】D

【解析】商业银行经营的"三性"原则紧密关联，相互依存，但商业银行作为吸收存款的金融机构，因其负债经营的性质，所以商业银行"三性"中，效益性劣后于安全性、流动性，而安全性又优先于流动性。

27.【答案】C

【解析】银行业从业人员应当崇尚公平竞争，遵循客户自愿原则、尊重同业公平原则。在宣传、办理业务过程中，不得使用不正当竞争手段。坚决抵制以权谋私、钱权交易、贪污贿赂、"吃拿卡要"等腐败行为。

28.【答案】C

【解析】A 项，看涨期权是指期权的购买者拥有在期权合约有效期内按执行价格买进一定数量标的物的权利。B 项，美式期权的买方可以在到期日或之前任一交易日提出执行合约，而不同于欧式期权的只能在到期日行权。D 项，看跌期权是指期权的购买者拥有在期权合约有效期内按执行价格卖出一定数量标的物的权利，但不负担必须卖出的义务。

29.【答案】C

【解析】银行业从业人员应自觉遵守法律法规规定，不得参与"黄、赌、毒、黑"、非法集资、高利贷、欺诈、贿赂等一切违法活动和非法组织。不得以故意伤害、非法拘禁、侮辱、恐吓、威胁、骚扰等非法手段催收贷款。不得组织或参与非法吸收公众存款、套取金融机构信贷资金、高利转贷、非法向在校学生发放贷款等民间融资活动。不得利用职务便利实施伪造信用卡、非法套现信用卡、滥发信用卡等。

30.【答案】B

【解析】票据丧失的补救措施主要有：①挂失止付。挂失止付是指持票人丢失票据后，依照《票据法》规定的程序通知票据上记载的付款人停止支付的行为。②公示催告。公示催告是指人民法院根据票据权利人的申请，以向社会公示的方法，将丧失的票据加以公示，催促不明利害关系的有关当事人在一定的期间向法院申报票据权利，如不在规定的期间内申报，就不能以有关的票据权利请求法律保护。③提起诉讼。票据丧失后，也可以提起民事诉讼，请求法院确认其票据权利。

31. 【答案】C

【解析】国际收支平衡表的账户可分为三大类：①经常账户，是指针对本国对外经济交易经常发生的和实际资源在国际间的流动行为进行记录的账户。它包括货物、服务、收入和经常转移，是国际收支平衡表中最主要和最基本的账户。②资本与金融账户，是对资产所有权在国际间流动行为进行记录的账户，包括资本账户和金融账户两部分。资本账户包括资本转移和非生产、非金融资产的收买或放弃。金融账户是指引起一个经济体对外资产和负债所有权变更的交易。③错误与遗漏账户，是人为设立的抵销账户。国际友人对我国慈善机构的外汇捐赠应计入经常项目下的单方面转移项下。

32. 【答案】A

【解析】董事会会议分为定期会议和临时会议。董事会定期会议每年度至少召开 4 次，董事会临时会议的召开程序由商业银行章程规定。董事会会议应当有商业银行全体董事过半数出席方可举行。董事会作出决议，必须经商业银行全体董事过半数通过；对利润分配方案、薪酬方案、重大投资、重大资产处置方案、聘任或解聘高级管理人员、资本补充方案等重大事项，应当由董事会三分之二以上董事通过方可有效。

33. 【答案】A

【解析】内部控制是商业银行董事会、监事会、高级管理层和全体员工参与的，通过制定和实施系统化的制度、流程和方法，实现控制目标的动态过程和机制。良好的治理结构是内部控制得以有效实施的前提。银行应当建立良好的公司治理以及分工合理、职责明确、相互制衡、报告关系清晰的组织结构，为内部控制的有效性提供必要的前提条件。

34. 【答案】C

【解析】银行汇票是由出票银行签发的，由其在见票时按照实际结算金额无条件支付给收款人或持票人的票据。银行汇票的出票人为经中国人民银行批准有权办理该类业务的银行，银行汇票的出票银行即为银行汇票的付款人。

35. 【答案】B

【解析】中国人民银行是我国反洗钱工作的行政主管部门，指导、部署金融业反洗钱工作，负责反洗钱的资金监测。

36. 【答案】B

【解析】风险偏好指标体系设定遵循以下原则：①体现银行各个相关利益方(股东、监管机构和债权人)的期望；②与银行发展战略协调一致；③充分考虑银行目前的实际风险管理能力及风险暴露情况；④风险偏好陈述书的生成应遵循由上至下的原则，并由董事会审议通过；⑤保持风险偏好的相对稳定，定期对风险偏好陈述书的具体参数进行修订。

37. 【答案】C

【解析】积极的供给政策旨在提高经济生产能力，使经济的生产更有效率，缓解货币供应过剩问题。供给学派提出的积极的供给政策措施有减税、削减社会福利开支、适当增加货币供给发展生产、精简规章制度。

38. 【答案】A

【解析】短期借款是指期限在一年或一年以下的借款，主要包括同业拆借、证券回购和向中央银行借款等形式。发行次级债券属于长期借款。

39. 【答案】B

【解析】破产财产在优先清偿破产费用和共益债务后，依照下列顺序清偿：①破产人所欠职工的工资和医疗、伤残补助、抚恤费用，所欠的应当划入职工个人账户的基本养老保险、基本医疗保险费用，以及法律、行政法规规定应当支付给职工的补偿金；②破产人欠缴的除前项规定以外的社会保险费用和破产人所欠税款；③普通破产债权。破产财产不足以清偿同一顺序的清偿要求的，按照比例分配。

40. 【答案】A

【解析】由于资产收入扣除负债成本后的净利息收入是银行净现金流量的主要构成项目，因而，目前银行业通常以净利息收入与生息资产平均余额之比，即净利息收益率(NIM，又称净息差)作为衡量短期资产负债效率的核心指标。

41. 【答案】A

【解析】根据《行政处罚法》，我国行政处罚的种类有七类：①警告；②罚款；③没收违法所得、没收非法财物；④责令停产停业；⑤暂扣或者吊销许可证、暂扣或者吊销执照；⑥行政拘留；⑦法律、行政法规规定的其他行政处罚。

42. 【答案】C

【解析】贵金属成为商业银行经营的重要产品类别之一，也正是因为贵金属的货币属性，而贵金属同时具有很强的商品属性。商业银行贵金属业务充分体现了贵金属的货币和商品两重属性。

43. 【答案】C

【解析】债务人或者第三人不得抵押的财产包括：①土地所有权；②宅基地、自留地、自留山等集体所有土地的使用权，但是法律规定可以抵押的除外；③学校、幼儿园、医疗机构等为公益目的成立的非营利法人的教育设施、医疗卫生设施和其他公益设施；④所有权、使用权不明或者有争议的财产；⑤依法被查封、扣押、监管的财产；⑥法律、行政法规规定不得抵押的其他财产。

44. 【答案】D

【解析】中国银行业协会的最高权力机构为会员大会，由参加协会的全体会员单位组成。会员大会的执行机构为理事会，对会员大会负责。

45. 【答案】B

【解析】短期金融工具的期限一般在一年以下(含一年)，如商业票据、短期国库券、银行承兑汇票、可转让大额定期存单、回购协议等。长期金融工具的期限一般在一年以上，如股票、企业债券、长期国债等。

46. 【答案】A

【解析】仲裁应当根据事实，符合法律规定，公平合理地解决纠纷。仲裁依法独立进行，不受行政机关、社会团体和个人的干涉。仲裁实行的是一裁终局制度。裁决作出后，当事人就同一纠纷再申请仲裁或者向人民法院起诉的，仲裁委员会或者人民法院不予受理。

47. 【答案】A

【解析】银行保险机构应当加强授信和投资尽职调查，根据客户及其项目所处行业、区域特点，明确环境、社会和治理风险尽职调查的内容要点，确保调查全面、深入、细致。必要时可以寻求合格、独立的第三方和相关主管部门的支持。

48. 【答案】B

【解析】银行业金融机构经济责任，是指银行业金融机构在遵守法律条件下，营造公平、安全、稳定的行业竞争秩序，以优质的专业经营，持续为国家、股东、员工、客户和社会公众创造经济价值。经济责任的主要内容包括：重视消费者的权益保障，有效提示风险，恰当披露信息，公平对待消费者，加强客户投诉管理，完善客户信息保密制度，提升服务质量，为客户创造价值。

49. 【答案】B

【解析】一般来说，存款利率越高，存款人的利息收入越多，银行的融资成本越高，金融机构集中的社会资金数量越多。贷款利率越高，金融机构的利息收入越多，借款人的筹资成本越高。存贷利差是商业银行利润的重要来源。

50. 【答案】B

【解析】《银行业监督管理法》规定，银行业金融机构已经或者可能发生信用危机，严重影响存款人和其他客户合法权益的，国务院银行业监督管理机构可以依法对该银行业金融机构实行接管，接管依照有关法律和国务院的规定执行。接管是国务院银行业监督管理机构依法保护银行业金融机构经营安全、合法的一项预防性拯救措施。接管的目的是对被接管银行业金融机构采取必要措施，以保护存款人的利益，恢复银行业金融机构的正常经营能力。

51. 【答案】C

【解析】银行业从业人员应当严格遵守有关履职回避要求。任职期间出现需要回避情形的，本人应当主动提出回避申请，服从所在机构作出的回避决定。银行业金融机构不得向特定关系人及其亲属提供高薪岗位、职务、薪酬奖励，不得针对特定关系人授予或评审职位职称。

52. 【答案】B

【解析】市场风险是指因市场价格(利率、汇率、股票价格和商品价格)的不利变动而使银行表内和表外业务发生损失的风险。由于目前我国商业银行从事股票和商品交易业务有限，因此市场风险主要表现为利率风险和汇率风险。随着我国利率、汇率市场化改革的逐步推进，银行业面临的市场风险呈增大趋势。

53. 【答案】C

【解析】银行业金融机构的设立、变更、终止，国务院银行业监督管理机构应当依照法律、行政法规规定的条件和程序审查批准。未经国务院银行业监督管理机构批准，任何单位或者个人不得设立银行业金融机构或者从事银行业金融机构的业务活动。

54. 【答案】B

【解析】《个人外汇管理办法》对个人外汇管理进行了相应调整和改进，“不再区分现钞和现汇账户，对个人非经营性外汇收付统一通过外汇储蓄账户进行管理”。

55. 【答案】C

【解析】风险调整后的资本回报率，又称经济资本回报率，是经风险调整后的净收益与经济资本的比率。其具体计算公式为：RAROC = 经风险调整后税后净利润/经济资本。其中，经风险调整后税后净利润 = 总收入 - 资金成本 - 经营成本 - 风险成本 - 税项。根据题目信息，$RAROC = (20-4)/50 \times 100\% = 32\%$。

56. 【答案】A

【解析】非法吸收公众存款罪，是指非法吸收公众存款或者变相吸收公众存款，扰乱金融秩序的行为。本罪侵犯的客体是国家的银行管理制度。本罪客观方面主要表现为非法吸收和变相吸收公众存款，扰乱金融秩序的行为。“非法”包括主体不合法和方式不合法两种情况：一种是行为人不具有吸收公众存款的法定主体资格而吸收公众存款，如个人私设银行、钱庄，企事业单位私设银行、储蓄所等，非法办理存款贷款业务，吸收公众存款；另一种是行为人虽然有吸收公众存款的法定资格，但采取非法的方式吸收公众存款，如有些商业银行和信用社，为了争揽客户，以擅自提高利率或在存款时以先支付利息等手段吸收公众存款。

57. 【答案】B

【解析】银行业金融机构从业人员行为管理应以风险为本，重点防范从业人员不当行为引发的信用风险、流动性风险、操作风险和声誉风险等各类风险。制定与自身业务复杂程度相匹配的行为守则及覆盖各业务条线的行为细则，突出各业务条线中关键岗位的行为要求，并重点关注该业务条线中的不当行为可能带来的潜在风险。

58. 【答案】C

【解析】商业银行理财产品直接或间接投资于银行间市场、证券交易所市场或者国务院银行业监督管理机构认可的其他证券的，应当符合以下要求：①每只公募理财产品持有单只证券或单只公募证券投资基金的市值不得超过该理财产品净资产的10%；②商业银行全部公募理财产品持有单只证券或单只公募证券投资基金的市值，不得超过该证券市值或该公募证券投资基金市值的30%；③商业银行全部理财产品持有单一上市公司发行的股票，不得超过该上市公司可流通股票的30%。

59. 【答案】B

【解析】吸收客户资金不入账罪是指银行或者其他金融机构的工作人员，吸收客户资金不入账，数额巨大或者造成重大损失的行为。本罪侵犯的客体是国家对存款的管理制度，行为对象是以金融机构办理业务的名义所吸收的客户资金，包括个人储蓄和单位存款，客观方面表现为吸收客户资金不入账的方式，数额巨大或者造成重大损失的行为。

60. 【答案】B

【解析】完全垄断的行业是指独家企业生产某种特质产品从而整个行业的市场完全处于一家企业所控制之下的情形。其主要特点是市场完全处于一家企业的控制中，产品被独占，产品又缺乏合适的替代品，所以垄断企业对自己的产品价格有很强的控制力，能够获得最大利润。

61. 【答案】A

【解析】福费廷是指包买商从出口商那里无追索地购买已经承兑的，并通常由进口商所在地银行担保的远期汇票或本票的业务。从业务运作的实质来看，福费廷就是远期票据贴现。

62. 【答案】B

【解析】商业银行在中华人民共和国境内不得从事信托投资和证券经营业务，不得向非自用不动产投资或者向非银行金融机构和企业投资，但国家另有规定的除外。

63. 【答案】A

【解析】根据《中华人民共和国商业银行法释义》，存款人和商业银行之间的关系，是债权债务的关系，存款人把钱存到银行，等于把钱借给银行，银行可以把这笔钱贷给急需用钱的单位，存折是债权凭证，银行负有按期支付存款本金和利息的义务。

64.【答案】A

【解析】银行业金融机构有违法经营、经营管理不善等情形，不予撤销将严重危害金融秩序、损害公众利益的，国务院银行业监督管理机构有权予以撤销。

65.【答案】A

【解析】远期外汇交易又称为期汇交易，是指交易双方在成交后并不立即办理交割，而是事先约定币种、金额、汇率、交割时间等交易条件，到期才进行实际交割的外汇交易。远期外汇交易是在即期外汇交易的基础上发展起来的，其最大的优点在于能够对冲汇率在未来上升或者下降的风险，因而可以用来进行套期保值或投机。

66.【答案】C

【解析】无效的合同自始没有法律约束力，自订立时即无效。

67.【答案】A

【解析】操作风险是指由不完善或有问题的内部程序、人员和信息科技系统，以及外部事件所造成损失的风险，包括法律风险，但不包括战略风险和声誉风险。B 项，市场风险是指因市场价格(利率、汇率、股票价格和商品价格)的不利变动而使银行表内和表外业务发生损失的风险。C 项，系统风险又称市场风险，也称不可分散风险，是指由于多种因素的影响和变化，导致投资者风险增大，从而给投资者带来损失的可能性。D 项，声誉风险是指由商业银行经营、管理及其他行为或外部事件导致利益相关者对商业银行负面评价的风险。

68.【答案】A

【解析】风险对冲是指通过投资或购买与标的资产收益波动负相关的某种资产或衍生产品，来冲销标的资产潜在损失的一种策略性选择。B 项，风险分散是指通过多样化的投资来分散和降低风险的策略性选择。C 项，风险规避是指商业银行拒绝或退出某一业务或市场，以避免承担该业务或市场风险的策略性选择。D 项，风险转移是指通过购买某种金融产品或采取其他合法的经济措施将风险转移给其他经济主体的一种策略性选择。

69.【答案】B

【解析】银行章程是银行公司治理的基本文件，对股东大会、董事会、监事会、高级管理层的组成、职责和议事规则等作出制度安排，并载明有关法律法规要求在章程中明确规定的其他事项。

70.【答案】B

【解析】经济资本，又称风险资本，是根据银行资产的风险程度计算出来的虚拟资本，即银行所“需要”的资本，或“应该持有”的资本，而不是银行实实在在拥有的资本。A 项，从财务会计、银行监管和内部管理等角度来看，资本的含义是不同的，银行常用的资本概念主要包括账面资本、监管资本和经济资本，而非数值上的加总。C 项，从银行审慎、稳健经营的角度而言，银行持有的账面资本数量应大于经济资本。D 项，资本具有限制业务过度扩张的作用。银行要满足最低资本要求，资本充足率达到监管要求，就要做到风险与资本之间的平衡，要想扩大业务规模就必须有充足的资本，这使资本具有了约束银行盲目扩张、过度承担风险的重要功能。

71.【答案】D

【解析】经常账户，是指针对本国对外经济交易经常发生的和实际资源在国际间的流动行为进行记录的账户。它包括货物、服务、收入和经常转移，是国际收支平衡表中最主要和最基本的账户。A 项，资本与金融账户，是对资产所有权在国际间流动行为进行记录的账户，包括资本账户和金融账户两部分。BC 两项是经常账户内的具体项目。

72.【答案】C

【解析】第三支柱规定的披露频率应该为每半年进行一次，有关银行风险管理目标及政策、报告系统及各项口径的一般性概述的定性披露可每年一次。

73.【答案】C

【解析】银行业从业人员应当谨慎负责，严格保守工作中知悉的国家秘密、商业秘密、工作秘密和客户隐私，坚决抵制泄密、窃密等违法违规行为。

74.【答案】A

【解析】完全竞争的行业是指由许多企业生产同质产品的市场情形，是竞争充分而不受任何阻碍和干扰的一种市场结构。

75.【答案】D

【解析】受托人必须恪尽职守、履约诚实、信用、谨慎、有效管理的义务。必须为受益人的最大利益，依照信托文件的规定管理好信托财产的义务。

76.【答案】C

【解析】中央银行是银行的银行。银行的银行是指中央银行是商业银行的银行，即主要同商业银行发生业务关系，集中商业银行的准备金并对它们提供信用。具体包括：①集中商业银行的存款准备；②办理商业银行间的清算；③对商业银行发放贷款。

77.【答案】C

【解析】市场利率通常是指借贷双方在金融市场上通过竞争所形成的反映一定时期金融市场货币供求关系的利率。

78.【答案】A

【解析】一般存款账户简称一般户，是指存款人因借款或其他结算需要，在基本存款账户开户银行以外的银行营业机构开立的银行结算账户。一般存款账户可以办理现金缴存，但不得办理现金支取。

79.【答案】C

【解析】根据《商业银行大额风险暴露管理办法》，对非同业单一客户的贷款余额不得超过资本净额的10%，对非同业单一客户的风险暴露不得超过一级资本净额的15%。

80.【答案】B

【解析】国债是国家为筹措资金而向投资者出具的书面借款凭证，承诺在一定的时期内按约定的条件，按期支付利息和到期归还本金。国债以国家信用为后盾，通常被认为是没有信用风险，而且国债的二级市场非常发达，交易方便，其利息收入不用缴纳所得税。

二、多选题

1.【答案】BCDE

【解析】汇率渠道也称国际贸易渠道，是指货币政策的变动通过货币供给量影响汇率，进而对净出口产生影响的过程。这种渠道的作用过程如下：如果货币供应量增加，会导致本国的利率下降，从而对本国货币的需求也将下降，由此影响本国货币贬值，使净出口增加，商品需求增加，最终导致总产出的增加。

2. 【答案】BC

【解析】A 项，现金支票只能用于支付现金。D 项，托收银行与代收银行对托收的款项能否收到不承担责任。E 项，银行承兑汇票的出票人必须具备下列条件：在承兑银行开立存款账户的法人以及其他组织；与承兑银行具有真实的委托付款关系；资信状况良好，具有支付汇票金额的可靠资金来源。

3. 【答案】ABCE

【解析】政府的银行是指中央银行代表国家贯彻执行金融政策，代为管理财政收支，为国家提供各种金融服务。具体包括：代理国库，中央银行经办政府的财政收支，执行国库的出纳职能；对国家提供信贷；在国际关系中，代表国家与外国金融机构、国际金融机构建立业务联系，处理各种国际金融事务。

4. 【答案】ACE

【解析】我国的刑罚可以分为主刑和附加刑，主刑具体包括管制、拘役、有期徒刑、无期徒刑和死刑。附加刑包括罚金、剥夺政治权利和没收财产。BD 两项，行政处罚和行政拘留属于行政法的内容。

5. 【答案】ABCDE

【解析】贷款诈骗罪客观方面表现为：①编造引进资金、项目等虚假理由。②使用虚假的经济合同。③使用虚假的证明文件。④使用虚假的产权证明作担保或超出抵押物价值重复担保。⑤以其他方法诈骗贷款。作为兜底条款，意在涵盖其他类型的贷款诈骗形式。在解释时，需要遵循“同类解释”原则，即与前四项行为性质、手段类似。

6. 【答案】ACDE

【解析】A 项，在华外资金融机构可以选择加入中国银行业协会，但并非强制性要求。BE 两项，中国银行业协会的最高权力机构为会员大会。C 项，各省银行业协会并非中国银行业协会的分支机构，二者不存在隶属关系。D 项，中国银行业协会是全国性非营利社会团体，业务主管单位为国家金融监督管理总局。

7. 【答案】ABCDE

【解析】合同的内容由当事人约定，一般包括以下条款：①当事人的姓名或者名称和住所；②标的；③数量；④质量；⑤价款或者报酬；⑥履行期限、地点和方式；⑦违约责任；⑧解决争议的方法。当事人可以参照各类合同的示范文本订立合同。

8. 【答案】ABD

【解析】为加强正向激励，提高开展普惠金融服务积极性，国务院银行业监督管理机构和相关部委在差异化监管、货币信贷政策、财税支持政策等方面强化支持保障。包括：支持银行完善服务网络，合理把握小微企业、“三农”、扶贫等业务不良贷款容忍度，发挥财政担保体系对发展普惠金融的支持作用，完善税收优惠、风险补偿等措施，对普惠金融业务及符合条件的金融机构在准备金、再贷款、宏观审慎评估等方面予以支持等。

9. 【答案】ABCDE

【解析】银行业金融机构绩效考评指标包括五大类：合规经营类指标、风险管理类指标、经营效益类指标、发展转型类指标、社会责任类指标。

10.【答案】ABCDE

【解析】从业务运作的实质来看，福费廷就是远期票据贴现。但福费廷又不同于一般的票据贴现业务，如银行(包买人)放弃了票据追索权，属于中长期融资，票据金额比较大，只能基于真实贸易背景开立票据，融资的条件较为严格，银行(包买人)承担了票据拒付的所有风险，带有长期固定利率融资的性质。

11.【答案】BE

【解析】防守型行业所提供的产品需求相对稳定，不受经济周期变化影响，无论在经济周期上升阶段或下降阶段，由于稳定的需求和价格，行业的销售收入和利润会呈现基本稳定的态势。例如，食品业和公用事业属于防守型行业。AC 两项，房地产业和有色金属行业属于周期型行业；D 项，生物技术行业属于增长型行业。

12.【答案】ABE

【解析】总体来讲，债券回购业务内含风险较低。对于债券逆回购一方来说，面临正回购方不能按时偿付本息的信用风险，但由于有债券抵押，可以足额覆盖本息，只有当质押债券价格大幅波动时，才面临抵押价值不足以偿付本金的风险。

13.【答案】ABCDE

【解析】洗钱的常见方式包括：①借用金融机构；②藏身于保密天堂；③使用空壳公司；④利用现金密集行业；⑤伪造商业票据；⑥走私；⑦利用犯罪所得直接购置不动产和动产；⑧通过证券和保险业洗钱。

14.【答案】ABCD

【解析】在新支付时代，科技迅猛发展，创新层出不穷，为银行卡转型发展提供了无限可能。未来银行卡产业发展呈现出数字化无卡支付、利率市场化、金融科技化、场景化和逐步出现的银行卡独立公司等发展趋势。

15.【答案】BCE

【解析】按照授信形式的不同，授信额度可分为贷款额度、开证额度、开立保函额度、开立银行承兑汇票额度、承兑汇票贴现额度、进口保理额度、出口保理额度、进口押汇额度、出口押汇额度等业务品种分项额度。

16.【答案】ABDE

【解析】商业银行债券包括商业银行普通债券、次级债券、可转换债券、混合资本债券等。C 项，政策性金融债券是由国家开发银行、中国进出口银行、中国农业发展银行三家银行发行的债券。

17.【答案】ABCDE

【解析】可变更、可撤销的合同是指当事人在订立合同后，基于法定的理由，向法院或仲裁机关请求变更或撤销的合同。类型主要包括：①因重大误解订立的合同；②显失公平的合同；③因欺诈而订立的合同；④因胁迫而订立的合同；⑤乘人之危的合同。

18.【答案】ACDE

【解析】战略风险主要来源于四个方面：①商业银行战略目标缺乏整体兼容性；②为实现这些目标而制定的经营战略存在缺陷；③为实现目标所需要的资源匮乏；④整个战略实施过程中的质量难以保证。

19.【答案】ABCD

【解析】保理融资是指卖方申请由保理银行购买其与买方因商品赊销产生的应收账款，卖方对买方到期付款承担连带保证责任，在保理银行要求下还应承担回购该应收账款的责任，简单地说就是指销售商通过将其合法拥有的应收账款转让给银行，从而获得融资的行为，分为有追索与无追索两种。前者是指当应收账款付款方到期未付时，银行在追索应收账款付款方之外，还有权向保理融资申请人（销售商）追索未付款项；后者指当应收账款付款方到期未付时，银行只能向应收账款付款方行使追索权。比较适合有真实贸易背景、合法形成应收账款的贸易企业。

20. 【答案】BCE

【解析】民事法律行为是民事主体通过意思表示设立、变更、终止民事法律关系的行为。有效民事法律行为应当具备三个条件：①行为人具有相应的民事行为能力；②意思表示真实；③不违反法律、行政法规的强制性规定，不违背公序良俗。

21. 【答案】BDE

【解析】商业银行是指能够吸收公众存款、发放贷款、办理结算等多种业务，以盈利为主要经营目标，经营货币的金融企业。现代商业银行具有三个特点：①利息水平适当；②信用功能扩大；③具有信用创造功能。

22. 【答案】BE

【解析】票据权利是持票人因合法拥有票据而向票据债务人请求支付票据金额的权利。票据权利包括付款请求权和追索权。

23. 【答案】CDE

【解析】生息资产是贷款及投资资产、存放央行款项、存放拆放同业款项等指标的总称。生息资产的金额是测算净利息收益率（NIM）的基础，也是考察银行盈利性的一个指标。资产结构主要指的是银行各类生息资产（包括贷款、债券、资金业务等）占总资产的比重。在大致相同的利率环境下，不同的生息资产结构将导致资产平均收益水平的差异，这对了解银行的资金运用效率有一定参考意义。

24. 【答案】ACDE

【解析】行政强制当事人的权利有：①公民、法人或者其他组织对行政机关实施行政强制，享有陈述权、申辩权，还享有向行政强制的设定机关和实施机关提出意见和建议的权利；②有权依法申请行政复议或者提起行政诉讼；③因行政机关违法实施行政强制受到损害的，有权依法要求赔偿；④因人民法院在强制执行中有违法行为或者扩大强制执行范围受到损害的，有权依法要求赔偿。

25. 【答案】BDE

【解析】企业信息咨询服务主要内容包括：①信息咨询；②资信证明；③资信调查。

三、判断题

1. 【答案】A

【解析】在银行组织架构的内部管理上，也将银行机构分为成本中心和利润中心两类，其中成本中心涵盖管理部门、运作中心、培训机构等，利润中心包括独立核算的分支机构、产品线和子公司等。

2. 【答案】B

【解析】贵金属业务主要业务品种包括：实物贵金属买卖业务、账户贵金属交易业务、贵金属理财业务、贵金属租赁业务、贵金属同业拆放业务、贵金属衍生品交易业务。

3. 【答案】B

【解析】存款保险制度又称存款保障制度，是指由符合条件的各类存款性金融机构集中起来建立一个保险机构，各存款机构作为投保人按一定存款比例向其缴纳保险费，建立存款保险准备金，当成员机构发生经营危机或面临破产倒闭时，存款保险机构向其提供财务救助或直接向存款人支付部分或全部存款，从而保护存款人利益，维护银行信用，稳定金融秩序的一种制度。

4. 【答案】B

【解析】票据权利是持票人因合法拥有票据而向票据债务人请求支付票据金额的权利。票据权利包括付款请求权和追索权。票据权利的行使是指票据债权人请求票据债务人履行其票据债务行为。

5. 【答案】B

【解析】风险管理文化是商业银行风险管理体系中的一种“不成文的规定”，包括员工的风险观、风险管理意识、职业道德等，对商业银行的风险管理有重要的影响。

6. 【答案】B

【解析】出口押汇是指银行凭出口商提供的信用证项下完备的货运单据作抵押，在收到开证行支付的货款之前，向出口商融通资金的业务。

7. 【答案】A

【解析】清廉金融包含清廉从业理念、清廉从业制度、清廉从业行为、清廉金融产品等。清廉从业制度，纳入金融业全面风险管理体系，将清廉理念贯穿金融机构业务经营各个方面、各个环节和流程。强调建立科学完备、适应市场发展的现代金融制度，保障金融业稳健发展。

8. 【答案】A

【解析】合规性监管是一种消极的监管方法，在这种监管模式下，银行监管主要依靠行政调控手段，以实现计划、符合政策作为衡量银行机构业绩和经营者素质的标准，侧重对银行业违规行为进行处罚、批评、训斥和处分。

9. 【答案】B

【解析】经济波动的周期性会在很大程度上决定和影响商业银行的经营状况。一般来说，如果经济处于繁荣时期，银行业整体的经营状况就会比较好；如果经济处于严重的衰退与萧条之中，那么银行业整体上也难以保持健康。

10. 【答案】B

【解析】一般情况下，我国行政罚款实行“裁执分离”，即作出罚款决定与执行罚款决定的不能为同一主体。但对于简易程序中当场决定依法给予100元以下的罚款，或不当场收缴事后难以执行的罚款，《行政处罚法》规定行政机关执法人员可以当场收缴。此外，在边远、水上、交通不便地区，当事人到指定的银行或者通过电子支付系统缴纳罚款确有困难，经当事人提出，行政机关及其执法人员也可以依法当场收缴罚款。本题中的情况不属于当场收缴的范围。

银行业法律法规与综合能力(中级)
机考真题精选(五)

一、单选题(共80题，每小题0.5分，共40分，下列选项中只有一项最符合题目的要求，不选、错选均不得分)

1. 高级管理人员绩效薪酬的(　　)以上应采取延期支付的方式，且延期支付期限一般不少于3年。

A. 40%　　B. 20%　　C. 25%　　D. 50%

2. 下列处罚措施中，不属于刑事责任承担方式的是(　　)。

A. 有期徒刑　　B. 罚金　　C. 罚款　　D. 拘役

3. 巴三最终方案提出应用新的标准法计量操作风险资本要求，下列说法错误的是(　　)。

A. 以各业务条线的总收入为基础计算操作风险资本要求

B. 银行业务规模越大，历史损失越多，资本要求越大

C. 操作风险资本要求等于业务指标部分(BIC)与内部损失乘数(ILM)的乘积

D. 采取分段累进方法计算业务指标部分(BIC)作为操作风险的计量基数

4. 在我国，负责监督管理银行间同业拆借市场和银行间债券市场的机构是(　　)。

A. 中国人民银行　　B. 国家金融监督管理总局

C. 中国银行业协会　　D. 政策性银行

5. 期权买入方在规定的期限内享有按照一定的价格向期权卖方购入某种商品或期货合约，这种期权是(　　)。

A. 看跌期权　　B. 看涨期权　　C. 即期期权　　D. 远期期权

6. 下列不属于保险合同的当事人是(　　)。

A. 受益人　　B. 承保人　　C. 投保人　　D. 保险人

7. 在商业银行市场风险管理中，(　　)针对特定时段，计算到期资产(现金流入)和到期负债(现金流出)之间的差额，以判断商业银行在未来特定时间段内的流动性是否充足。

A. 缺口分析法　　B. 流动性比率或指标法

C. 久期分析法　　D. 现金流分析法

8. 下列行为中，符合银行业从业人员职业操守关于“协助执行”的规定的是(　　)。

A. 为图方便，简化协助执行程序

B. 协助客户转移资产

C. 未经法定程序透露客户信息给司法人员

D. 按规定审核有权机关来人的证件

9. 下列金融犯罪中，犯罪主体属于一般主体的是(　　)。

A. 违规出具金融票证罪　　B. 对违法票据承兑、付款、保证罪

C. 违法发放罚款罪　　D. 伪造、变造金融票证罪

10. 对资本充足压力较大的银行来说，为提高资本充足率，下列措施中不宜采取的是(　　)。

A. 出售持有的国债增加贷款　　B. 发行普通股

C. 发行优先股　　D. 提高留存利润

11. 合法代理行为的法律后果直接归属于(　　)。

A. 代理人和被代理人　　B. 代理人
C. 第三人　　D. 被代理人

12. 应项目业主的要求，在项目投标人资格预审阶段开出的，用以证明投标人在中标后可在承诺行获得一定信贷额度支持的文件属于(　　)。
A. 资信证明　　B. 授信额度　　C. 发行便利　　D. 贷款承诺

13. 一般情况下，当中央银行增加对商业银行或其他金融机构的贷款时，商业银行在中央银行的存款或现金库存就会(　　)。
A. 增加　　B. 减少　　C. 不确定　　D. 不变

14. 《中华人民共和国银行业监督管理法》规定的"撤销"一般是指(　　)。
A. 取消高管资格　　B. 没收其所有资产
C. 限制其所有业务　　D. 终止其法人资格

15. 关于公司治理结构的选择，下列说法正确的是(　　)。
A. 公司可以选择只设董事会，不设监事会
B. 所有公司必须同时设立董事会和监事会
C. 股份有限公司必须采用单层治理模式
D. 有限责任公司必须保留监事会

16. 下列指标中，用来预测商业银行某类贷款本息的损失情况的是(　　)。
A. PD　　B. EAD　　C. LGD　　D. M

17. 已经着手实行犯罪，由于犯罪分子意志以外的原因而未得逞的属于(　　)。
A. 犯罪未遂　　B. 犯罪终止　　C. 犯罪中止　　D. 犯罪预备

18. 某商业银行接受客户以某企业的股权为其借款做担保，下列说法正确的是(　　)。
A. 该担保方式属于保证　　B. 该担保方式属于抵押
C. 该贷款属于信用贷款　　D. 该担保方式属于质押

19. 商业银行从客户(出口商)那里无追索权地买断由开证行承兑的远期汇票或由进口商所在地银行担保的远期汇票或本票的一种贸易融资方式为(　　)。
A. 信用证融资　　B. 出口押汇　　C. 福费延　　D. 进口押汇

20. 下列关于金融市场分类的表述，错误的是(　　)。
A. 按照交易的阶段划分可以分为发行市场和流通市场
B. 按照金融工具的期限划分可以分为货币市场和资本市场
C. 按照金融工具的具体类型划分可以分为债券市场、股票市场
D. 按照金融工具资金融资方式划分可以分为现货市场和期货市场

21. 某银行积极加强防范金融风险，这是尽到了银行的(　　)。
A. 经济责任　　B. 社会责任　　C. 政治责任　　D. 环境责任

22. 下列关于信用卡的表述，错误的是(　　)。
A. 先用后还，改善现金流　　B. 具有循环信用额度
C. 免去携带大量现金的麻烦　　D. 存多少，用多少

23. 下列对商业银行活期存款计息规则的说法正确的是(　　)。
A. 存款的计息起点为元，元以下角分不计利息
B. 存款的计息起点为元，利息金额算至角位，分以下尾数四舍五入
C. 存款的计息起点为元，所有存款一律不计复利
D. 存款的计息起点为分位，分以下尾数四舍五入

24. 下列选项中，不属于中国人民银行主要职责的是(　　)。
A. 批准银行业金融机构的信用卡业务　B. 依法制定和执行货币政策
C. 发行人民币，管理人民币流通　D. 维护支付、清算系统的正常运行

25. 商业银行开展理财业务，应当确保每只理财产品与所投资资产相对应，做到每只理财产品风险隔离，其中不包括(　　)。
A. 单独管理　B. 单独销售　C. 单独核算　D. 单独建账

26. 下列关于银行不良贷款拨备覆盖率计算公式的表述，正确的是(　　)。
A. 不良贷款损失准备与当年不良贷款新发生额的比值
B. 不良贷款损失准备与不良贷款余额的比值
C. 当年不良贷款新发生额与贷款余额的比值
D. 不良贷款余额与贷款余额的比值

27. 被称为保密天堂的国家和地区一般不具有的特征是(　　)。
A. 有严格的开办公司法律限制　B. 有严格的公司保密法
C. 有宽松的金融规则　D. 有严格的银行保密法

28. 下列机构中，不属于国家金融监督管理总局监督的是(　　)。
A. 信托公司　B. 金融租赁公司　C. 基金管理公司　D. 金融资产管理公司

29. 下列商业银行业务中，只收取手续费不承担信用风险的是(　　)。
A. 委托贷款　B. 科技开发贷款　C. 银团贷款　D. 流动资金贷款

30. 为了防止董事会、高级管理层滥用职权，损害银行和股东利益，从而在股东大会上选出的与______并列设置的______，代表股东大会行使监督职能。(　　)
A. 董事会、监事会　B. 董事会、高级管理层
C. 股东会、董事会　D. 监事会、董事会

31. 下列个人贷款业务中，商业银行没有实物或第三方保障还款来源的是(　　)。
A. 个人汽车贷款　B. 信用卡透支　C. 个人住房贷款　D. 商业助学贷款

32. 某县级支行办公室主任李某利用工作上的便利，盗用该银行已于1年前公告作废的旧业务印鉴和银行先行票据格式凭证，签署了金额为人民币100万元的银行承兑汇票一年，收款人为某省建筑公司，该建筑公司负责人系李某妻弟。该公司持票向某城市商业银行成功申请贴现，下列关于该票据的说法，正确的是(　　)。
A. 城市商业银行享有票据　B. 该票据有效
C. 城市商业银行有权向李某追债　D. 贴现行为有效

33. 伪造、变造金融票证罪侵犯的客体是(　　)。
A. 国家对贷款的管理制度　B. 国家的银行管理制度
C. 国家对金融票证的管理制度　D. 国家对票据的管理制度

34. 支票的出票日期为2019年1月1日，则持票人对出票人的权利消灭日期为(　　)。
A. 2019年4月1日　B. 2019年7月1日
C. 2020年1月1日　D. 2021年1月1日

35. 借款人的义务不包括(　　)。
A. 依法如实提供贷款人要求的资料　B. 按借款合同约定及时清偿贷款本息
C. 按照借款合同约定用途使用贷款　D. 接受借款合同之外的附加条件

36. 下列物权中，属于担保物权的有(　　)。
A. 债权　B. 国有土地使用权　C. 留置权　D. 土地所有权

37. 下列选项中，属于清廉金融行为的是(　　)。
A. 向客户索取礼品　B. 履职回避
C. 经办业务不如实反馈信息　D. 允许不正当交易行为
38. 从银行资产负债管理的角度而言，下列选项中，作为衡量银行短期资产负债效率核心指标的是(　　)。
A. 总资产回报率　B. 净利息收益率　C. 净资产回报率　D. 不良贷款率
39. 不构成商业银行表内资产、表内负债，形成银行非利息收入的业务是(　　)。
A. 投资业务　B. 负债业务　C. 中间业务　D. 资产业务
40. 下列不属于公司董事会职责的是(　　)。
A. 执行股东大会决议　B. 聘任或者解聘公司经理
C. 决定公司合并、分立、解散、清算　D. 决定公司的经营计划和投资方案
41. 根据《关于规范金融机构同业业务的通知》，单家商业银行同业融入资金余额不得超过该银行负债总额的(　　)。
A. 1/5　B. 1/3　C. 1/4　D. 1/2
42. 近期市场流动性极为紧张，很难融资或融资成本非常高，此时收益率曲线很可能是(　　)。
A. 驼峰收益率曲线　B. 一条水平线
C. 反转收益率曲线　D. 正向收益率曲线
43. 中国银行业协会的主要职能不包括(　　)。
A. 协调　B. 审批　C. 维权　D. 自律
44. 现阶段，我国货币政策的操作目标是______，中介目标是______。(　　)
A. 基础货币；货币供应量　B. 基础货币；流通中现金
C. 基础货币；高能货币　D. 货币供应量；基础货币
45. 某银行员工甲与员工乙共同负责业务印章及重要凭证的保管，甲保管保险箱钥匙，乙掌握密码。某日甲请假看病，下列行为中符合要求的是(　　)。
A. 考虑到时间不长，甲将保险箱钥匙交与乙暂时保管
B. 甲办妥相关手续、移交钥匙后外出看病
C. 甲估计外出时间不长，不会用到业务印章和相关凭证，因此未做移交就外出看病
D. 甲自行将保险箱钥匙委托第三名员工保管
46. 下列关于中国银行业协会的表述，正确的是(　　)。
A. 具有金融监管权　B. 对会员单位提供资金支持
C. 全国性营利社会团体　D. 最高权力机构是会员大会
47. (　　)是指商业银行对其股东、员工、消费者、商业伙伴、政府和社区等利益相关者以及为促进社会和谐所应承担的经济、法律、道德与慈善责任。
A. 环境责任　B. 经济责任　C. 社会责任　D. 法律责任
48. 某银行于2020年4月份购买了A公司五百万元人民币应收账款，这属于(　　)业务。
A. 保理　B. 中间　C. 负债　D. 担保
49. 商业银行每只封闭式公募理财产品、每只私募理财产品的杠杆水平不得超过(　　)。
A. 140%　B. 120%　C. 100%　D. 200%
50. 根据《中华人民共和国信托法》，信托成立的前提是(　　)。
A. 受托人要为受益人的最大利益管理信托事务

B. 委托人要将自有财产委托给受托人
C. 委托人具有良好的信誉
D. 委托人有权了解其信托财产的管理运用

51. 第二版巴塞尔资本协议的三大支柱不包括(　　)。
A. 最低资本要求　B. 内控管理　C. 监督检查　D. 市场约束

52. 下列关于一般存款账户的表述，正确的是(　　)。
A. 单位活期存款账户中的一般存款账户既可以办理现金缴存，也可以办理现金支取
B. 一般存款账户只能用于结算及现金缴存，不得办理现金支取
C. 同一存款客户只能在银行开立一个一般存款账户
D. 一般存款账户是存款人的主办账户

53. 商业银行可以直接利用的资本是(　　)。
A. 经济资本　B. 会计资本　C. 监管资本　D. 风险资本

54. 国有独资公司的法律性质是(　　)。
A. 股份有限公司　B. 两合公司　C. 无限公司　D. 有限责任公司

55. 下列银行业务中，在申办时不需进行资信审查的是(　　)。
A. 个人生产经营贷款　B. 借记卡
C. 准贷记卡　D. 贷记卡

56. 在金融市场中，具备偿还期限长、流动性相对较小、风险相对较高特点的市场是(　　)。
A. 资本市场　B. 回购市场　C. 票据市场　D. 货币市场

57. 一群聚在一起追求相同目的的人所共同拥有的价值观、信念、知识、态度以及对于风险这件事的集体认识与共识，这是对(　　)的描述。
A. 风险容忍度　B. 风险文化　C. 风险战略　D. 风险偏好

58. 由货币当局制定并干预，只能在一定幅度内变动的汇率称为(　　)。
A. 基本汇率　B. 固定汇率　C. 浮动汇率　D. 官方汇率

59. 下列选项中不属于银行管理基本指标的是(　　)。
A. 规模指标　B. 流动性指标　C. 效率指标　D. 内控指标

60. 下列选项中，不属于商业银行咨询顾问业务的是(　　)。
A. 财务顾问服务　B. 企业信息咨询服务
C. 资产管理顾问业务　D. 企业信用评级

61. 银行某业务单元的税后净利润为20亿元，预期损失为4亿元，其经济资本占用为50亿元，如该业务单元的经济增加值(EVA)为14亿元，则银行资本成本为(　　)。
A. 15%　B. 4%　C. 12%　D. 10%

62. 国内生产总值是(　　)。
A. 在一国的领土范围内，由本国居民在一定时期内所生产的、以市场价格表示的产品和劳务总值
B. 一国或地区经济产出和居民支出的增长值
C. 反映一定时期经济发展水平变化程度的动态指标
D. 一个国家或地区所有常住居民在一定时期内生产活动的最终成果

63. 以下关于票据特征的表述，错误的是(　　)。
A. 票据权利的行使是以持有票据为必要，持票人需要证明其取得票据的原因
B. 票据的流通性是票据的基本特征之一

C. 票据一经签发，其票据权利与基础关系相分离，无论基础关系是否存在或者是否有效，对票据权利的效力不产生影响

D. 票据权利、义务的大小必须完全依据票据上所记载的文字内容为准，不得以票据以外的任何事项来变更其效力

64. 在汇率的直接标价法下，数额较小的价格应为(　　)。

A. 外汇中间价　　B. 外汇卖出价　　C. 外汇平均价　　D. 外汇买入价

65. 关于银行业金融机构在行政强制中的配合义务，以下表述错误的是(　　)。

A. 银行业金融机构接到行政机关依法作出的冻结通知书或划拨存款、汇款的决定后，应当立即予以冻结或划拨

B. 行政机关逾期未作出处理决定或者解除冻结决定的，银行业金融机构不得自行解除冻结

C. 法律规定以外的行政机关或者组织要求划拨当事人存款的，银行业金融机构应当拒绝

D. 银行业金融机构依法配合行政机关冻结当事人存款、汇款的，不得在冻结前向当事人泄露信息

66. 商业银行开展金融创新时，应遵循(　　)原则，使金融创新活动限制在可控风险范围内。

A. 认识你的业务　　B. 认识你的风险

C. 认识你的交易对手　　D. 认识你的客户

67. 通过估算突发的小概率事件等极端不利情况可能对其造成的潜在损失，来进行市场风险分析的方法是(　　)。

A. 压力测试　　B. 情景分析　　C. 敏感性分析　　D. VaR 分析

68. 下列不属于信用卡功能的是(　　)。

A. 支付手段　　B. 外汇结算　　C. 消费信贷　　D. 存取现金

69. 法律明文规定为犯罪行为的，依照法律定罪处刑；法律没有明文规定为犯罪行为的，不得定罪处刑，这属于刑法中的(　　)原则。

A. 无罪推定　　B. 刑法面前人人平等

C. 罪责刑相适应　　D. 罪刑法定

70. 国内商业银行 A 银行为中国进出口银行代理了资金结算业务，对 A 银行来说，该项业务称为(　　)。

A. 代理政策性银行业务　　B. 代理证券业务

C. 代理中央银行业务　　D. 代理商业银行业务

71. 下列关于中国银行业协会的表述，错误的是(　　)。

A. 中国银行业协会的主管单位是国家金融监督管理总局

B. 银行业金融机构必须加入中国银行业协会

C. 中国银行业协会是非营利性的社会团体

D. 中国银行业协会是我国的银行业自律组织

72. 商业银行的借贷业务不应集中于同一业务、同一区域，这种风险管理策略是(　　)。

A. 风险补偿　　B. 风险转移　　C. 风险对冲　　D. 风险分散

73. 下列关于通知存款的表述，正确的是(　　)。

A. 单位通知存款是将单位类客户在存入款项时约定存期，但支取时需提前通知银行，并约定支取存款的日期和金额方能支取的存款类型

B. 商业银行个人通知存款的起存金额一般为 5 万元人民币

C. 个人通知存款开户时要约定存期，预先确定品种

D. 单位通知存款按存款人提前通知的期限长短，可分为1天、7天和15天通知存款三个品种

74. 中国证监会一派出机构受理A银行关于基金销售业务资格的注册申请，经过审查，该派出机构最终作出准予注册的决定，此种行为属于(　　)。

A. 民事裁判　　B. 刑事裁判　　C. 行政许可　　D. 民事授权

75. 前进机械厂购买一批设备急需资金500万元，向甲商业银行申请贷款，并请示第三人民医院提供保证，按照法律规定，该医院(　　)。

A. 不能担保　　B. 如有足够清偿能力即可

C. 银行同意即可担保　　D. 可以担保

76. 下列银行从业人员行为中，合法合规的是(　　)。

A. 基于内幕信息为他人提供理财或投资方面的建议

B. 组织或参与套取金融机构信贷资金、高利转贷

C. 严格执行贷前调查、贷时审查和贷后检查等工作

D. 打听与自身工作无关的信息或违规委托他人履行岗位职责

77. 破产案件的管辖法院是(　　)。

A. 破产管理人住所地法院　　B. 破产财产所在地法院

C. 债务人住所地法院　　D. 债权人住所地法院

78. 从1991年开始，美国联邦储备委员会及其他监管部门对骆驼评级体系进行重新评估时增加的内容是(　　)。

A. 资本充足性　　B. 资产质量

C. 市场风险敏感度　　D. 盈利水平

79. 下列关于商业银行董事会、董事的说法，正确的是(　　)。

A. 董事会承担商业银行经营和管理的最终责任

B. 商业银行的独立董事，在银行除担任董事以外，还可兼任该银行的其他职务，如信贷部门的总经理

C. 银行业金融机构的高级管理层就是以董事长、行长(总经理)为首的领导集体

D. 商业银行董事长可以兼任银行的行长

80. 在发生结构性通货膨胀时，经济中可能存在的现象不包括(　　)。

A. 需求增加的部门的价格和工资上涨，也会导致需求减少部门的工业品成本增加，推进物价上涨

B. 某些部门处于需求增加的状态，而另一些部门处于需求减少的状态

C. 总需求小于总供给

D. 社会总供求大体均衡，但需求发生了结构性变化

二、多选题(共25题，每小题2分，共50分，下列选项中有两项或两项以上符合题目要求，多选、少选、错选均不得分)

1. 下列选项中，属于内部审计部门在从事审计工作中有权参与或从事的活动有(　　)。

A. 对审计发现的违规行为进行处理或处罚

B. 检查各类经营机构的各项业务和管理活动

C. 直接参与或负责内部控制设计和经营管理的决策与执行

D. 列席或参加与内部审计职责有关的会议，参加相关业务培训

E. 获取与审计有关的信息

2. 商业银行在中央银行的存款包括(　　)。
A. 同业存款　　B. 央行票据　　C. 法定存款准备金　　D. 金融债
E. 超额准备金
3. 下列关于商业银行风险管理"三道防线"的表述，正确的有(　　)。
A. "三道防线"是根据商业银行内部职责进行的划分，同一个部门可同时承担不同防线的职能
B. 风险管理部门是风险管理的第二道防线，重点发挥对风险进行系统性、规范性管理的作用
C. 风险管理部门作为风险管理的第二道防线，对管理和控制其经营活动承担的风险负有首要、直接的责任
D. 审计部门作为第三道防线，要履行好监督评价等职责
E. 前台客户、交易等业务团队是风险管理的第一道防线，负责识别、评估、缓释和监控各自业务领域的风险
4. 商业银行开展委托代理业务包括(　　)。
A. 代理保险业务　　B. 代发工资
C. 委托贷款业务　　D. 代理政策性银行业务
E. 代保管业务
5. 商业银行在信贷规模配置、经营费用分配、人力费用分配等资源配置领域常用的经济资本指标有(　　)。
A. 股东权益收益率(ROE)　　B. 经风险调整的资本收益率(RAROC)
C. 经济增加值(EVA)　　D. 资产负债率
E. 资产收益率(ROA)
6. 以下关于商业银行内部资本评估程序应实现的目标的表述，正确的有(　　)。
A. 确保主要风险得到识别、计量或评估、监测和报告
B. 在经营情况、风险状况和外部环境有所变化时不得调整和更新
C. 第二支柱要求商业银行建立完善的风险管理框架和稳健的内部资本评估程序，至少每半年实施一次
D. 确保资本规划与银行经营、风险变化趋势及月度经营计划相匹配
E. 确保资本水平与风险偏好及风险管理水平相适应
7. 根据我国《民法典》的规定，以法人活动的性质为标准，将法人分为(　　)。
A. 事业单位法人　　B. 企业法人　　C. 社会团体法人　　D. 机关法人
E. 个人法人
8. 银行业协会的职能包括(　　)。
A. 审批　　B. 维权　　C. 服务　　D. 自律
E. 协调
9. 票据的基本特征包括(　　)。
A. 文义性　　B. 无因性　　C. 要式性　　D. 流通性
E. 有因性
10. 我国商业银行合规风险管理的基本制度主要包括(　　)。
A. 利益分配制度　　B. 合规绩效考核制度
C. 诚信举报制度　　D. 合规问责制度

E. 公平竞争制度

11. 绩效考核机制通常被称为经营管理的“指挥棒”，在绩效考评实践中，容易存在的问题有(　　)。

A. 风险和合规指标权重偏低，过分强调业务发展和经营效益

B. 质量管理不科学，未充分考虑金融风险滞后性、隐匿性的特点

C. 过分强调市场份额，未充分考虑自身条件而与同业盲目攀比

D. 风险和合规指标权重过高，对业务发展和经营效益重视不够

E. 绩效考评的传导机制不完善，存在简单分解、层层加码的情形

12. 中央银行的主要业务包括(　　)。

A. 对政府的业务　B. 发行的业务　C. 对企业的业务　D. 对银行的业务

E. 对居民的业务

13. 下列关于风险偏好的说法，错误的有(　　)。

A. 风险偏好指标体系的设定应主要体现股东的期望

B. 风险偏好陈述书的生成应遵循自下而上的原则

C. 商业银行的风险偏好应根据市场环境的变化及时调整

D. 商业银行应当指定书面的风险偏好，主要以定量指标为主

E. 风险偏好是商业银行在追求实现战略目标的过程中愿意承担的风险类型和总量

14. 我国银行业监管规则体系的层次结构包括(　　)。

A. 法律　B. 规范性文件　C. 内控制度　D. 行政法规

E. 部门规章

15. 货币市场以短期金融工具为媒介进行的，期限在一年以内(含一年)的短期资金融通市场是(　　)。

A. 债券市场　B. 股票市场

C. 银行间同业拆借市场　D. 票据市场

E. 银行间债券回购市场

16. 下列属于贸易融资工具的有(　　)。

A. 备用信用证　B. 进口押汇　C. 出口信用证　D. 保理

E. 福费廷

17. 《中华人民共和国民法典》所规定的担保方式有(　　)。

A. 保证　B. 定金　C. 质押　D. 抵押

E. 违约金

18. 国债是由中央银行为筹集资金而发行的一种债券，其特点一般具有以下几方面(　　)。

A. 发行成本高　B. 收益率低　C. 流动性高　D. 投资收益免税

E. 风险低

19. 下列有关中央银行的表述，正确的有(　　)。

A. 为了降低通货膨胀率，中央银行可以采取的措施之一是提高法定存款准备金率

B. 中央银行在金融市场上买卖有价证券是为了实现政策目标

C. 中央银行货币政策实施传导过程是：中央银行→中介目标→操作目标→最终目标

D. 与一般金融机构所从事的证券买卖不同，中央银行买卖证券不以盈利为目的

E. 中央银行买卖证券的目的，与一般金融机构一样，都是为了盈利

20. 骆驼评级主要考察的指标包括(　　)。

A. 流动性　B. 资本充足性　C. 管理水平　D. 盈利水平

E. 资产质量

21. 下列选项中，属于融资性担保公司业务范围的有(　　)。

A. 贷款发放　B. 票据承兑担保　C. 项目融资担保　D. 信用证担保

E. 贸易融资担保

22. 下列关于活期存款表述，正确的有(　　)。

A. 通常1元起存　B. 每季度末月的20日为结息日，次日付息

C. 客户可以随时支取　D. 只能通过银行柜面存取

E. 存款的计息起点为元

23. 以下关于金融犯罪的表述中，错误的有(　　)。

A. 违反国家金融管理法规，是金融犯罪成立的前提和基础

B. 金融犯罪的主体是一般主体，包括自然人和单位

C. 金融犯罪一定以非法占有为目的

D. 金融犯罪侵犯的客体是金融管理秩序

E. 金融犯罪的主观方面只能是故意的

24. 下列属于金融期货的有(　　)。

A. 债券期货　B. 原油期货　C. 股指期货　D. 黄铜期货

E. 外汇期货

25. 中国人民银行的反洗钱职责主要有(　　)。

A. 向侦查机关报告涉嫌洗钱犯罪的交易活动

B. 负责反洗钱资金监测

C. 审查金融机构的反洗钱内部控制制度方案

D. 参与制定所监督管理的金融机构反洗钱规章

E. 在职责范围内调查可疑交易活动

三、判断题(共10题，每小题1分，共10分，请对下列各题的描述做出判断，正确请选A，错误请选B)

1. 商业银行内部审计活动应遵循独立性、客观性原则，与业务经营、风险管理和内控合规等活动独立。(　　)

2. 借款人有转移财产、抽逃资金，以逃避债务行为的，商业银行有权直接解除贷款合同。(　　)

3. 银行风险是指银行在经营过程中，由于各种不确定因素的影响，而使其资产和预期收益蒙受损失的现实。(　　)

4. 事业单位法人不以营利为目的，其参与的所有商品生产和经营活动都不会取得收益。(　　)

5. 银行业从业人员为营销需要可以给予客户一定回扣。(　　)

6. 与银行业金融机构没有直接的劳动合同关系，但受有关机构派遣到银行业金融机构中工作的人员也属于银行业从业人员的范畴。(　　)

7. 因声誉事件发生的频率较低，从银行资本收益的角度考虑，声誉风险管理仅需覆盖重要分支机构。(　　)

8. 根据《中华人民共和国商业银行法》规定，同业拆借业务中，拆入资金可以用于发放固定资产贷款或者用于投资。(　　)

9. 银行买入汇率是指报价银行买入外汇时所使用的汇率。(　　)

10. 中央银行的窗口指导具有法律强制力。(　　)

参考答案及详解

一、单选题

1. 【答案】A

【解析】商业银行高级管理人员以及对风险有重要影响岗位上的员工，其绩效薪酬的40%以上应采取延期支付的方式，且延期支付期限一般不少于3年，其中，主要高级管理人员绩效薪酬的延期支付比例应高于50%。

2. 【答案】C

【解析】我国的刑罚可以分为主刑和附加刑，主刑具体包括管制、拘役、有期徒刑、无期徒刑和死刑。附加刑包括罚金、剥夺政治权利和没收财产。

3. 【答案】A

【解析】巴三最终方案提出新的标准法替代基本指标法、标准法和高级计量法。操作风险资本要求等于业务指标部分(BIC)与内部损失乘数(ILM)的乘积。其中，由利息、租赁及股利净收入，服务净收入以及金融资产净损益三部分构成业务指标(BI)，替换原基本指标法和标准法的总收入指标，并采取分段累进方法计算业务指标部分(BIC)作为操作风险的计量基数。总体上看，银行业务规模越大，历史损失越多，资本要求越大。

4. 【答案】A

【解析】中国人民银行的主要职责包括监督管理银行间同业拆借市场和银行间债券市场。B项，国家金融监督管理总局的主要职责是统一负责除证券业之外的金融业监管。C项，中国银行业协会以促进会员单位实现共同利益为宗旨，履行自律、维权、协调、服务职能，维护银行业合法权益，维护银行业市场秩序，提高银行业从业人员素质，提高为会员服务的水平，促进银行业的健康发展。D项，政策性银行的职能主要包括经济调控职能、政策导向职能、补充性职能、金融服务职能。

5. 【答案】B

【解析】看涨期权指期权买入方按照一定的价格，在规定的期限内享有向期权卖方购入某种商品或期货合约的权利，但不负担必须买进的义务。

6. 【答案】A

【解析】保险合同当事人包括：①保险人，又称承保人；②投保人，又称要保人。A项属于保险合同关系人。

7. 【答案】A

【解析】缺口分析是将银行不同时间段内的利率敏感性资产减去利率敏感性负债，再加上表外业务头寸，得到重新定价“缺口”。以该缺口乘以假定的利率变动，即得出这一利率变动对净利息收入变动的大致影响。

8. 【答案】D

【解析】银行业从业人员应当熟知银行承担的依法协助执行义务，在严格保守客户隐私的同时，按法定程序积极协助执法机关的执法活动，不泄露执法活动信息，不协助客户隐匿、转移资产。

9. 【答案】D

【解析】金融犯罪的主体可以是自然人，也可以是单位。自然人作为金融犯罪主体，有的是一般主体，有的是特殊主体。伪造、变造金融票证罪的主体是一般主体，ABC 三项的犯罪主体为特殊主体。

10. 【答案】A

【解析】商业银行提高资本充足率的分子对策包括增加核心资本和附属资本。增加核心资本可以通过发行普通股、提高留存利润等方式。增加附属资本主要是发行可转换债券、混合资本债券和长期次级债券。商业银行提高资本充足率的分母对策之一是降低风险加权总资产。降低风险加权总资产的方法包括贷款出售或贷款证券化；收回贷款，用以购买高质量的债券(如国债)；尽量降低发放高风险的贷款等。

11. 【答案】D

【解析】代理的法律特征包括以下几点：①代理行为是指能够引起民事法律后果的民事法律行为。也就是说，通过代理人所为的代理行为，能够在被代理人与第三人之间产生、变更或消灭某种民事法律关系。②代理人一般应以被代理人的名义从事代理活动。③代理人在代理权限范围内独立意思表示。④代理行为的法律后果直接归属于被代理人。

12. 【答案】D

【解析】贷款承诺是指应客户的申请，银行对项目进行评估论证，在项目符合银行信贷投向和贷款条件的前提下，对客户承诺在一定的有效期内，提供一定额度和期限的贷款，用于指定项目建设或企业经营周转。A 项，资信证明是指根据客户需要，提供各类验资证明、询证函、招投标资信证明和存款证明等服务。B 项，授信额度是指银行确定的在一定期限内对某客户提供短期授信支持的量化控制指标。C 项，票据发行便利是一种具有法律约束力的中期周转性票据发行融资的承诺。

13. 【答案】A

【解析】中央银行对商业银行的贷款，从货币流通的角度看，是投放了基础货币，直接影响社会货币流通量和信贷总规模。当中央银行增加对商业银行或其他金融机构的贷款时，商业银行在中央银行的存款或现金库存就会相应增加。商业银行以这些资金作为来源扩大向社会的放款，根据派生存款的原理，最终使社会货币流通量扩大。

14. 【答案】D

【解析】银行业金融机构有违法经营、经营管理不善等情形，不予撤销将严重危害金融秩序、损害公众利益的，国务院银行业监督管理机构有权予以撤销。撤销是国务院银行业监督管理机构对经其批准设立的具有法人资格的银行业金融机构采取的终止其法人资格的行政强制措施。

15. 【答案】A

【解析】最新修订的我国《公司法》允许公司选择只设董事会、不设监事会的单层治理模式，实现公司治理结构由“双层制”到“单双并行”。

16. 【答案】C

【解析】违约损失率(LGD)是指某一债项违约导致的损失金额占该违约债项风险暴露的比例，即损失占风险暴露总额的百分比。违约损失率估计应基于经济损失，包括各项直接和间接的损失或成本(如本金和利息损失、抵押品清收成本或法律诉讼费用，相关人员费用、管理费用等)，同时还应考虑违约债项回收金额的时间价值影响。A 项，违约概率(PD)是指债务人在未来一段时间内(一般是一年)发生违约的可能性。B 项，违约风险暴露(EAD)是指债务人发生违约时预期表内和表外项目风险暴露总额，反映了可能发生损失的总额度。D项，有效期限(M)是指某一债项的剩余有效期限。一般而言，有效期限为债务人完成一项金融工具规定的所有义务(本金、利息和费用)所需要的最长剩余时间(以年计，通常为该金融工具的名义期限)。

17.【答案】A

【解析】《刑法》第二十三条规定，已经着手实行犯罪，由于犯罪分子意志以外的原因而未得逞的，是犯罪未遂。对于未遂犯，可以比照既遂犯从轻或者减轻处罚。

18.【答案】D

【解析】质押是指债务人或第三人将其动产或权利凭证移交债权人占有或者将法律法规允许质押的权利依法进行登记，将该动产或权利作为债权的担保，当债务人不履行债务时，债权人有权依法就该动产或权利处分所得的价款优先受偿。我国《民法典》确立了两类质押，一是动产质押；二是权利质押。

19.【答案】C

【解析】福费廷是指包买商从出口商那里无追索地购买已经承兑的，并通常由进口商所在地银行担保的远期汇票或本票的业务。A项，信用证融资是指商业银行应进口商的要求，向出口方开出信用证，准许出口商对开证行或其分支行、代理行开立一定金额的汇票，在接交的单据完全符合信用证有关条款的条件下，银行保证付款。B项，出口押汇是指银行凭出口商提供的信用证项下完备的货运单据作抵押，在收到开证行支付的货款之前，向出口商融通资金的业务。D项，进口押汇是指信用证项下单到并经审核无误后，开证申请人因资金周转关系，无法及时对外付款赎单，以该信用证项下代表货权的单据为质押，并同时提供必要的抵押/质押或其他担保，由银行先行代为对外付款。

20.【答案】D

【解析】按照不同的标准，金融市场可以划分为许多不同的种类：①按金融工具的期限划分可分为货币市场和资本市场；②按具体的交易工具类型划分可分为债券市场、票据市场、外汇市场、股票市场、黄金市场等；③按金融工具发行和流通的阶段划分可分为发行市场和流通市场；④按交割时间划分可分为现货市场和期货市场；⑤按交易场所和空间划分可分为有形市场和无形市场；⑥按照资金融资方式划分可分为直接融资市场和间接融资市场。

21.【答案】A

【解析】经济责任的主要内容包括但不限于：①银行业金融机构应在法律规定下积极提高经营效益，努力创造优良的经济利益；②银行业金融机构应积极参与保障金融安全、维护平等竞争的金融秩序，加强防范金融风险；③积极支持政府经济政策，促进经济稳定、可持续发展，为国民经济提供优良的专业性服务等。

22.【答案】D

【解析】信用卡一般是银行或发卡机构给予客户一定的授信额度，客户可以在额度内透支使用，先使用后还款。

23.【答案】A

【解析】存款的计息起点为元，元以下角分不计利息。利息金额算至分位，分以下尾数四舍五入。分段计息算至厘位，合计利息后分以下四舍五入。除活期存款在每季度结息日时将利息计入本金作为下季的本金计算复利外，其他存款无论存期多长，一律不计复利。

24.【答案】A

【解析】中国人民银行的主要职责有：①发布与履行其职责有关的命令和规章；②依法制定和执行货币政策；③发行人民币，管理人民币流通；④监督管理银行间同业拆借市场和银行间债券市场；⑤实施外汇管理，监督管理银行间外汇市场；⑥监督管理黄金市场；⑦持有、管理、经营国家外汇储备、黄金储备；⑧经理国库；⑨维护支付、清算系统的正常运行；⑩指导、部署金融业反洗钱工作，负责反洗钱的资金监测；⑪负责金融业的统计、调查、分析和预测；⑫作为国家的中央银行，从事有关的国际金融活动；⑬国务院规定的其他职责。

25.【答案】B

【解析】商业银行开展理财业务，应当确保每只理财产品与所投资资产相对应，做到每只理财产品单独管理、单独建账和单独核算，不得开展或者参与具有滚动发行、集合运作、分离定价特征的资金池理财业务。

26.【答案】B

【解析】不良贷款拨备覆盖率是衡量银行对不良贷款进行账务处理时，所持审慎性高低的重要指标。该指标有利于观察银行的拨备政策。计算公式为：拨备覆盖率 = 不良贷款损失准备/不良贷款余额 ×100%。

27.【答案】A

【解析】被称为保密天堂的国家和地区一般具有以下特征：①有严格的银行保密法，除了例外的情况，披露客户的账户构成刑事犯罪；②有宽松的金融规则，建立金融机构几乎没有什么限制；③有自由的公司法和严格的公司保密法。

28.【答案】C

【解析】由国务院银行业监督管理机构负责监管的非银行金融机构包括金融资产管理公司、信托公司、企业集团财务公司、金融租赁公司、汽车金融公司、货币经纪公司、贷款公司和消费金融公司等。C 项，基金管理公司由中国证监会监督。

29.【答案】A

【解析】根据《贷款通则》的定义，委托贷款是指由政府部门、企事业单位及个人等委托人提供资金，由贷款人(即受托人)根据委托人确定的贷款对象、用途、金额、期限、利率等代为发放、监督使用并协助收回的贷款。贷款人(受托人)只收取手续费，不承担贷款风险。

30.【答案】A

【解析】监事会是商业银行的内部监督机构，对股东大会负责。除依据《公司法》等法律法规和商业银行章程履行职责外，还应当重点监督评估本行的发展战略、经营决策、风险管理和内部控制，董事的选聘程序，全行薪酬管理制度及高级管理人员薪酬方案的科学性、合理性等。

31.【答案】B

【解析】B 项，信用卡具有无抵押无担保的贷款性质。AC 两项，个人住房贷款和个人汽车贷款需要抵押物，一般以所贷的房产和汽车为抵押物。D 项，商业助学贷款需要担保。

32.【答案】C

【解析】城市商业银行不知情，且给付了相当对价，为善意持票人，故享有票据权利，可以向保证人或背书人行使追索权。

33.【答案】C

【解析】伪造、变造金融票证罪，是指伪造、变造汇票、本票、支票，伪造、变造委托收款凭证、汇款凭证、银行存单等其他银行结算凭证，伪造、变造信用证或者附随的单据、文件或者伪造信用卡的行为。本罪侵犯的客体是国家对金融票证的管理制度。

34. 【答案】B

【解析】票据权利在下列期限内不行使而消灭：①持票人对票据的出票人和承兑人的权利，自票据到期日起2年，见票即付的汇票、本票，自出票日起2年；②持票人对支票出票人的权利，自出票日起6个月；③持票人对前手的追索权，自被拒绝承兑或者被拒绝付款之日起6个月；④持票人对前手的再追索权，自清偿日或者被提起诉讼之日起3个月。

35. 【答案】D

【解析】根据《贷款通则》第十八条，借款人的权利包括：①可以自主向主办银行或者其他银行的经办机构申请贷款并依条件取得贷款；②有权按合同约定提取和使用全部贷款；③有权拒绝借款合同以外的附加条件；④有权向贷款人的上级和中国人民银行反映、举报有关情况；⑤在征得贷款人同意后，有权向第三人转让债务。

根据《贷款通则》第十九条，借款人的义务包括：①应当如实提供贷款人要求的资料(法律规定不能提供者除外)，应当向贷款人如实提供所有开户行、账号及存贷款余额情况，配合贷款人的调查、审查和检查；②应当接受贷款人对其使用信贷资金情况和有关生产经营、财务活动的监督；③应当按借款合同约定用途使用贷款；④应当按借款合同约定及时清偿贷款本息；⑤将债务全部或部分转让给第三人的，应当取得贷款人的同意；⑥有危及贷款人债权安全情况时，应当及时通知贷款人，同时采取保全措施。

36. 【答案】C

【解析】担保物权是指担保物权人在债务人不履行到期债务或者发生当事人约定的实现担保物权的情形，依法享有就担保财产优先受偿的权利。设立担保物权的目的就是担保债权人的债权的实现。担保物权包括抵押权、质权和留置权。

37. 【答案】B

【解析】为建立良好的清廉文化，2020年9月，中国银行业协会制定《银行业从业人员职业操守和行为准则》，明确了银行业从业人员的职业行为规范。主要包括四个方面：行为守法、业务合规、履职遵纪、维护国家金融安全。其中，履职遵纪要求贯彻中央“八项规定”的有关制度，反对“四风”。经办业务，要如实反馈信息。按照纪律要求处理好利益冲突。严禁非法利益输送交易。做好履职回避。严禁违规兼职谋利。自觉抵制不正当交易行为。严禁以任何方式索取或收受客户、供应商、竞争对手、下属机构、下级员工及其他利益相关方的贿赂或不当利益。厉行勤俭节约。塑造良好职业形象。营造风清气正的职场环境和氛围。

38. 【答案】B

【解析】目前银行业通常以净利息收入与生息资产平均余额之比，即净利息收益率(NIM，又称净息差)作为衡量短期资产负债效率的核心指标。

39. 【答案】C

【解析】非利息收入主要包括收费收入、投资业务收入和其他中间业务收入等，其中，中间业务是不构成商业银行表内资产、表内负债，形成银行非利息收入的业务。

40. 【答案】C

【解析】董事会(不设董事会的公司为执行董事)是公司的经营决策机构，负责召集股东会，并向股东会报告工作；执行股东大会决议；决定公司的经营计划和投资方案；聘任或者解聘公司经理(总经理)；制定公司基本管理制度；行使公司章程规定或者股东会授予的其他职权。董事会必须对股东会负责，接受股东会监督。股东会作为公司的权力机构，决定公司战略性的重大问题，选举和更换董事、监事，决定有关董事、监事的报酬事项；审议批准公司的利润分配方案和弥补亏损方案；对公司增加或者减少注册资本作出决议；决定公司合并、分立、解散、清算，修改公司章程等。

41.【答案】B

【解析】一级资本、风险权重为零的资产按照《商业银行资本管理办法》的有关要求计算。单家商业银行同业融入资金余额不得超过该银行负债总额的1/3，但农村信用社省联社、省内二级法人社及村镇银行可暂不执行。

42.【答案】C

【解析】反转收益率曲线向下倾斜，表示长期利率低于短期利率。本题中，近期市场流动性极为紧张，很难融资或融资成本非常高，说明短期利率高于长期利率，收益率曲线形状为反转收益率曲线。

43.【答案】B

【解析】中国银行业协会以促进会员单位实现共同利益为宗旨，履行自律、维权、协调、服务职能，维护银行业合法权益，维护银行业市场秩序，提高银行业从业人员素质，提高为会员服务的水平，促进银行业的健康发展。

44.【答案】A

【解析】货币政策的操作目标是中央银行运用货币政策工具能够直接影响或控制的目标变量。它介于政策工具和中介目标之间，是货币政策工具影响中介目标的传导桥梁。通常被采用的操作目标主要有基础货币、存款准备金；货币政策的中介目标是中央银行为了实现货币政策的终极目标而设置的可供观察和调整的指标。现阶段我国货币政策的中介目标主要是货币供应量。

45.【答案】B

【解析】银行业从业人员应当遵守业务操作指引，遵循银行岗位职责划分和风险隔离的操作规程，确保客户交易的安全。不得打听与自身工作无关的信息，或是违反规定委托他人履行保管物品、信息或其他岗位职责。

46.【答案】D

【解析】A项，中国银行业协会是我国的银行业自律组织，不具有金融监管权。B项，中国银行业协会以促进会员单位实现共同利益为宗旨，履行自律、维权、协调、服务职能，并不为成员单位提供资金支持。C项，中国银行业协会是在民政部登记注册的全国性非营利社会团体。

47.【答案】C

【解析】银行业金融机构社会责任是指银行业金融机构以符合社会道德和公益要求的经营理念为指导，积极维护消费者、员工和社区大众的社会公共利益；提倡慈善责任，积极投身社会公益活动，构建社会和谐，促进社会发展。

48.【答案】A

【解析】保理是贸易融资方式的一种。保理融资是指卖方申请由保理银行购买其与买方因商品赊销产生的应收账款，卖方对买方到期付款承担连带保证责任，在保理银行要求下还应承担回购该应收账款的责任，简单地说就是指销售商通过将其合法拥有的应收账款转让给银行，从而获得融资的行为。

49. 【答案】D

【解析】商业银行每只开放式公募理财产品的杠杆水平不得超过140%，每只封闭式公募理财产品、每只私募理财产品的杠杆水平不得超过200%。杠杆水平是指理财产品总资产/理财产品净资产。

50. 【答案】B

【解析】根据《中华人民共和国信托法》，信托是指委托人基于对受托人的信任，将其财产权委托给受托人，由受托人按委托人的意愿以自己的名义，为受益人的利益或者特定目的，进行管理或者处分的行为。信托成立的前提是委托人要将自有财产委托给受托人。

51. 【答案】B

【解析】第二版巴塞尔资本协议构建了“三大支柱”的监管框架，扩大了资本覆盖风险的种类，改革了风险加权资产的计算方法。三大支柱是指最低资本要求、监督检查和市场纪律(又称市场约束)。

52. 【答案】B

【解析】AB 两项，一般存款账户简称一般户，是指存款人因借款或其他结算需要，在基本存款账户开户银行以外的银行营业机构开立的银行结算账户。一般存款账户可以办理现金缴存，但不得办理现金支取。CD 两项，基本存款账户是存款人的主办账户，同一存款客户只能在商业银行开立一个基本存款账户。

53. 【答案】B

【解析】银行常用的资本概念主要包括：①账面资本，又称为会计资本，其金额等于资产减去负债后的余额，账面资本反映了银行实际拥有的资本水平，是银行可以直接利用的资本。②监管资本，它涉及两个层次的概念：一是银行实际持有的符合监管规定的合格资本；二是银行按照监管要求应当持有的最低资本量或最低资本要求。③经济资本，它是根据银行资产的风险程度计算出来的虚拟资本，即银行所“需要”的资本，或“应该持有”的资本，而不是银行实实在在拥有的资本。

54. 【答案】D

【解析】我国《公司法》主要以股东承担责任的范围和形式、股东人数的多少将公司分为有限责任公司和股份有限公司两类。一人公司和国有独资公司是一类特殊的有限责任公司。

55. 【答案】B

【解析】BCD 三项，按银行卡清偿方式的不同，目前的银行卡主要有信用卡、借记卡。借记卡在申办时不进行资信审查；信用卡分为贷记卡和准贷记卡，其申办条件视发卡银行规定，需进行必要的资信审查，对符合申请条件的方予发卡。A 项，个人生产经营贷款是指银行对自然人发放的、用于合法生产、经营的贷款。由于生产经营活动一般需要依法经国家工商行政管理部门核准登记，从事许可制经营的，还需要得到相关行政主管部门的经营许可。在申办个人生产经营贷款时银行需对其进行资信审查。

56. 【答案】A

【解析】资本市场是指以长期金融工具为媒介进行的期限在一年以上的长期资金融通市场，主要包括股票市场和债券市场。资本市场的主要特点是风险大、收益较高、期限长、流动性差。

57. 【答案】B

【解析】风险管理文化，又称风险文化，是一种融合现代商业银行经营思想、风险管理理念、风险管理行为、风险控制标准与风险管理环境等要素于一体的文化力，既是商业银行企业文化的重要组成部分，也是商业银行稳健经营与可持续发展的基础。国际风险管理协会对风险文化界定为“一群聚在一起追求相同目的的人所共同拥有的价值观、信念、知识、态度以及对于风险这件事的集体认识与共识”。

58. 【答案】B

【解析】A 项，基本汇率是本国货币与国际上某一关键货币的兑换比率。BC 两项，固定汇率是指本国货币与其他国家货币之间维持一个固定比率，汇率波动只能限制在一定范围内，由官方干预来保证汇率的稳定。浮动汇率是本国货币与其他国家货币之间的汇率不由官方制定，而由外汇市场供求关系决定，可以自由浮动，官方在汇率出现过度波动时才干预市场。D 项，官方汇率是外汇管制较严格的国家授权其外汇管理当局制定并公布的本国货币与其他各种货币之间的外汇牌价。

59. 【答案】D

【解析】商业银行管理的基本指标包括规模指标、结构指标、效率指标、市场指标、安全性指标、流动性指标、客户集中度指标和盈利性指标。

60. 【答案】D

【解析】财务咨询顾问业务是银行利用在信息、知识、人才、产品、渠道等方面的综合优势，为客户提供包括财务投融资在内的各项咨询与服务。咨询顾问业务包括：①咨询服务，主要有信息咨询、资信证明、资信调查；②资产管理顾问业务，包括投资建议组合、投资分析、税务服务、信息提供和风险控制等；③财务顾问服务，包括财务融资顾问、财务制度顾问、财务重组顾问、理财投资顾问、收购兼并顾问。

61. 【答案】C

【解析】经济增加值(EVA)，也称经济利润，是扣除全部资本的机会成本后的剩余利润。其计算公式为：EVA = 税后净营业利润 - 经济资本 × 资本成本。将经济数据代入，得 14 = 20 - 50 × 资本成本，即资本成本 = 12%。

62. 【答案】D

【解析】AD 两项，国内生产总值(GDP)，它是指一国(或地区)所有常住居民在一定时期内生产活动的最终成果，即指在一国的领土范围内，本国居民和外国居民在一定时期内所生产的、以市场价格表示的产品和劳务总值。B 项，经济增长是指一个特定时期内一国(或地区)经济产出和居民收入的增长。C 项，GDP 是衡量一国(或地区)整体经济状况的主要指标，GDP 增长率是反映一定时期经济发展水平变化程度的动态指标。

63. 【答案】A

【解析】票据是一种无因证券。票据的持票人行使票据权利时，无须说明其取得票据的原因，只要占有票据就可以行使票据权利。至于取得票据的原因，持票人无说明的义务，债务人也无审查的权利，即使取得票据的原因关系无效，对票据关系也不发生影响。票据的无因性，有利于保障持票人的权利和票据的顺利流通。

64. 【答案】D

【解析】直接标价法是指以外国货币为基准的表示方式，即一个单位的外国货币，可以兑换若干单位的本国货币。在汇率的直接标价法下，数额较小的价格应为外汇买入价，即银行买入外汇的价格。如 USD/JPY：报价为 94.50/94.55 即表示投资者用 1 美元可买入94.50日元，卖出价为94.55日元。

65. 【答案】B

【解析】《行政强制法》规定，金融机构接到行政机关依法作出的冻结通知书后，应当立即予以冻结，不得拖延，不得在冻结前向当事人泄露信息。法律规定以外的行政机关或者组织要求冻结当事人存款、汇款的，金融机构应当拒绝。行政机关作出解除冻结决定的，金融机构接到通知后，应当立即解除冻结。行政机关逾期未作出处理决定或者解除冻结决定的，金融机构应当自冻结期满之日起解除冻结。

66. 【答案】B

【解析】根据《商业银行金融创新指引》，商业银行开展金融创新活动，应做到"认识你的风险"。董事会和高级管理层应准确认识金融创新活动的风险，定期评估、审批金融创新活动的政策和各类新产品的风险限额，使金融创新活动限制在可控的风险范围之内。A项，认识你的客户是指应明确目标客户群，充分了解客户的风险偏好、风险认知能力和承受能力，根据业务需要进行客户评估，针对不同目标客户群，提供不同的金融产品和服务。C项，认识你的交易对手是指在开展涉及投资和交易业务时，应认真分析和研究交易对手的信用风险、市场风险和法律风险，做好交易对手风险的管理，特别是在市场环境发生重大变化时，要密切跟踪交易对手的风险状况，采取有效的应对措施。D项，认识你的业务是指董事会和高级管理层应通过有效手段，确保悉知本行的金融创新业务、运行情况以及市场状况。

67. 【答案】A

【解析】银行不仅应采用各种市场风险计量方法对在一般市场情况下所承受的市场风险进行分析，还应当通过压力测试来估算突发的小概率事件等极端不利情况可能对其造成的潜在损失，评估银行在极端不利情况下的亏损承受能力。

68. 【答案】B

【解析】B项，外汇结算主要涉及国际支付和货币兑换，虽然信用卡可以在境外使用并涉及外币交易，但这属于信用卡的跨境支付功能，而非外汇结算功能。

69. 【答案】D

【解析】罪刑法定原则是指法无明文规定不为罪、法无明文规定不处罚。换言之，罪刑法定是指什么行为构成犯罪、构成什么罪及处何种刑罚，均须由法律明文规定。《刑法》规定，法律明文规定为犯罪行为的，依照法律定罪处刑；法律没有明文规定为犯罪行为的，不得定罪处刑。

70. 【答案】A

【解析】代理政策性银行业务是指商业银行受政策性银行的委托，对其自主发放的贷款代理结算，并对其账户资金进行监管的一种中间业务，主要解决政策性银行因服务网点设置的限制而无法办理业务的问题，目前主要代理中国进出口银行和国家开发银行业务。代理政策性银行业务主要包括代理资金结算、代理现金支付、代理专项资金管理、代理贷款项目管理等业务。

71. 【答案】B

【解析】中国银行业协会是我国银行业自律组织，是全国性非营利社会团体。凡经国务院银行业监督管理机构批准设立的、具有独立法人资格的银行业金融机构以及经相关监管机构批准、具有独立法人资格、在民政部门登记注册的各省银行业协会均可申请加入中国银行业协会成为会员单位。

72.【答案】D

【解析】风险分散是通过多样化的投资来分散和降低风险的策略性选择。根据多样化投资分散风险的原理，商业银行的信贷业务应是全面的，而不应集中于同一业务、同一性质甚至同一个借款人。

73.【答案】B

【解析】AD 两项，单位通知存款是指单位类客户在存入款项时不约定存期，支取时须提前通知商业银行，并约定支取存款日期和金额方能支取的存款类型。无论实际存期多长，按存款人提前通知的期限长短，可再分为一天通知存款和七天通知存款两个品种。BC 两项，个人通知存款开户时不约定存期，预先确定品种，支取时只要提前一定时间通知银行，约定支取日期及金额。目前，银行提供一天、七天通知储蓄存款两个品种，一般 5 万元起存。

74.【答案】C

【解析】行政许可是指行政机关根据公民、法人或者其他组织的申请，经依法审查，准予其从事特定活动的行为，该题中行为属于行政许可。A 项，民事裁判是指人民法院在审理民事案件的过程中，根据案件的事实和国家的法律，针对审理案件过程中发生的各种问题按法定程序所做的处理。B 项，刑事裁判是指法院在审理刑事案件的过程中或审理结束时，根据事实和法律，对当事人及其他诉讼参与人所作的具有拘束力的决定。D 项，民事授权是指民事诉讼活动当事人明确授权代理律师代理委托人参加民事诉讼。

75.【答案】A

【解析】以公益为目的的非营利法人、非法人组织不得为保证人。

76.【答案】C

【解析】A 项，银行业从业人员在业务活动中应当遵守有关禁止内幕交易的规定，不得将内幕信息以明示或暗示形式告知法律和所在机构允许范围以外的人员，不得利用内幕信息获取个人利益，也不得基于内幕信息为他人提供理财或投资方面的建议。B 项，银行从业人员不得组织或参与套取金融机构信贷资金、高利转贷。D 项，除非经内部职责调整或经过适当批准，不代其他岗位人员履行职责或将本人工作委托他人代为履行。

77.【答案】C

【解析】破产是指当债务人不能清偿到期债务时，法院对债务人的财产进行强制执行，以使全体债权人获得公平清偿的法律程序。破产案件由债务人住所地人民法院管辖。

78.【答案】C

【解析】从 1991 年开始，美国联邦储备委员会及其他监管部门对骆驼评级体系进行了重新修订。增加了第六个评估内容，即市场风险敏感度，主要考察利率、汇率、商品价格及股票价格的变化，对金融机构的收益或资本可能产生不良影响的程度。

79.【答案】A

【解析】B 项，独立董事是指不在商业银行担任除董事以外的其他职务，并与所聘商业银行及其股东、实际控制人不存在可能影响其对公司事务进行独立、客观判断关系的董事。C 项，高级管理层由商业银行总行行长、副行长、财务负责人及监管部门认定的其他高级管理人员组成。D 项，商业银行董事长和行长应当分设。

80.【答案】C

【解析】结构性通货膨胀是在整个经济总供给与总需求大体均衡的情况下，由于经济结构因素的变化而引起的。在社会总供求不变的情况下，由于需求发生了结构性变化，会引起经济中某些部门处于需求增加的状态，而另一些部门处于需求减少的状态。需求增加的部门或地区，物价和工资上涨；需求减少的部门或地区，则因价格和工资刚性，其工资和物价却没有相应下跌，因而造成物价总水平的上涨。同时，需求增加的部门的价格和工资上涨后，也会导致需求减少部门的工业品成本增加，价格也随之上涨，其结果仍然是物价总水平的上涨，这种通货膨胀被称为结构型通货膨胀。

二、多选题

1. 【答案】BDE

【解析】内部审计部门在从事审计工作中，有权参与或从事以下活动：①获取与审计有关的信息，列席或参加与内部审计职责有关的会议，参加相关业务培训。②检查各类经营机构(含分支机构和附属机构)的各项业务和管理活动(含外包业务)，及时、全面获取经营管理相关信息，并就有关问题向审计对象和行内相关人员进行调查、质询和取证。③向董事会、高级管理层和相关部门提出处理和处罚建议。④可就风险管理、内部控制等事项提供专业建议，但不得直接参与或负责内部控制设计和经营管理的决策与执行。

2. 【答案】CE

【解析】商业银行在中央银行的存款可分为存款准备金和超额存款准备金。同业存款是指因支付清算和业务合作等的需要，由其他金融机构存放于商业银行的款项。中央银行票据简称央行票据或央票，是指中国人民银行面向全国银行间债券市场成员发行的、期限一般在三年以内的中短期债券。金融债券是指依法在中华人民共和国境内设立的金融机构法人在全国银行间债券市场发行的、按约定还本付息的有价证券。

3. 【答案】BDE

【解析】A 项，风险管理的“三道防线”是指在商业银行内部形成的在风险管理方面承担不同职责的三个团队(或部门)，即业务团队、风险管理团队和内部审计团队。C 项，业务团队是风险管理的“第一道防线”，负责识别、评估、缓释和监控各自业务领域的风险，对管理和控制其经营活动承担的风险负有首要、直接的责任。

4. 【答案】ACD

【解析】商业银行代理业务包括：①代收代付业务。②代理银行业务，其中包括：a. 代理政策性银行业务；b. 代理中央银行业务；c. 代理商业银行业务。③代理证券业务。④代理保险业务。⑤其他代理业务：a. 委托贷款业务；b. 代销开放式基金；c. 代理国债买卖。

5. 【答案】BC

【解析】经济资本被广泛应用于商业银行的资源配置领域。商业银行将经济增加值(EVA)和经风险调整的资本收益率(RAROC)等经济资本指标应用于信贷规模配置、经营费用分配、固定资产分配、人力费用分配等资源配置领域。EVA = 税后净营业利润 - 经济资本 × 资本成本。RAROC = 经风险调整后税后净利润/经济资本。

6. 【答案】AE

【解析】AE 两项是商业银行内部资本评估程序应实现的目标；B 项，在经营情况、风险状况和外部环境发生重大变化时，应及时进行调整和更新；C 项，第二支柱明确要求商业银行应当建立完善的风险管理框架和稳健的内部资本充足评估程序，应至少每年实施一次；D 项，商业银行内部资本评估程序应确保资本规划与银行经营状况、风险变化趋势及长期发展战略相匹配。

7. 【答案】ABCD

【解析】以法人活动的性质为标准，将法人分为：①企业法人；②机关法人；③事业单位法人；④社会团体法人。

8. 【答案】BCDE

【解析】中国银行业协会以促进会员单位实现共同利益为宗旨，履行自律、维权、协调、服务职能，维护银行业合法权益，维护银行业市场秩序，提高银行业从业人员素质，提高为会员服务的水平，促进银行业的健康发展。

9. 【答案】ABCD

【解析】票据具有如下特征：①票据是完全有价证券；②票据是要式证券；③票据是一种无因证券；④票据是流通证券；⑤票据是文义证券；⑥票据是设权证券；⑦票据是债权证券。

10. 【答案】BCD

【解析】有利于合规风险管理的基本制度主要包括三项：①建立对管理人员合规绩效的考核制度，体现倡导合规和惩处违规的价值观念。②建立有效的合规问责制度，严格对违规行为的责任认定与追究，并采取有效的纠正措施，及时改进经营管理流程，适时修订相关政策、程序和操作指南。③建立诚信举报制度，鼓励员工举报违法、违反职业操守或可疑的行为，并充分保护举报人。

11. 【答案】ABCE

【解析】在绩效考评实践中，往往容易存在以下问题：①过分强调市场份额，未充分考虑自身条件而与同业盲目攀比；②风险和合规指标权重偏低，过分强调业务发展和经营效益；③绩效考评的传导机制不完善，存在简单分解、层层加码的情形；④质量管理不科学，未充分考虑金融风险滞后性、隐匿性的特点，导致经营行为短期化。商业银行的绩效考核机制应当充分体现兼顾收益与风险、长期与短期激励相协调，人才培养和风险控制相适应的原则，并有利于本行战略目标实施和竞争力提升。

12. 【答案】ABD

【解析】中央银行的业务活动具有不以营利为目的、不经营普通银行业务、在制定和执行国家货币方针政策时具有相对独立性等特征。其职能主要有：①中央银行是发行的银行；②中央银行是银行的银行；③中央银行是政府的银行。

13. 【答案】ABD

【解析】A 项，风险偏好指标体系设定应体现银行各个相关利益方(股东、监管机构和债权人)的期望。B 项，风险偏好陈述书的生成应遵循由上至下的原则，并由董事会审议通过。D 项，商业银行应当指定书面的风险偏好，即风险偏好陈述书，主要采用定性描述与定量指标相结合的方式。

14. 【答案】ABDE

【解析】我国银行业监管规则体系主要由法律、行政法规、部门规章、规范性文件四个层次构成，法律、行政法规是基础和主干，部门规章和规范性文件构成了实际监管工作中的依据和准绳。

15. 【答案】CDE

【解析】货币市场是指以短期金融工具为媒介进行的期限在一年以内(含一年)的短期资金融通市场，主要包括同业拆借市场、回购市场、票据市场、大额可转让定期存单市场等。

16. 【答案】ABCDE

【解析】贸易融资是指银行对进口商或出口商提供的与进出口贸易结算相关的短期融资或信用便利。贸易融资方式主要有保理、信用证(备用信用证和出口信用证属于此类)、福费庭、打包放款、出口押汇、进口押汇。

17. 【答案】ABCD

【解析】担保是指按照法律规定或者当事人约定，由债务人或第三人向债权人提供一定的财产或资信，以确保债务的清偿。我国法律规定了五种担保方式：保证、抵押、质押、留置和定金。

18. 【答案】BCDE

【解析】国债是国家为筹措资金而向投资者出具的书面借款凭证，承诺在一定的时期内按约定的条件，按期支付利息和到期归还本金。国债以国家信用为后盾，通常被认为是没有信用风险，而且国债的二级市场非常发达，交易方便，其利息收入不用缴纳所得税。国债特点包括流动性高、收益率低、风险低和投资收益免税。

19. 【答案】ABD

【解析】C 项，中央银行货币政策实施传导过程是：中央银行→操作目标→中介目标→最终目标。E 项，中央银行公开市场业务买卖的证券主要是政府公债和国库券。与一般金融机构所从事的证券买卖不同，中央银行买卖证券的目的不是盈利，而是调控经济，进而实现政策目标。

20. 【答案】ABCDE

【解析】骆驼评级体系的五项考核指标分别为：①资本充足性(Capital Adequacy)；②资产质量(Asset Quality)；③管理水平(Management)；④盈利水平(Earnings)；⑤流动性(Liquidity)。

21. 【答案】BCDE

【解析】融资性担保公司的主要业务范围包括：贷款担保；票据承兑担保；贸易融资担保；项目融资担保；信用证担保；其他融资性担保业务。

22. 【答案】ABCE

【解析】活期存款是指不规定存款期限，客户可以随时存取的存款。客户凭存折或银行卡及预留密码，可在银行营业时间内通过银行柜面或通过银行自助设备随时存取现金。在现实中，活期存款通常 1 元起存，以存折或银行卡作为存取凭证，部分银行的客户可凭存折或银行卡在全国各网点通存通兑。我国对活期存款实行按季度结息，每季度末月的 20 日为结息日，次日付息。存款的计息起点为元，元以下角分不计利息。

23. 【答案】BC

【解析】金融犯罪是指行为人违反国家金融管理法规，破坏国家金融管理秩序，使公私财产权利遭受严重损失，根据《刑法》规定应受惩罚的行为。B 项，金融犯罪的主体可以是自然人，也可以是单位。自然人作为金融犯罪主体，有的是一般主体，有的是特殊主体。C 项，金融犯罪是一种图利犯罪，其主观方面只能是故意，有的还要求具有非法占有目的。

24. 【答案】ACE

【解析】B 项，按标的物种类划分，期货可分为商品期货与金融期货两大类，商品期货通常为某种大众产品如棉花、大豆、石油等，金融期货一般为股票、债券等。

25. 【答案】ABDE

【解析】中国人民银行的反洗钱职责包括：①指导、部署金融业反洗钱工作，负责反洗钱的资金监测；②制定或者会同国务院有关金融监督管理机构制定金融机构反洗钱规章；③监督、检查金融机构履行反洗钱义务的情况；④在职责范围内调查可疑交易活动；⑤接受单位和个人对洗钱活动的举报；⑥向侦查机关报告涉嫌洗钱犯罪的交易活动；⑦向国务院有关部门、机构定期通报反洗钱工作情况；⑧根据国务院授权，代表中国政府与外国政府和有关国际组织开展反洗钱合作；⑨法律和国务院规定的有关反洗钱的其他职责。

三、判断题

1.【答案】A

【解析】商业银行内部审计活动应遵循独立性、客观性原则，独立于业务经营、风险管理和内控合规等活动。

2.【答案】B

【解析】商业银行在发现借款人有转移财产、抽逃资金以逃避债务的行为时，不能直接解除贷款合同，而是需要先中止履行合同。如果借款人在合理期限内未恢复履行能力且未提供适当担保，商业银行才可以解除合同。

3.【答案】B

【解析】商业银行是通过承担风险获取相应回报的特殊经营主体。银行承担风险既可能获得收益，也可能遭受损失，因此，可以把风险简单定义为银行在经营过程中，由于一系列不确定因素的影响，导致资产和收益损失的可能性，而非蒙受损失的现实。

4.【答案】B

【解析】非营利法人是为公益目的或者其他非营利目的成立，不向出资人、设立人或者会员分配所取得利润的法人，而非实际生产经营活动不盈利。

5.【答案】B

【解析】银行业从业人员严禁利用职务上的便利索要、收受贿赂，或违反国家规定收受各种名义的回扣、手续费等。

6.【答案】A

【解析】从业人员包括与银行业金融机构签订劳动合同的在岗人员，以及银行业金融机构聘用或与劳务代理机构签订协议直接从事金融业务的其他人员。

7.【答案】B

【解析】根据全覆盖原则，应以公司治理为着力点，将声誉风险管理纳入全面风险管理体系，覆盖各业务条线、所有分支机构和子公司，覆盖各部门、岗位、人员和产品，覆盖决策、执行和监督全部管理环节，同时应防范第三方合作机构可能引发的对本机构不利的声誉风险，充分考量其他内外部风险的相关性和传染性。

8.【答案】B

【解析】同业拆借应当遵守中国人民银行的规定，禁止利用拆入资金发放固定资产贷款或者用于投资。

9.【答案】A

【解析】买入汇率也称银行的外汇买入价，指报价银行向客户或同业买入外汇时所使用的汇率。

10.【答案】B

【解析】中央银行的窗口指导以限制贷款增减额为主要特征，不具有法律效力和强制性。

银行业法律法规与综合能力(中级)
模拟试卷(一)

一、单选题(共80题，每小题0.5分，共40分，下列选项中只有一项最符合题目的要求，不选、错选均不得分)

1. 一国货币对外升值后，下列关于对进出口贸易影响的说法，正确的是(　　)。
   A. 有利于增加贸易顺差　　B. 有利于外国商品的进口
   C. 有利于本国商品的出口　　D. 有利于减少贸易逆差
2. 下列职责描述中，不属于国家金融监督管理总局职责的是(　　)。
   A. 统一负责证券业、银行保险业的金融业监管
   B. 加强风险管理和防范处置
   C. 依法查处违法违规行为
   D. 统筹负责金融消费者权益保护
3. 目前，我国商业银行的主要资产是(　　)。
   A. 债券　　B. 贷款　　C. 存款　　D. 房地产
4. 根据《民法典》及担保制度司法解释，下列情形中不属于非典型担保的是(　　)。
   A. 保理　　B. 融资租赁　　C. 留置　　D. 所有权保留买卖
5. 下列金融工具中，属于间接融资工具的是(　　)。
   A. 可转让大额存单　　B. 商业票据
   C. 企业债券　　D. 国库券
6. 下列不属于维护国家金融安全工作内容的是(　　)。
   A. 服从应急安排　　B. 抵制贿赂及不当便利行为
   C. 遵守反洗钱相关规定　　D. 接受监管部门检查
7. 下列关于债券承销尽职调查要求的说法，错误的是(　　)。
   A. 尽职调查需遵循合理性、必要性和重要性原则
   B. 尽职调查工作底稿及尽职调查报告保存期限在债券的债权债务关系终止后不少于3年
   C. 主承销商在尽职调查过程中，对其他中介机构出具专业意见的内容，可以合理信赖，履行普通注意义务
   D. 中介机构开展尽职调查可采用查阅、访谈、列席会议、实地调查、分析印证和讨论等方法
8. 在风险监管的各个环节中，最基础的是(　　)。
   A. 处置风险　　B. 监测风险　　C. 识别风险　　D. 预警风险
9. 以下主体中不属于民事诉讼当事人的是(　　)。
   A. 第三人　　B. 原告　　C. 共同诉讼人　　D. 诉讼代理人
10. 债务人已经无法足额偿付本金、利息或收益，金融资产已发生显著信用减值，该笔金融资产应认定为(　　)。

A. 损失　　B. 可疑　　C. 次级　　D. 关注

11. (　　)是指无权代理人的代理行为客观上存在使相对人相信其有代理权的情况，且相对人主观上为善意，因而可以向被代理人主张代理的效力。

A. 无权代理　　B. 委托代理　　C. 表见代理　　D. 法定代理

12. 根据《中华人民共和国行政处罚法》，以下不属于行政处罚的是(　　)。

A. 责令停产停业　　B. 暂扣或者吊销许可证、执照

C. 记大过　　D. 罚款

13. 银行监管的发展历程在表象上反映为管制、放松、重新管制，本质上是对______和______两种监管目标的选择过程。(　　)

A. 安全优先；效率优先　　B. 风险优先；发展优先

C. 安全优先；风险优先　　D. 效率优先；发展优先

14. 下列不属于经济周期所经历阶段的是(　　)。

A. 衰退阶段　　B. 夕阳阶段　　C. 繁荣阶段　　D. 萧条阶段

15. 下列不属于中国人民银行法定职责的是(　　)。

A. 实施外汇管理，监督管理银行间外汇市场

B. 发行人民币，管理人民币流通

C. 依法制定和执行货币政策

D. 对银行业金融机构实行并表监督管理

16. 为有效防控风险，资管新规强调要打破(　　)。

A. 自负盈亏　　B. 市场化原则　　C. 刚性兑付　　D. 买者自负原则

17. 货币充当(　　)职能，使得商品生产者之间形成错综复杂的债权债务关系，扩大了商品经济的矛盾，存在信用危机的可能性。

A. 价值尺度　　B. 支付手段　　C. 流通手段　　D. 贮藏手段

18. 在行业的市场结构特征分析中，独家企业生产某种特质产品从而整个行业的市场完全处于一家企业所控制之下的情形是指(　　)。

A. 寡头垄断的行业　　B. 完全垄断的行业

C. 垄断竞争的行业　　D. 完全竞争的行业

19. 根据保险实施范围的不同，保险可以分为普通保险和(　　)。

A. 强制保险　　B. 人身保险　　C. 自愿保险　　D. 社会保险

20. 下列关于商业银行经济资本分配的表述，错误的是(　　)。

A. 进行经济资本分配的目标是使银行各业务单元的收益与风险相匹配，保证经济资本被分配到使用效率最高的业务领域

B. 经济资本的分配应该综合考虑各管理维度的经济资本占用和风险回报

C. 经济资本的分配实质上是对风险的分配，即明确某一个经营机构、业务或产品所能承受的最大的风险

D. 经济资本的分配应以利润为导向，会计利润高、规模占比大的机构应该分配更多的经济资本

21. 金融市场最主要、最基本的功能是(　　)。

A. 融通货币资金功能　　B. 经济调节功能

C. 优化资源配置功能　　　　　　　　　　D. 定价功能

22. 商业银行发放并购贷款期限一般不超过(　　)。

A. 3年　　B. 10年　　C. 5年　　D. 7年

23. 票据的出票日期必须使用中文大写，因此，11月20日应写作(　　)。

A. 壹拾壹月贰拾日　　　　　　　　　　B. 零壹拾壹月贰拾日

C. 壹拾壹月零贰拾日　　　　　　　　　D. 零壹拾壹月零贰拾日

24. 下列关于金融犯罪的表述，错误的是(　　)。

A. 金融犯罪的主观方面应以非法占有为目的

B. 金融犯罪的主体可以是自然人，也可以是单位

C. 金融犯罪的对象可以是人，也可以是金融工具

D. 金融犯罪行为违反了金融管理法规

25. 根据《中华人民共和国行政诉讼法》，下列说法错误的是(　　)。

A. 两个以上行政机关作出同一具体行政行为的，可以任选一个行政机关为被告

B. 经复议的案件，复议机关决定维持原具体行政行为的，作出原具体行政行为的行政机关是被告

C. 经复议的案件，复议机关改变原具体行政行为的，复议机关是被告

D. 作出被诉具体行政行为的行政机关是被告

26. 下列关于资本充足率的表述，正确的是(　　)。

A. 商业银行持有的符合监管当局规定的“合格资本”与风险加权资产之间的比率

B. 经济资本与风险加权资产的比率

C. 资本总额与资产总额的比率

D. 账面资本与资产总额的比率

27. 下列不属于直接融资工具的是(　　)。

A. 公司股票　　　　　　　　　　　　　B. 可转让大额存单

C. 商业票据　　　　　　　　　　　　　D. 政府债券

28. 下列关于普通股的表述，错误的是(　　)。

A. 普通股的股东能够参与公司决策

B. 普通股是最普遍、最重要的股票种类

C. 普通股的红利随公司盈利的多少而增减

D. 公司解散时，普通股的股东可优先得到分配的剩余资产

29. 商业银行的信息披露中，关于经营业绩必须披露的内容不包括(　　)。

A. 资本收益率　　B. 资产收益率　　C. 资产清单　　D. 净利差

30. 长三角地区某物流有限公司近年来业务发展迅速，公司董事会决定开立一个临时代理点，待运行观察一段时间后，决定同意代理点在当地银行开立一个结算账户，该结算账户为(　　)。

A. 专用存款账户　　B. 基本存款账户　　C. 一般存款账户　　D. 临时存款账户

31. 人民法院受理破产申请前(　　)个月内，债务人有不能清偿到期债务，并且资产不足以清偿全部债务或者明显缺乏清偿能力的，仍对个别债权人进行清偿的，管理人有权请求人民法院予以撤销。

A. 九　　　　B. 三　　　　C. 六　　　　D. 一

32. 根据《商业银行大额风险暴露管理办法》，对一组非同业关联客户的风险暴露不得超过一级资本净额的(　　)。

A. 20%　　　　B. 10%　　　　C. 25%　　　　D. 15%

33. 在下列信托委托人有权变更受益人的情形中，委托人不可以一并解除信托的是(　　)。

A. 经受益人同意

B. 信托文件规定的其他情形

C. 受益人对委托人有重大侵权行为

D. 受益人对其他共同受益人有重大侵权行为

34. 为有效应对突发事件导致银行运营中断而采取的管理活动称为(　　)。

A. 业务连续性管理　　　　B. 损失数据库

C. 操作风险与控制自评估　　　　D. 信息科技风险评估

35. 现阶段，我国货币政策的操作目标是______，中介目标是______。(　　)

A. 基础货币；货币供应量　　　　B. 基础货币；流通中现金

C. 基础货币；高能货币　　　　D. 货币供应量；基础货币

36. 根据《中华人民共和国商业银行法》规定，目前商业银行在中国境内可以从事(　　)。

A. 信托投资　　　　B. 非自用房地产投资

C. 买卖金融债券　　　　D. 股票承销业务

37. 存款业务属于商业银行的(　　)。

A. 其他业务　　　　B. 资产业务　　　　C. 中间业务　　　　D. 负债业务

38. 市场风险压力测试的目的是评估银行在极端不利情况下的亏损承受能力，主要采用(　　)进行模拟和估计。

A. 缺口分析和情景分析方法　　　　B. 久期分析和情景分析方法

C. 敏感性分析和情景分析方法　　　　D. 敏感性分析和缺口分析方法

39. 从债券所有权转移与否角度划分，债券回购业务可以分为(　　)。

A. 债券正回购，债券逆回购　　　　B. 质押式回购，债券逆回购

C. 债券正回购，买断式回购　　　　D. 买断式回购，质押式回购

40. 我国国民在股票交易市场上将持有的股票转让，该交易市场是(　　)。

A. 银行间同业拆借市场　　　　B. 票据市场

C. 股票市场　　　　D. 货币市场

41. 下列选项中，通常不用于反映银行经营安全性指标的是(　　)。

A. 拨贷比　　　　B. 不良贷款率　　　　C. 资本充足率　　　　D. 资产回报率

42. 下列关于证券化的说法，错误的是(　　)。

A. 可节约或减低资本费用　　　　B. 可以剥离表内资产风险

C. 能够盘活存量信贷资产　　　　D. 是一种被动资产负债管理工具

43. 吸收客户资金不入账罪侵犯的客体是(　　)。

A. 国家对金融机构的设立管理制度　　　　B. 国家对存款的管理制度

C. 国家对金融机构的准入管理制度　　　　D. 国家对贷款的管理制度

44. 商业银行风险管理部门的特点是(　　)。

A. 是银行决策部门的附属机构
B. 具有独立性
C. 与业务部门共同决定银行业绩发展目标
D. 兼具客户营销与管理职能

45. 下列各项中，中央银行票据的流动性次于(　　)。
A. 现金　　B. 金融债　　C. 企业债券　　D. 普通股票

46. 上市商业银行的最高权力机构是(　　)。
A. 董事会　　B. 行长办公室　　C. 股东大会　　D. 监事会

47. 证券公司客户的交易结算资金应当存放在(　　)，以每个客户的名义单独立户管理。
A. 证券公司　　B. 证券登记结算机构
C. 中国人民银行　　D. 商业银行

48. 下列关于通货紧缩的表述，正确的是(　　)。
A. 通货紧缩是物价稳定的表现
B. 通货紧缩是货币供求失衡的表现
C. 通货紧缩是对经济增长有利的经济现象
D. 通货紧缩是货币价值稳定、经济发展良好的表现

49. 商业银行采用基本指标法，应当以(　　)为基础计量操作风险资本要求。
A. 总资本　　B. 总收入　　C. 总资产　　D. 净利润

50. 商业银行针对特定时段，计算到期资产(现金流入)和到期负债(现金流出)之间的差额，从而判断流动性是否充足的方法是(　　)。
A. 流动性比率或指标法　　B. 缺口分析法
C. 久期分析法　　D. 现金流分析法

51. 如果郑某将信用卡交江某保管时，江某私下用郑某的信用卡取走了大额现金，下列表述正确的是(　　)。
A. 江某涉嫌构成侵占罪　　B. 江某涉嫌构成盗窃罪
C. 江某涉嫌构成信用卡诈骗罪　　D. 江某涉嫌构成金融凭证诈骗罪

52. 下列关于久期的表述，正确的是(　　)。
A. 久期的绝对值越小，银行利率风险越高
B. 久期的绝对值越大，银行利率风险越高
C. 久期的绝对值越小，银行汇率风险越高
D. 久期的绝对值越大，银行汇率风险越高

53. 下列关于 GDP 增长率的表述，正确的是(　　)。
A. GDP 增长率越高越好
B. 表示国民生产总值的增长情况
C. 反映了通货膨胀情况
D. 反映一定时期经济发展水平变化程度的动态指标

54. 商业银行分支机构(　　)。
A. 具有有限的民事权利能力和独立的民事行为能力
B. 具有独立的民事权利能力和民事行为能力

C. 具有授权范围内的民事权利能力和民事行为能力

D. 具有独立的民事权利能力和有限的民事行为能力

55. 下列选项不属于操作风险管理工具的是(　　)。

A. 损失数据库　　B. 风险价值(VaR)

C. 操作风险与控制自评估(RCSA)　　D. 关键风险指标

56. 我国银行承兑汇票的提示付款期限最长不超过6个月，它属于(　　)。

A. 短期融资工具　　B. 长期融资工具

C. 资本市场工具　　D. 股权工具

57. 下列市场中不属于货币市场的是(　　)。

A. 股票市场　　B. 票据市场

C. 银行间同业拆借市场　　D. 银行间债券回购市场

58. 根据《中华人民共和国行政处罚法》，以下表述不正确的是(　　)。

A. 除涉及国家秘密、商业秘密或者个人隐私外，听证公开举行

B. 当事人在行政机关告知后七日内提出要求听证的，行政机关应当组织听证

C. 对公民处以二百元以下、对法人或者其他组织处以三千元以下罚款或者警告的行政处罚，违法事实确凿并有法定依据的，行政机关可以当场作出行政处罚决定

D. 行政机关作出行政处罚决定之前，应当告知当事人有要求举行听证的权利

59. 中央银行在金融市场上可以通过卖出或买入有价证券影响基础货币的供给，这种货币政策工具是(　　)。

A. 窗口指导　　B. 再贷款与再贴现

C. 公开市场业务　　D. 存款准备金率

60. 下列不属于代理银行业务的是(　　)。

A. 代理中央银行业务　　B. 代理政策性银行业务

C. 代理商业银行业务　　D. 代理保险业务

61. 采用内部评级法计算资本充足率，银行要求客户提供合格的土地作为抵押发放贷款，土地的风险缓释作用主要体现在(　　)。

A. 降低违约风险暴露　　B. 降低违约概率

C. 降低组合的相关性　　D. 降低违约损失率

62. 银行增发(　　)，原有股东对银行经营的控制权可能会受到影响。

A. 优先股　　B. 资本期票　　C. 资本债券　　D. 普通股

63. 目前，我国商业银行资产支持证券的发行和交易场所是(　　)。

A. 商业银行柜台市场　　B. 上海证券交易所

C. 深圳证券交易所　　D. 全国银行间债券市场

64. 小王是某银行的理财经理，目前该行新推出了一款非保本浮动收益理财产品。在此之前该行有一款与之类似的产品年回报率已实现5%，于是小王向客户介绍："该产品是一款投资理财产品，预期收益大约为5%。"下列对该行为的表述，正确的是(　　)

A. 小王的介绍透露了银行产品的内部信息，违反了商业保密原则

B. 历史不能代表未来，小王的推荐容易误导客户，违反了销售人员应客观、真实地向客人介绍银行产品和服务的原则

C. 小王的介绍简明扼要，抓住了产品的特点，值得借鉴

D. 小王的介绍突出了该产品的优势，且进行了有效的风险提示，客户更容易接受

65. 从银行管理者的角度看，经济资本主要用于衡量银行的(　　)。

A. 非预期损失　B. 预期损失　C. 极端损失　D. 平均损失

66. 商业银行股东大会年会应当由董事会在每一会计年度结束后的(　　)召集和召开。

A. 一个月内　B. 三个月内　C. 二个月内　D. 六个月内

67. 某商业银行宣布了一项资产改善计划，包括以股票红利替代现金红利，该措施可以(　　)。

A. 增加商业银行盈利　B. 增加商业银行风险加权资产

C. 增加商业银行负债规模　D. 增加银行核心资本

68. 在我国能够规定和调整法定存款准备金率的机构是(　　)。

A. 国家金融监督管理总局　B. 中国银行业协会

C. 中国人民银行　D. 政策性银行

69. 按照第一版巴塞尔资本协议，商业银行的核心资本不包括(　　)。

A. 资本公积　B. 盈余公积　C. 次级债务　D. 留存利润

70. 下列不属于票据基本特征的是(　　)。

A. 票据是非流通证券　B. 票据是要式证券

C. 票据是无因证券　D. 票据是债权证券

71. 银行风险是指(　　)。

A. 已经确定的将来损失　B. 可以避免的将来损失

C. 银行资产和收益损失的可能性　D. 银行已经发生的损失

72. 下列关于商业银行贷款的表述，错误的是(　　)。

A. 对同一借款人的贷款余额与商业银行资本余额的比例不得超过10%

B. 商业银行可向关系人发放担保贷款，但条件不得优于其他借款人同类贷款的条件

C. 商业银行不得利用拆入资金进行固定资产贷款

D. 商业银行可向关系人发放信用贷款，但条件不得优于其他借款人同类贷款的条件

73. 根据《商业银行资本管理办法》的规定，商业银行资本规划应至少设定内部资本充足率(　　)目标。

A. 1年　B. 4年　C. 2年　D. 3年

74. 下列关于定金和订金的表述中，错误的是(　　)。

A. 定金是一种担保方式，而订金不具有担保功能

B. 定金具有预付款性质

C. 收受定金的一方不履行约定的债务的，应当双倍返还定金

D. 订金的数额可由当事人之间自由约定

75. 中央银行作为最后贷款人，其贷款对象是(　　)。

A. 出现清偿力危机并已经濒临破产倒闭的金融机构

B. 暂时出现流动性不足但仍然具有清偿力的金融机构

C. 因管理不善出现清偿力危机而资不抵债的金融机构

D. 暂时出现流动性不足而且没有清偿力的金融机构

76. 某商业银行接受客户拥有的股权作为其借款担保，该担保方式属于(　　)。
A. 信用贷款　　B. 保证　　C. 质押　　D. 抵押

77. 下列选项中，有利于货币需求增加的因素是(　　)。
A. 居民、企业等经济主体的收入减少　　B. 货币流通速度加快
C. 社会商品可供量减少　　D. 利息率下降

78. 李某是农村信用社的会计主管，利用职务之便，其先后三次挪用本单位资金 25 万元，用于网上赌球。李某的行为涉嫌构成(　　)。
A. 洗钱罪　　B. 职务侵占罪　　C. 挪用资金罪　　D. 贪污罪

79. 破产重整期间自何时开始？(　　)
A. 重整计划制订完毕　　B. 债务人与债权人达成协议
C. 利害关系人提出申请　　D. 人民法院裁定债务人重组

80. 目前我国划分货币层次的标准是货币的(　　)。
A. 收益性　　B. 流动性　　C. 稳定性　　D. 风险性

二、多选题(共 25 题，每小题 2 分，共 50 分，下列选项中有两项或两项以上符合题目要求，多选、少选、错选均不得分)

1. 法人成立必须具备的条件有(　　)。
A. 有组织机构、住所　　B. 有自己的名称
C. 以营利为目的　　D. 有财产或者经费
E. 依法成立

2. 根据《中华人民共和国银行业监督管理法》的规定，下列属于银行业金融机构的是(　　)。
A. 证券公司　　B. 保险公司　　C. 政策性银行　　D. 农村信用合作社
E. 商业银行

3. 以下关于物的分类的表述中，不正确的是(　　)。
A. 毒品属于限制流通物　　B. 房屋属于不动产
C. 布匹属于可分物　　D. 台灯和灯罩，属于主物和从物
E. 二十斤面粉属于特定物

4. 下列关于中央银行产生原因的说法，正确的有(　　)。
A. 集中统一银行券发行的需要　　B. 对资金供需统一定价的需要
C. 统一票据交换及清算的需要　　D. 对金融业统一管理的需要
E. “最后贷款人”的需要

5. 下列关于商业银行接管的表述，正确的有(　　)。
A. 自接管开始之日起，由接管组织行使商业银行的经营管理权力，但被接管的商业银行的债权债务关系不因经营而变化
B. 接管的目的是对被接管的商业银行采取必要措施，以保护存款人的利益，恢复商业银行的正常经营能力
C. 接管是依法保护银行业金融机构经营安全、合法的一项预防性拯救措施
D. 接管期限自接管决定实施之日起开始，最长不得超过五年
E. 接管由国务院银行业监督管理机构决定、公告，并组织实施

6. 商业银行接管终止的法定事由有(　　)。

A. 接管决定规定的期限届满或接管延期届满

B. 接管期限届满前，该商业银行已恢复正常经营能力

C. 接管期限届满前，该商业银行提出接管终止申请

D. 接管期限届满前，该商业银行被依法宣告破产

E. 接管期限届满前，该商业银行被合并

7. 根据《中华人民共和国行政强制法》，我国行政强制执行的方式有(　　)。

A. 排除妨碍、恢复原状

B. 纪律处分

C. 拍卖或者依法处理查封、扣押的场所、设施或者财物

D. 加处罚款或者滞纳金、代履行

E. 划拨存款、汇款

8. 我国银行监管的层次包括(　　)。

A. 审慎监管　　B. 行业自律　　C. 银行自我监管　　D. 外部监管

E. 市场约束

9. 对于实施非零售内部评级高级法的商业银行，需要自行估计下列哪些要素？(　　)

A. 违约概率(PD)　　B. 违约损失率(LGD)

C. 期限(M)　　D. 违约风险暴露(EAD)

E. 相关性(R)

10. 下列关于商业银行会计资本的表述，正确的有(　　)。

A. 等于银行资产负债表中资产减去负债后的余额，即所有者权益

B. 反映商业银行应该拥有的资本水平

C. 是对银行资本金的动态反映

D. 也被称为账面资本

E. 会计资本与银行的实际风险密切相关

11. 根据第三版巴塞尔协议，下列表述正确的是(　　)。

A. 一级资本充足率不得低于6%　　B. 核心一级资本充足率不得低于4.5%

C. 总资本充足率不低于8%　　D. 核心一级资本充足率不得低于6%

E. 一级资本充足率不得低于8%

12. 根据国务院公布的《存款保险条例》，下列金融机构应当投保存款保险的有(　　)。

A. 商业银行　　B. 农村信用合作社

C. 保险公司　　D. 证券公司

E. 外商独资银行

13. 合同生效的条件有(　　)。

A. 当事人必须具有完全民事行为能力　　B. 合同标的合法

C. 合同标的须确定和可能　　D. 当事人意思表示真实

E. 当事人意思表示正确

14. 根据《中国人民银行关于人民币存贷款计结息问题的通知》规定，只要不超过中国人民银行同期限档次存款利率上限，计、结息规则由各银行自行把握的存款类型有(　　)。

A. 活期存款　B. 协定存款　C. 通知存款　D. 零存整取
E. 定期整存整取

15. 金融犯罪是指行为人违反国家金融管理法规，破坏国家金融管理秩序，依据法律规定应受到惩罚的行为。下列属于金融犯罪对象的有(　　)。
A. 有价证券　B. 自然人　C. 货币　D. 金融机构
E. 信用卡

16. 合同履行的原则包括(　　)。
A. 诚实信用原则　B. 情势变更原则　C. 协作履行原则　D. 全面履行原则
E. 实际履行原则

17. 下列转账业务操作，不符合清廉金融行为规范的有(　　)。
A. 先收款后记账，先记账后付款　B. 同事休假期间使用其名章替班
C. 开立账户严格核实申请人身份信息　D. 办理本人业务
E. 使用本人账户过渡客户资金

18. 根据出票人的不同，票据贴现业务可以分为(　　)。
A. 转贴现　B. 商业承兑汇票贴现
C. 再贴现　D. 协议付息票据贴现
E. 银行承兑汇票贴现

19. 下列可以作为破产申请人的有(　　)。
A. 破产管理人　B. 债权人　C. 人民法院　D. 债务人
E. 对债务人负有清算责任的人

20. 下列选项中，属于高风险债券、应重点予以管理的有(　　)。
A. 发行人经营财务状况信息披露不充分
B. 债券结构复杂
C. 信用级别在投资级别以上
D. 杠杆率过高
E. 经营杠杆率过低

21. 我国商业银行个人贷款业务包括(　　)。
A. 住房贷款　B. 汽车贷款　C. 经营类贷款　D. 机械设备贷款
E. 助学贷款

22. 商业银行全面风险管理应遵循“全覆盖原则”，下列关于“全覆盖原则”的说法，错误的有(　　)。
A. 覆盖所有风险种类，且无需考虑不同风险间的影响
B. 覆盖所有分支机构、附属机构
C. 风险管理独立于决策、执行和监督等其他管理环节
D. 覆盖所有部门、岗位和人员
E. 覆盖各个业务条线，包括本外币、表内外、境内外业务

23. 商业银行公司治理组织架构的主体包括(　　)。
A. 股东大会(股东会)　B. 高级管理层
C. 风险管理部门　D. 董事会

E. 监事会

24. 下列项目中，属于洗钱罪对象的有(　　)。

A. 毒品犯罪所得及其产生的收益

B. 贪污贿赂犯罪所得及其产生的收益

C. 金融诈骗犯罪所得及其产生的收益

D. 破坏金融管理秩序犯罪所得及其产生的收益

E. 黑社会性质的组织犯罪所得及其产生的收益

25. 下列关于商业银行内部审计组织架构的说法，错误的有(　　)。

A. 内部审计部门向高管层负责并汇报工作

B. 董事会应下设审计委员会

C. 董事会对本行审计工作进行监督

D. 董事会负责批准内部审计章程、中长期审计规划和年度审计计划

E. 内部审计人员原则上不得少于员工总数的1%

三、判断题(共10题，每小题1分，共10分，请对下列各题的描述做出判断，正确请选A，错误请选B)

1. 商业银行利用衍生金融工具来规避表内风险，是对表内资产负债综合管理的重要补充，其本身不会带来额外的风险。(　　)

2. 贷放分控的要义是贷款审批通过不等于放款。(　　)

3. 撤销权自债权人知道或者应当知道撤销事由之日起5年内行使，否则该撤销权消失。(　　)

4. 优先股是股份有限公司发行的具有收益分配和剩余财产分配优先权的股票，优先股股东和普通股股东一样，有参与公司决策的表决权。(　　)

5. 在履行反洗钱责任的过程中，金融机构在拆借市场大额交易也是需要报告的可疑交易。(　　)

6. 商业银行发放外币贷款时，汇率波动可能导致信用风险增加。(　　)

7. 个人保险代理人在代为办理人寿保险业务时，不得同时接受两个以上保险人的委托。(　　)

8. 承兑银行负有对承兑汇票到期无条件付款的义务。(　　)

9. 信托业务是指信托公司以营业和收取报酬为目的，以受托人身份承诺信托和处理信托事务的经营行为。(　　)

10. 外汇交易就是指本国货币与外国货币之间的兑换买卖。(　　)

参考答案及详解

一、单选题

1. 【答案】B

【解析】当本币对外升值时，以外币表示的外国商品的相对价格下降，将刺激外国商品的进口，而本国商品的相对价格上升，不利于本国商品的出口，可能增加贸易逆差，减少贸易顺差。

2. 【答案】A

【解析】国家金融监督管理总局统一负责除证券业之外的金融业监管，强化机构监管、行为监管、功能监管、穿透式监管、持续监管，统筹负责金融消费者权益保护，加强风险管理和防范处置，依法查处违法违规行为。

3. 【答案】B

【解析】贷款是银行最主要的资产，是银行最主要的资金运用。

4. 【答案】C

【解析】非典型担保是指在法律上没有明确规定为典型担保形式（如保证、抵押、质押、留置和定金）的，但具有担保功能的民事法律行为或制度安排。根据《民法典》及相关司法解释，保理、融资租赁、所有权保留买卖均被视为非典型担保的形式，因为它们虽主要服务于特定的交易目的，但也隐含了债务履行的担保功能。

5. 【答案】A

【解析】按融资方式划分，金融工具可分为直接融资工具和间接融资工具：①直接融资工具包括政府、企业发行的国库券、企业债券、商业票据、公司股票等；②间接融资工具包括银行债券、银行承兑汇票、可转让大额存单、人寿保险单等。

6. 【答案】B

【解析】维护国家金融安全工作内容包括：①接受、配合监管工作；②遵守反洗钱、反恐怖融资规定；③协助有权机关执法；④举报违法行为；⑤服从应急安排；⑥守护舆情环境。B 项属于银行业从业人员行为规范中关于履职遵纪的要求。

7. 【答案】B

【解析】尽职调查工作底稿及尽职调查报告应当以纸质或电子形式的文档留存备查。保存期限在债券的债权债务关系终止后不少于 5 年。

8. 【答案】C

【解析】风险监管方式的核心是监管当局能够识别、监测、预警和处置风险，识别风险是各个环节的基础。

9. 【答案】D

【解析】民事诉讼当事人包括原告、被告、第三人和共同诉讼人。

10. 【答案】B

【解析】五类金融资产的核心定义分别为：①正常类，债务人能够履行合同，没有客观证据表明本金、利息或收益不能按时足额偿付；②关注类，虽然存在一些可能对履行合同产生不利影响的因素，但债务人目前有能力偿付本金、利息或收益；③次级类，债务人无法足额偿付本金、利息或收益，或金融资产已经发生信用减值；④可疑类，债务人已经无法足额偿付本金、利息或收益，金融资产已发生显著信用减值；⑤损失类，在采取所有可能的措施后，只能收回极少部分金融资产，或损失全部金融资产。

11. 【答案】C

【解析】A 项，无权代理是指行为人不具有代理权，但以他人的名义与第三人进行代理行为。B 项，委托代理是根据委托人的委托授权而产生的代理关系。D 项，法定代理是根据法律的规定而直接产生的代理关系。

12. 【答案】C

【解析】根据《行政处罚法》，我国行政处罚的种类有以下几个方面：①警告、通报批评；②罚款、没收违法所得、没收非法财物；③暂扣许可证件、降低资质等级、吊销许可证件；④限制开展生产经营活动、责令停产停业、责令关闭、限制从业；⑤行政拘留；⑥法律、行政法规规定的其他行政处罚。

13. 【答案】A

【解析】银行业监管的发展历程在表象上反映为管制、放松、重新管制，但从深层次看，这是由特定历史时期银行业的实际发展状况所决定的，是对安全优先和效率优先两种监管目标的选择过程，正是由于风险与效益之间存在替代性效应，这一演变过程最终将会达成复合型监管目标的某种平衡，即寻求在效率与风险之间的平衡。

14. 【答案】B

【解析】经济周期是指经济处于生产和再生产过程中周期性出现的经济扩张与经济紧缩交替更迭、循环往复的一种现象。经济周期一般分为四个阶段：繁荣阶段、衰退阶段、萧条阶段和复苏阶段。

15. 【答案】D

【解析】D 项，对银行业金融机构实行并表监督管理属于国务院银行业监督管理机构的监管职责。

16. 【答案】C

【解析】为有效防控风险，资管新规强调要打破刚性兑付，禁止开展或参与资金池业务，要求每只理财产品的资金应单独管理、单独建账、单独核算。加强理财产品期限错配的流动性管理。

17. 【答案】B

【解析】货币充当支付手段职能具有积极和消极两方面的作用。其积极作用表现在：一是使商品生产和商品流通突破了现货交易的限制，促进了商品生产和流通的发展。二是借助于货币的支付手段，一部分债权债务关系可以相互抵消，可以节约现金流通费用。其消极作用表现在：使商品生产者之间形成错综复杂的债权债务关系，扩大了商品经济的矛盾，存在支付危机和信用危机的可能性。

18. 【答案】B

【解析】完全垄断行业是指独家企业生产某种特质产品，从而整个行业的市场完全处于一家企业所控制之下的情形。

19. 【答案】D

【解析】按照保险实施范围的不同，保险可以分为社会保险和普通保险。按照保险的实施方式，保险可以分为自愿保险和强制保险。按照保险对象的不同，保险可以分为财产保险和人身保险。按照保险承担的责任次序，保险可以分为原保险和再保险。

20. 【答案】D

【解析】D 项，一般而言，商业银行配置经济资本可采取自上而下、自下而上或两者相结合的方法。自下而上的分配模式是先对每个业务单元进行风险计量，确定相应的经济资本需求，再将这些经济资本由底层向上逐级汇总，形成全行的经济资本分配方案，原则上“报价”高、风险管理水平高的业务单元可获得较多的经济资本。

21. 【答案】A

【解析】金融市场具有以下功能：①货币资金融通功能；②优化资源配置功能；③风险分散与风险管理功能；④经济调节功能；⑤交易及定价功能；⑥反映经济运行的功能。其中，融通货币资金是金融市场最主要、最基本的功能。

22. 【答案】D

【解析】并购贷款是指银行为境内企事业法人在改制、改组过程中，有偿兼并、收购国内其他企事业法人、已建成项目，以及进行资产、债务重组发放的贷款。监管机构出于对商业银行风险管理的要求，规定商业银行发放并购贷款的期限一般不超过 7 年。

23. 【答案】C

【解析】票据的出票日期必须使用中文大写。为防止变造票据的出票日期，在填写月、日时，月为壹、贰和壹拾的，日为壹至玖和壹拾、贰拾和叁拾的，应在其前加“零”；日为拾壹至拾玖的，应在其前加“壹”。如 1 月 15 日，应写成零壹月壹拾伍日。再如 10 月 20 日，应写成零壹拾月零贰拾日。

24. 【答案】A

【解析】金融犯罪是一种图利犯罪，其主观方面只能是故意，有的还要求具有非法占有目的。

25. 【答案】A

【解析】两个以上行政机关作出同一具体行政行为的，共同作出具体行政行为的行政机关是共同被告。

26. 【答案】A

【解析】资本充足率是指商业银行持有的符合监管规定的资本与风险加权资产之间的比率。资本充足率计算公式如下：资本充足率 =（总资本 − 对应资本扣减项）/风险加权资产 ×100%。

27. 【答案】B

【解析】按融资方式划分，金融工具可分为直接融资工具和间接融资工具：①直接融资工具包括政府、企业发行的国库券、企业债券、商业票据、公司股票等；②间接融资工具包括银行债券、银行承兑汇票、可转让大额存单、人寿保险单等。

28. 【答案】D

【解析】普通股股票是股票中最普遍的一种形式，是股份公司最重要的股份，其持有人享有股东的基本权利和义务。普通股股东享有经营决策的参与权。普通股股东有权从公司的利润分配中得到股息，但收益分配随利润变动而变动。当公司破产和清算时，公司资产在满足了债权人的清偿权和优先股股东的索取权后还有剩余的，普通股股东有按持有股份的比率索取剩余财产的权利。

29. 【答案】C

【解析】商业银行的信息披露中，关于经营业绩必须披露的内容包括资本收益率、资产收益率、主要收支项目、净利差及影响收益的主要因素等。

30. 【答案】D

【解析】临时存款账户是指存款人因临时需要并在规定期限内使用而开立的银行结算账户。可以开立临时存款账户的情形包括设立临时机构、异地临时经营活动、注册验资。该种账户的有效期最长不得超过两年。

31. 【答案】C

【解析】人民法院受理破产申请前六个月内，债务人有不能清偿到期债务，并且资产不足以清偿全部债务或者明显缺乏清偿能力的，仍对个别债权人进行清偿的，管理人有权请求人民法院予以撤销。但是，个别清偿使债务人财产受益的除外。

32. 【答案】A

【解析】大额风险暴露是指商业银行对单一客户或一组关联客户超过其一级资本净额2.5%的风险暴露。对非同业单一客户的贷款余额不得超过资本净额的10%，对非同业单一客户的风险暴露不得超过一级资本净额的15%。对一组非同业关联客户的风险暴露不得超过一级资本净额的20%。对同业单一客户或集团客户的风险暴露不得超过一级资本净额的25%。全球系统重要性银行对另一家全球系统重要性银行的风险暴露不得超过一级资本净额的15%。

33. 【答案】D

【解析】设立信托后，有下列情形之一的，委托人可以变更受益人或者处分受益人的信托受益权：①受益人对委托人有重大侵权行为；②受益人对其他共同受益人有重大侵权行为；③经受益人同意；④信托文件规定的其他情形。有上述第①项、第③项、第④项所列情形之一的，委托人可以解除信托。

34. 【答案】A

【解析】业务连续性管理是指为有效应对突发事件导致的重要业务运营中断，建设应急响应、恢复机制和管理能力框架，保障重要业务持续运营的一整套管理过程，包括组织架构、策略、预案体系、资源保障、演练和应急处置等。

35. 【答案】A

【解析】货币政策的操作目标是中央银行运用货币政策工具能够直接影响或控制的目标变量。它介于政策工具和中介目标之间，是货币政策工具影响中介目标的传导桥梁。通常被采用的操作目标主要有基础货币、存款准备金；货币政策的中介目标是中央银行为了实现货币政策的终极目标而设置的可供观察和调整的指标。现阶段我国货币政策的中介目标主要是货币供应量。

36. 【答案】C

【解析】商业银行在中华人民共和国境内不得从事信托投资和证券经营业务，不得向非自用不动产投资或者向非银行金融机构和企业投资，但国家另有规定的除外。

37. 【答案】D

【解析】存款是银行最基本的负债业务之一，是商业银行最主要的资金来源，是银行持续经营的基础。

38. 【答案】C

【解析】银行不仅应采用各种市场风险计量方法对在一般市场情况下所承受的市场风险进行分析，还应当通过压力测试来估算突发的小概率事件等极端不利情况可能对其造成的潜在损失，评估银行在极端不利情况下的亏损承受能力。敏感性分析是指在保持其他条件不变的前提下，研究单个市场风险要素（利率、汇率、股票价格和商品价格）的变化可能会对金融工具或资产组合的收益或经济价值产生的影响。与敏感性分析对单一因素进行分析不同，情景分析是一种多因素分析方法，研究多种因素同时作用时可能产生的影响。

39. 【答案】D

【解析】从交易发起人的角度债券回购可以分为正回购和逆回购，抵押债券借入资金的行为被称为债券正回购；接受抵押借出资金的行为被称为债券逆回购。从债券所有权转移与否可以分为买断式回购和质押式回购，买断式回购又叫做开放式回购，债券所有权发生了实质性的转移，融出资金方可以自由处置债券；质押式回购又叫封闭式回购，抵押债券所有权没有发生实质性的转移。

40. 【答案】C

【解析】股票市场是专门对股票进行公开交易的市场，包括股票的发行和流通转让。货币市场是短期资金融通市场，其融通的资金主要用于周转和短期投资，主要包括银行间同业拆借市场、银行间债券回购市场和票据市场等。

41. 【答案】D

【解析】风险控制是银行经营过程中需要特别关注的一个问题，要增加利润、提高银行的价值就要控制风险，减少相应的拨备。银行经营的安全性指标有：①不良贷款率；②不良贷款拨备覆盖率；③拨贷比；④资本充足率。D 项，资产回报率属于银行经营的盈利性指标。

42. 【答案】D

【解析】证券化是商业银行主动资产负债管理的重要工具，其主要优点是可以通过出售资产节约或减低资本费用，还可以给发行银行带来额外的收入。从风险管理的视角看，在资产证券化过程中，商业银行将相关信贷资产从表内剥离的同时，也实现了对相应信用风险的剥离，从流量经营的视角看，资产证券化盘活了存量信贷资产，从表内和表外两个方向扩大信用投放的覆盖面，提高表内外资产的周转率和收益率。

43. 【答案】B

【解析】吸收客户资金不入账罪是指银行或者其他金融机构的工作人员，吸收客户资金不入账，数额巨大或者造成重大损失的行为。本罪侵犯的客体是国家对存款的管理制度，行为对象是以金融机构办理业务的名义所吸收的客户资金，包括个人储蓄和单位存款，客观方面表现为吸收客户资金不入账的方式，数额巨大或者造成重大损失的行为。

44. 【答案】B

【解析】银行应设立有效的内控体系和风险管理部门（包括首席风险官或类似职位），并确保其获得充分的授权、地位、独立性、资源保障和向董事会报告的路径。

45.【答案】A

【解析】流动性是其他货币形态转化为现金所需要的时间和成本的多少，即金融资产转化为货币而不损失的能力。故现金是最具流动性的资产。

46.【答案】C

【解析】股东大会是股东参与银行重大决策的一种组织形式，是银行的最高权力机构，是股东履行自己的责任、行使自己权利的机构与场所。

47.【答案】D

【解析】客户交易结算资金必须全额存入指定的从事证券交易结算资金存管业务的商业银行，单独立户管理。严禁挪用客户交易结算资金。

48.【答案】B

【解析】通货紧缩是指经济中货币供应量少于客观需要量，社会总需求小于总供给，导致单位货币升值、价格水平普遍和持续下降的经济现象。与通货膨胀一样，通货紧缩也是货币供求失衡、物价不稳定的一种表现，对整个经济增长也同样有着不利的影响。

49.【答案】B

【解析】银行采用基本指标法，应当以总收入为基础计量操作风险资本要求，总收入为净利息收入与净非利息收入之和。操作风险资本要求等于银行前三年总收入的平均值与一个固定比例（为15%）的乘积，总体上看，基本指标法计算方法较为简单，资本与收入呈线性关系，银行收入越高，资本要求越大。

50.【答案】B

【解析】缺口分析是衡量利率变动对银行当期收益影响的一种方法。具体而言，就是将银行不同时间段（如1个月以下，1~3个月，3个月~1年，1~5年，5年以上等）内的利率敏感性资产减去利率敏感性负债，再加上表外业务头寸，得到重新定价“缺口”。以该缺口乘以假定的利率变动，即得出这一利率变动对净利息收入变动的大致影响。

51.【答案】C

【解析】信用卡诈骗罪是指使用伪造的信用卡，或者使用以虚假的身份证明骗领的信用卡，或者使用作废的信用卡，或者冒用他人的信用卡，或者利用信用卡恶意透支进行诈骗活动，数额较大的行为。

52.【答案】B

【解析】久期分析也称为持续期分析或期限弹性分析，是衡量利率变动对银行经济价值影响的一种方法。具体而言，就是对各时段的缺口赋予相应的敏感性权重，得到加权缺口，然后对所有时段的加权缺口进行汇总，以此估算给定的小幅（通常小于1%）利率变动可能会对银行经济价值产生的影响。一般而言，金融工具的到期日或距下一次重新定价日的时间越长，并且在到期日之前支付的金额越小，则久期的绝对值越高，表明利率变动将会对银行的经济价值产生较大的影响，利率风险也就越高。

53.【答案】D

【解析】国内生产总值GDP是衡量一国（或地区）整体经济状况的主要指标，GDP增长率是反映一定时期经济发展水平变化程度的动态指标。

54.【答案】C

【解析】商业银行分支机构不具有法人资格，在总行授权范围内依法开展业务，其民事责任由总行承担。法人是具有民事权利能力和民事行为能力，依法独立享有民事权利和承担民事义务的组织。

55. 【答案】B

【解析】操作风险管理工具和手段主要有操作风险与控制自评估(RCSA)、关键风险指标(KRI)、损失数据库(LD)等。

56. 【答案】A

【解析】短期金融工具的期限一般在一年以下(含一年)，如商业票据、短期国库券、银行承兑汇票、可转让大额定期存单、回购协议等。

57. 【答案】A

【解析】货币市场是短期资金融通市场，主要包括银行间同业拆借市场、银行间债券回购市场和票据市场等。

58. 【答案】B

【解析】当事人应在行政机关告知后五日内提出要求听证。当事人要求听证的，行政机关应当组织听证。

59. 【答案】C

【解析】公开市场业务是指中央银行在金融市场上卖出或买进有价证券，吞吐基础货币，以改变商业银行等金融机构的可用资金，进而影响货币供应量和利率，实现货币政策目标的一种政策措施。

60. 【答案】D

【解析】代理银行业务包括：①代理政策性银行业务，是指商业银行受政策性银行的委托，对其自主发放的贷款代理结算，并对其账户资金进行监管的一种中间业务；②代理中央银行业务，是指根据政策、法规应由中央银行承担，但由于机构设置、专业优势等方面的原因，由中央银行指定或委托商业银行承担的业务；③代理商业银行业务，是商业银行之间相互代理的业务。

61. 【答案】D

【解析】抵质押品是指根据国家有关法律、法规，由借款人或第三人为担保银行债权实现而抵押或质押给银行的财产或权利。常见的抵质押品包括金融质押品、应收账款、商用房地产和居住用房地产、土地使用权等。抵质押品的风险缓释作用体现在客户发生违约时，银行可以通过处置抵押物提高回收金额，降低违约损失率。

62. 【答案】D

【解析】普通股股东具有经营决策的参与权，其权利大小由股份大小所决定。增发普通股会稀释原有股东的股份，从而降低对银行经营的控制权。

63. 【答案】D

【解析】我国资产支持证券只在全国银行间债券市场上发行和交易，其投资者仅限于银行间债券市场的参与者，因此，商业银行是其主要投资者。

64. 【答案】B

【解析】向客户推荐产品或提供服务时，银行业从业人员应当根据监管规定要求，对所推荐的产品及服务涉及的法律风险、政策风险以及市场风险等进行充分的提示，对客户提出的问题应当本着诚实信用的原则答复，不得为达成交易而隐瞒风险或进行虚假或误导性陈述，并不得向客户作出不符合有关法律法规及所在机构有关规章制度的承诺或保证。

65. 【答案】A

【解析】经济资本反映了为抵补银行资产或投资组合面临的非预期损失所需要的资本，因此，对经济资本的计量实质上是对非预期损失的计量。

66. 【答案】D

【解析】股东大会会议包括年度股东会议和临时股东会议。股东大会年会应当由董事会在每一会计年度结束后 6 个月内召集和召开。

67. 【答案】D

【解析】商业银行要提高资本充足率，主要有两个途径：一是增加资本；二是降低总的风险加权资产。商业银行可以通过以下途径来增加核心资本：增发新股、配股、减少分红以转增资本等。

68. 【答案】C

【解析】法定存款准备金政策是指中央银行在法律所赋予的权力范围内，通过规定和调整法定存款准备金率，控制商业银行信用创造能力，间接控制社会货币供应量的措施。

69. 【答案】C

【解析】《巴塞尔协议Ⅰ》提出了两个层次的资本：核心资本和附属资本。核心资本主要包括实收资本(或普通股)、公开储备(资本公积、盈余公积、留存利润、股票发行溢价)；附属资本主要包括非公开储备、重估储备、普通准备金、混合资本工具和长期次级债务等。

70. 【答案】A

【解析】票据是指出票人依法签发，由自己无条件支付或委托他人无条件支付一定金额的有价证券。票据的基本特征包括：①票据是完全有价证券。②票据是要式证券。③票据是一种无因证券。④票据是流通证券。⑤票据是文义证券。⑥票据是设权证券。⑦票据是债权证券。

71. 【答案】C

【解析】银行风险可简单定义为银行在经营过程中，由于一系列不确定因素的影响，导致资产和收益损失的可能性。

72. 【答案】D

【解析】D 项，商业银行不得向关系人发放信用贷款；向关系人发放担保贷款的条件不得优于其他借款人同类贷款的条件。

73. 【答案】D

【解析】资本规划是银行根据各项内、外部约束，量身定做的一套兼顾当期及未来资本充足率要求、发展目标和管理需要的关于整体资本需求和补充的计划。从商业银行自身角度看，基于当前及未来的资本需求和资本可获得性制定资本规划，有助于确保资本水平长期稳定及经营发展的稳健性。根据《商业银行资本管理办法》的规定，商业银行资本规划应至少设定内部资本充足率三年目标。

74. 【答案】B

【解析】定金和订金的区别如下：①性质不同。定金是一种担保方式，而订金一般认为具有预付款性质，不具有担保功能。②效力不同。收受定金的一方不履行约定的债务的，应当双倍返还定金；而收受订金的当事人一方不履行合同债务时，退还订金即可，无须双倍返还。③数额限制不同。定金的数额不超过主合同标的额的百分之二十；而订金的数额依当事人之间自由约定，法律未作限制。

75.【答案】B

【解析】最后贷款人的援助对象是暂时出现流动性不足但仍然具有清偿力的金融机构。最后贷款人没有责任救助那些因管理不善出现清偿力危机而资不抵债的金融机构，但应减轻单个金融机构失败引发的溢出效应、传染效应。所以，为了避免道德风险，中央银行应只向暂时出现流动性不足但仍然具有清偿力的机构提供援助。对于出现清偿力危机的商业银行，表明其已经濒临破产倒闭，中央银行一般不应施以救助。

76.【答案】C

【解析】质押是指债务人或第三人将其动产或权利凭证移交债权人占有或者将法律法规允许质押的权利依法进行登记，将该动产或权利作为债权的担保，当债务人不履行债务时，债权人有权依法就该动产或权利处分所得的价款优先受偿。股权本质属于一种权利，因而以股权设定的担保属于质押。

77.【答案】D

【解析】在正常情况下，利息率上升，货币需求减少；利息率下降，货币需求增加，利息率与货币需求呈负相关关系。

78.【答案】C

【解析】挪用资金罪是指公司、企业或者其他单位的工作人员，利用职务上的便利，挪用本单位资金归个人使用或者借贷给他人，数额较大、超过三个月未还的，或者虽未超过三个月，但数额较大、进行营利活动的，或者进行非法活动的行为。

79.【答案】D

【解析】自人民法院裁定债务人重整之日起至重整程序终止，为重整期间。

80.【答案】B

【解析】在实践中，各国中央银行对货币层次的划分不尽相同，但所依据的标准基本一致，即货币的流动性。流动性是金融资产转化为现金所需要的时间和成本的多少，即金融资产转化为货币而不损失的能力。

二、多选题

1.【答案】ABDE

【解析】法人的成立必须具备以下条件：①依法成立。②有自己的名称、组织机构、住所、财产或者经费。

2.【答案】CDE

【解析】根据《银行业监督管理法》的规定，在中华人民共和国境内设立的商业银行、城市信用合作社、农村信用合作社等吸收公众存款的金融机构以及政策性银行；在中华人民共和国境内设立的金融资产管理公司、信托投资公司、财务公司、金融租赁公司以及经国务院银行业监督管理机构批准设立的其他金融机构的监督管理，适用本法对银行业金融机构监督管理的规定。

3.【答案】AE

【解析】A 项，限制流通物是指法律对流通范围和程度有一定限制的物，如麻醉药品等。禁止流通物是指法律禁止流通的物，如毒品、淫秽物品等。E 项，种类物是指仅仅以品种、质量、规格等度量衡单位确定，不需要具体制定的物。如十公斤大米、二十升汽油等。特定物是指具有独立特征或根据当事人指定，不能以他物替代的物。如某名人的一幅字画、某台指定的汽车等。

4. 【答案】ACDE

【解析】中央银行是从现代商业银行中分离出来逐渐演变而成的。首先，中央银行的产生是集中统一银行券发行的需要。其次，中央银行的产生是统一票据交换及清算的需要。再次，中央银行的产生是最后贷款人的需要。最后，中央银行的产生是对金融业统一管理的需要。正是由于银行券发行的集中、票据清算、最后贷款人和监管的需要，一些大的商业银行逐渐从商业银行体系中分离出来，演化成为中央银行。

5. 【答案】ABCE

【解析】接管是商业银行已经或者可能发生信用危机，严重影响存款人的利益时，国务院银行业监督管理机构对该银行采取的监管措施。A 项，自接管开始之日起，由接管组织行使商业银行的经营管理权力，但被接管的商业银行的债权债务关系不因接管而变化。B 项，接管的目的是对被接管的商业银行采取必要措施，以保护存款人的利益，恢复商业银行的正常经营能力。C 项，接管是国务院银行业监督管理机构依法保护银行业金融机构经营安全、合法的一项预防性拯救措施。D 项，接管期限届满，国务院银行业监督管理机构可以决定延期，但接管期限最长不得超过二年。E 项，接管由国务院银行业监督管理机构决定，并组织实施。接管决定由国务院银行业监督管理机构予以公告。接管自接管决定实施之日起开始。

6. 【答案】ABDE

【解析】依照《商业银行法》，有下列情形之一的，接管终止：①接管决定规定的期限届满或者国务院银行业监督管理机构决定的接管延期届满；②接管期限届满前，该商业银行已恢复正常经营能力；③接管期限届满前，该商业银行被合并或者被依法宣告破产。

7. 【答案】ACDE

【解析】根据《行政强制法》，我国行政强制执行的方式有：①加处罚款或者滞纳金；②划拨存款、汇款；③拍卖或者依法处理查封、扣押的场所、设施或者财物；④排除妨碍、恢复原状；⑤代履行；⑥其他强制执行方式。行政强制的设定和实施应当遵循法定性、适当性、教育与强制相结合、禁止谋取私利等原则。

8. 【答案】BCDE

【解析】银行监管包含了银行监督和银行管理双重属性。我国银行监管的四个层次包括：银行自我监管、外部监管、行业自律以及市场约束。

9. 【答案】ABCD

【解析】内部评级法分为初级内部评级法和高级内部评级法，二者的区别在于，初级内部评级法下，银行自行估计违约概率，但要根据监管部门提供的规则计算违约损失率、违约风险暴露和期限；高级内部评级法下，银行可自行估计违约概率、违约损失率、违约风险暴露和期限。对于零售信用风险暴露，不区分初级法和高级法，即银行都要自行估计违约概率、违约损失率、违约风险暴露和期限。

10. 【答案】AD

【解析】BCE 三项，会计资本又称为账面资本，反映了银行实际拥有的资本水平，是银行资本金的静态反映，而不是应该拥有的资本水平。因此，会计资本与银行面对的实际风险并无关联。

11. 【答案】ABC

【解析】核心一级资本充足率为 4.5%，一级资本充足率为 6%，总资本充足率为 8%，并规定商业银行资本充足率不得低于最低资本要求。

12. 【答案】ABE

【解析】我国境内设立的商业银行、农村合作银行、农村信用合作社等吸收存款的银行业金融机构，应当依照《存款保险条例》的规定投保存款保险。

13. 【答案】BCD

【解析】合同生效的要件：①当事人必须具有相应的民事行为能力；②当事人意思表示真实；③合同标的合法，即当事人签订的合同不违反法律和社会公共利益；④合同标的须确定和可能。

14. 【答案】BCD

【解析】《中国人民银行关于人民币存贷款计结息问题的通知》规定，除活期和定期整存整取两种存款外，国内银行的通知存款、协定存款、定活两便、存本取息、零存整取、整存零取 6 个存款种类，只要不超过中国人民银行同期限档次存款利率上限，计结息规则由各银行自己把握。

15. 【答案】ABCDE

【解析】金融犯罪的对象，可以是人，也可以是各种金融工具。就作为金融犯罪对象的人而言，不仅包括自然人，也包括遭受金融诈骗的单位、非法吸收公众存款所涉及的“公众”等。就作为金融犯罪对象的金融工具而言，具体包括货币、各种金融票证(如汇票、本票、支票等)、有价证券、信用证、信用卡等。

16. 【答案】ABCDE

【解析】合同履行的原则包括：①实际履行原则；②全面履行原则；③协作履行原则；④诚实信用原则；⑤情势变更原则；⑥绿色原则。

17. 【答案】BDE

【解析】B 项，严禁一人持多张柜员卡混岗操作。严禁复制、盗用、超权限持有个人名章、操作卡、授权卡、密码(或口令等)。严禁将个人名章、操作卡、授权卡、密码(或口令等)交给他人使用，或使用他人个人名章、操作卡、授权卡、密码(或口令)等办理业务。D 项，严禁办理本人业务。E 项，严禁利用客户账户过渡本人、他人资金，或通过本人、他人账户归集、过渡银行和客户资金。

18. 【答案】BE

【解析】按出票人不同，票据贴现业务又可分为银行承兑汇票贴现和商业承兑汇票贴现。银行承兑汇票是指由承兑申请人签发并向开户银行申请，经银行审查同意承兑的商业汇票。商业承兑汇票是指由付款人或收款人签发，付款人作为承兑人承诺在汇票到期日，对收款人或持票人无条件支付汇票金额的票据。

19. 【答案】BDE

【解析】破产申请人包括：①债务人。债务人可以向人民法院提出“重整、和解或者破产清算”的申请。②债权人。债权人可以向人民法院提出“重整或者破产清算”的申请。③清算人。企业法人已解散但未清算或者未清算完毕，资产不足以清偿债务的，依法负有清算责任的人应当向人民法院申请破产清算。

20. 【答案】ABD

【解析】高风险债券包括但不限于：①信用评级在投资级别以下；②债券结构复杂或杠杆率较高；③发行人经营杠杆率过高；④有关发行人的经营状况和财务状况等信息披露不够充分、完整、及时。

21. 【答案】ABCE

【解析】个人贷款包括：①个人住房贷款；②个人消费贷款；③个人经营贷款；④个人信用卡透支。其中个人消费贷款一般包括个人汽车贷款、助学贷款、个人消费额度贷款、个人住房装修贷款、个人耐用消费品贷款、个人权利质押贷款等。

22. 【答案】AC

【解析】《银行业金融机构全面风险管理指引》第四条规定，银行业金融机构全面风险管理应当遵循基本原则包括全覆盖原则：①全面风险管理应当覆盖各个业务条线，包括本外币、表内外、境内外业务；②覆盖所有分支机构、附属机构，部门、岗位和人员；③覆盖所有风险种类和不同风险之间的相互影响；④贯穿决策、执行和监督全部管理环节。

23. 【答案】ABDE

【解析】公司治理组织架构的主体包括股东大会、董事会、监事会和高级管理层(简称三会一层)。C 项属于风险管理组织架构的组成部分。

24. 【答案】ABCDE

【解析】洗钱罪是指为掩饰、隐瞒毒品犯罪、黑社会性质的组织犯罪、恐怖活动犯罪、走私犯罪、贪污贿赂犯罪、破坏金融管理秩序犯罪、金融诈骗犯罪的所得及其产生的收益的来源和性质，而提供资金账户，将财产转换为现金、金融票据、有价证券，通过转账或者其他结算方式转移资金的，跨境转移资产的，或者以其他方式掩饰、隐瞒犯罪所得及其收益的来源和性质的行为。

25. 【答案】AC

【解析】A 项，内部审计部门向总审计师负责并报告工作。C 项，监事会对本银行内部审计工作进行监督，有权要求董事会和高级管理层提供审计方面的相关信息。

三、判断题

1. 【答案】B

【解析】商业银行利用衍生金融工具为主的表外工具来规避表内风险，是对表内资产负债综合管理的重要补充。表外工具的使用可以对表内工具的风险起到对冲作用，但衍生金融工具的使用本身也会带来风险。

2. 【答案】A

【解析】“贷放分控”是商业银行将贷款审批与贷款发放作为两个独立的业务环节，分别管理和控制，从而改变传统信贷业务操作中贷款审批与贷款发放不分的弊端，以达到降低信贷业务操作风险的目的。

3.【答案】B

【解析】撤销权自债权人知道或者应当知道撤销事由之日起一年内行使。自债务人的行为发生之日起五年内没有行使撤销权的，该撤销权消灭。

4.【答案】B

【解析】优先股股东一般没有投票权，从而不能参与公司的经营决策，也不享有表决权。

5.【答案】B

【解析】根据《金融机构大额交易和可疑交易报告管理办法》，金融机构同业拆借、在银行间债券市场进行的债券交易符合大额交易标准的，可以不予报告。

6.【答案】A

【解析】信用风险，即借款人或交易对手不能按照事先达成的协议履行义务的可能性。在商业银行发放外币贷款时，汇率波动可能导致借款人或交易对手不能按照事先达成的协议履行义务，使得商业银行面临的信用风险增加。

7.【答案】A

【解析】个人保险代理人、保险代理机构的代理从业人员、保险经纪人的经纪从业人员，应当具备国务院保险监督管理机构规定的资格条件，取得保险监督管理机构颁发的资格证书。个人保险代理人在代为办理人寿保险业务时，不得同时接受两个以上保险人的委托。

8.【答案】A

【解析】承兑是指汇票的付款人承诺负担票据债务的行为。承兑为汇票所独有，汇票的发票人和付款人之间是一种委托关系，发票人签发汇票，并不等于付款人就一定付款，持票人为确定汇票到期时能得到付款，在汇票到期前向付款人进行承兑提示。付款人签字承兑，就是对汇票的到期承担无条件付款责任。

9.【答案】A

【解析】信托公司是依法设立的、主要经营信托业务的金融机构。信托业务是指信托公司以营业和收取报酬为目的，以受托人身份承诺信托和处理信托事务的经营行为。我国信托行业经过多次大规模整顿、规范，信托公司数量也存在较大波动。

10.【答案】B

【解析】外汇交易既包括各种外国货币之间的交易，也包括本国货币与外国货币的兑换买卖。外汇交易既可满足企业贸易往来的结汇、售汇需求，也可供市场参与者进行投资或投机的交易活动。

银行业法律法规与综合能力(中级)
模拟试卷(二)

一、单选题(共80题，每小题0.5分，共40分，下列选项中只有一项最符合题目的要求，不选、错选均不得分)

1. 从1991年开始，美国联邦储备委员会及其他监管部门对骆驼评级体系进行重新评估时增加的内容是(　　)。
   A. 资本充足性　　B. 资产质量
   C. 市场风险敏感度　　D. 盈利水平
2. 一个市场中许多生产者生产同种但不同质产品，每个厂商都在市场上具有一定的垄断能力，但它们之间又存在着激烈的竞争，这种行业是指(　　)。
   A. 完全竞争的行业　　B. 寡头垄断的行业
   C. 完全垄断的行业　　D. 垄断竞争的行业
3. 连带保证的保证人与债权人未约定保证期间的，保证期间为主债务履行期满之日起(　　)。
   A. 6个月　　B. 2个月　　C. 3个月　　D. 1个月
4. 把缺乏流动性但具有未来现金流的金融资产汇集重组，转变为可在金融市场上出售和流通的证券，从而提高资产流动性的方法是(　　)。
   A. 资产置换　　B. 资产剥离　　C. 资产出售　　D. 资产证券化
5. 在我国，仲裁实行的是(　　)制度。
   A. 一裁终局　　B. 先裁后审　　C. 两裁终局　　D. 可裁可审
6. 下列关于流动资金贷款的表述，正确的是(　　)。
   A. 无须监督贷款资金是否按约定用途使用
   B. 可以用于借款人日常生产经营周转
   C. 可以用于股权投资
   D. 可以用于固定资产投资
7. 商业银行优质流动性资产充足率的最低监管标准为不低于(　　)。
   A. 200%　　B. 100%　　C. 140%　　D. 120%
8. (　　)作为一部专门的行业监督管理法，明确界定了我国银行业监督管理的目标、原则和职责等。
   A.《中华人民共和国中国人民银行法》　　B.《中华人民共和国商业银行法》
   C.《中华人民共和国银行业监督管理法》　　D.《中华人民共和国外资银行管理条例》
9. 在进行商业银行存款资金成本分析时，通常最受关注的指标是(　　)。
   A. 生息资产占比　　B. 资产规模　　C. 定活比　　D. 市值
10. 出票人签发的、委托出票人账户所在银行在见票时无条件支付确定金额给收款人或持票人的票据称为(　　)。
    A. 支票　　B. 汇票　　C. 汇款　　D. 本票
11. 下列关于商业银行经营的“三性”原则的表述，正确的是(　　)。

A. 以效益性、安全性、流动性为经营原则
B. 以安全性、效益性、流动性为经营原则
C. 以流动性、效益性、安全性为经营原则
D. 以安全性、流动性、效益性为经营原则

12. 下列金融犯罪中，单位不能成为犯罪主体的是(　　)。
A. 伪造金融票证罪　　B. 信用卡诈骗罪
C. 集资诈骗罪　　D. 信用证诈骗罪

13. 金融工具可分为债券工具、股权工具和混合工具，这是按照(　　)来划分的。
A. 融资方式　　B. 期限的长短
C. 投资者所拥有的权力　　D. 风险特征

14. 下列政策措施中，属于治理通货膨胀对策的是(　　)。
A. 减少税赋　　B. 降低法定存款准备金率
C. 调低利率　　D. 提高法定存款准备金率

15. 银团贷款业务中，由单家银行担任牵头行，其承担贷款份额原则上不少于银行融资总额的(　　)。
A. 10%　　B. 30%　　C. 50%　　D. 15%

16. 银行监管包括银行监督和银行管理的双重属性，下列属于银行管理的内容的是(　　)。
A. 对银行机构实施全面、经常性的检查和督促，促进银行依法稳健经营，安全可靠和健康地发展
B. 对银行市场运营状况进行系统的信息收藏和处理，以维护金融市场秩序
C. 对银行市场运营状况进行系统的信息收藏和处理，以防范金融风险
D. 对银行机构及其经营活动实行领导、组织、协调和控制

17. 通过提高票据发行便利来分散投资者风险的业务创新，属于(　　)的金融工具创新。
A. 信用创造型　　B. 流动性增强型　　C. 风险转移型　　D. 股权创造型

18. 下列关于各类风险的说法，正确的是(　　)。
A. 操作风险具有营利性，能为商业银行带来利润
B. 声誉风险被视为一种单一风险，与其他风险的关系不大
C. 我国商业银行资产业务面临的最主要风险是信用风险
D. 战略风险管理实施效果能够在较短的时间内显现出来

19. 下列属于商业银行最基本职能的是(　　)。
A. 提供金融服务　　B. 充当支付手段　　C. 充当信用中介　　D. 信用创造功能

20. 下列关于外汇标价方法的表述，正确的是(　　)。
A. 间接标价法又称为应付标价法　　B. 大多数国家采用直接标价法
C. 大多数国家采用间接标价法　　D. 直接标价法又称为应收标价法

21. 我国《企业破产法》在破产程序启动上采取(　　)原则。
A. 辩论主义　　B. 协同主义　　C. 职权主义　　D. 申请主义

22. 下列关于利率的表述，错误的是(　　)。
A. 名义利率没有考虑通货膨胀对利息的影响
B. 实际利率是名义利率扣除通货膨胀影响以后的利率
C. 反映借款成本和贷款收益的是名义利率

D. 在通胀条件下，实际利率是不易被观察到的

23. 关于利率市场化对商业银行影响的表述错误的是(　　)。

A. 影响商业银行的资产负债结构，降低了资本管理的难度

B. 把定价权交给了市场，对银行金融产品的定价能力和技术水平提出了更高的要求

C. 利率波动的不确定性影响银行存贷差的利润空间，对银行依赖利息收入的传统经营模式造成冲击

D. 改变商业银行外部经营环境，影响银行业的竞争格局，竞争日益激烈

24. 合格投资者投资于商业银行理财产品，单只权益类理财产品的金额不得低于(　　)万元人民币。

A. 20　　B. 30　　C. 100　　D. 40

25. 最新修订的我国《公司法》允许公司选择只设______、不设______的单层治理模式。(　　)

A. 监事会；董事会　　B. 股东会；董事会

C. 董事会；公司经理　　D. 董事会；监事会

26. 甲与乙约定，若乙考上大学，甲将其小提琴以1万元的价格卖给乙。后甲因善意第三人丙出价甚高，便将该小提琴出售于丙，且钱货两清。乙考上大学后，向甲求购小提琴未果而引发纠纷。对此，乙可以请求(　　)。

A. 甲赔偿乙所受损失　　B. 丙承担违约责任

C. 甲和丙负连带责任　　D. 丙返还该小提琴

27. 中央银行作为最后贷款人的主要目标是(　　)。

A. 提高贷款覆盖面　　B. 防范系统性金融风险

C. 防止贷款过度集中　　D. 降低资金成本

28. 下列选项中不属于科学的绩效考评的是(　　)。

A. 由高管和特殊岗位从业人员绩效考评转向个人与机构并重

B. 由财务会计数据转向财务会计与管理会计信息并重

C. 由单一指标转向综合指标

D. 由传统的财务指标转向财务与非财务指标(内控及合规等)并重

29. 以下关于借记卡特点的描述中，不正确的是(　　)。

A. 借记卡具有易用性和广泛的普及性，借记卡是电子贸易中最普遍使用的支付工具之一，也可以大大减少社会中的现金流通数量，加快资金周转速度，促进经济发展

B. 借记卡没有透支功能，安全保障弱于贷记卡

C. 借记卡申领手续简单，无须提供担保，客户持有有效身份证件均可申请办理

D. 借记卡比现金或支票携带安全、方便，可以免除携带现金的诸多不便，因而也就免去了客户丢失现金的风险

30. 在我国货币供应量划分的层次中，被称为狭义货币供应量的是(　　)。

A. M_1　　B. 流通中现金　　C. M_0　　D. M_2

31. 以下哪个情形不属于商业银行接管的终止情形(　　)。

A. 接管期限届满前，该商业银行被合并或被依法宣告破产

B. 接管期限届满前，该商业银行引入新的战略投资者

C. 接管期限届满前，该商业银行已恢复正常经营能力

D. 接管决定规定的期限届满

32. 商业票据属于(　　)。

A. 货币市场工具　B. 股票市场工具　C. 金融衍生工具　D. 资本市场工具

33. 商业银行可以直接利用的资本是(　　)。

A. 经济资本　B. 会计资本　C. 监管资本　D. 风险资本

34. 法国兴业银行的交易员盖维耶尔在未经授权的情况下大量购买欧洲股指期货，造成49亿欧元损失，该事件最终归结为银行业的(　　)。

A. 流动性风险　B. 法律风险　C. 战略风险　D. 操作风险

35. 债券投资名义收益率又称票面收益率，其计算公式是(　　)。

A. 票面利息/面值×100%　B. 出售价格/购买价格×100%

C. 票面利息/购买价格×100%　D. 票面利息/出售价格×100%

36. 关于我国公司资本制度的表述，错误的是(　　)。

A. 非货币资本不得高估作价

B. 股票发行价格不得低于票面金额

C. 公司设立时，资本必须由股东一次性实际缴足

D. 非货币出资的实际价额显著低于公司章程所定价额时，相关股东应承担责任

37. 在公司治理主体中，与董事会并列设置、代表股东大会行使监督董事会职能的机构是(　　)。

A. 合规部门　B. 内审部门

C. 风险管理委员会　D. 监事会

38. 操纵市场是指以获取利益或减少损失为目的，利用资金、信息等优势或滥用职权、影响证券市场价格，制造证券市场假象，诱导投资者在不了解事实真相的情况下作出证券投资决定，扰乱(　　)的行为。

A. 证券市场秩序　B. 证券市场法律　C. 证券发行市场　D. 证券交易市场

39. 金融市场的参与者通过买卖金融资产转移或接受风险，利用组合投资可以分散投资于单一金融资产所面临的非系统性风险，这属于金融市场的(　　)。

A. 风险分散与风险管理功能　B. 资源配置功能

C. 定价功能　D. 货币资金融通功能

40. 商业银行发行并购贷款，并购交易价款中并购贷款所占比例不应高于(　　)。

A. 40%　B. 50%　C. 30%　D. 60%

41. 下列属于商业银行存放在中央银行的资金的是(　　)。

A. 存款准备金　B. 库存现金　C. 同业款项　D. 央行票据

42. 当商业银行向中央银行借款时，对全社会的基础货币产生的影响是(　　)。

A. 对基础货币没有影响　B. 基础货币扩张

C. 与基础货币不相关　D. 基础货币收缩

43. 下列选项中，在计算资本充足率时应从核心一级资本中全额扣除的项目是(　　)。

A. 商誉　B. 超额贷款损失准备

C. 优先股　D. 实收资本

44. 境内商业银行买入外国可自由兑换的汇票时所使用的外汇牌价是(　　)。

A. 现汇买入价　B. 现钞卖出价　C. 现钞买入价　D. 现汇卖出价

45. 商业银行代理基金销售业务的委托人是(　　)。
A. 基金托管人　　B. 基金销售支付机构
C. 基金管理人　　D. 基金投资者
46. 根据金融犯罪的客体不同，可以将金融犯罪分为危害货币管理制度的犯罪、危害金融机构管理制度的犯罪和(　　)。
A. 危害金融安全管理制度的犯罪　　B. 危害金融业务管理制度的犯罪
C. 危害金融运行管理制度的犯罪　　D. 危害金融政策管理制度的犯罪
47. 商业银行的董事会应该对(　　)负责。
A. 行长　　B. 股东大会(股东会)
C. 董事会　　D. 职工代表大会
48. 借款人的义务不包括(　　)。
A. 接受借款以外的附加条件　　B. 按借款合同约定及时清偿贷款本息
C. 依法如实提供贷款人要求的资料　　D. 按照借款合同约定用途使用贷款
49. 抵押权人收取抵押财产的天然孳息或者法定孳息应当(　　)。
A. 先充抵债务人的其他债务　　B. 先补偿抵押权人
C. 先充抵收取孳息的费用　　D. 先充抵人民法院的执行费用
50. 商业银行支付给员工的基本薪酬一般不高于其薪酬总额的(　　)。
A. 40%　　B. 50%　　C. 35%　　D. 25%
51. 在同一标的物之上不能同时存在两个以上内容不相容的物权属于物权的(　　)法律特征。
A. 追及效力　　B. 优先效力　　C. 妨害排除效力　　D. 排他效力
52. 下列处罚措施属于刑事责任承担方式的是(　　)。
A. 警告　　B. 罚金　　C. 开除　　D. 罚款
53. 对采用一定的计量方法获得的市场风险规模设置限额的风险控制措施是(　　)。
A. 风险限额　　B. 交易限额　　C. 客户限额　　D. 止损限额
54. 对破产企业特定财产享有担保权利的债权人，可对该特定财产优先受偿，债权人的这种权利称为(　　)。
A. 取回权　　B. 撤销权　　C. 别除权　　D. 追回权
55. 下列金融犯罪中，犯罪主体属于特殊主体的是(　　)。
A. 吸收客户资金不入账罪　　B. 非法吸收公众存款罪
C. 高利转贷罪　　D. 伪造、变造金融票证罪
56. 关于实施非零售信用风险内部评级初级法的商业银行，需要自行估计下列哪一关键风险参数(　　)。
A. 违约风险暴露(EAD)　　B. 期限(M)
C. 违约概率(PD)　　D. 违约损失率(LGD)
57. 在商业银行公司治理中，负责具体执行董事会决策的是(　　)。
A. 董事会秘书　　B. 高级管理层　　C. 董事会办公室　　D. 董事
58. 违法发放贷款罪的犯罪主体是(　　)。
A. 银行信贷资金　　B. 信贷人员自有资金
C. 银行存款　　D. 银行或其他金融机构工作人员

59. 中央银行增加货币供应量时，可以采取的货币政策工具有(　　)。

A. 降低存款准备金率

B. 在公开市场上卖出有价证券

C. 通过窗口指导劝告商业银行减少贷款发放

D. 提高再贴现率

60. 对资本充足压力较大的银行来说，为提高资本充足率，商业银行可以采取的措施是(　　)。

A. 发行普通股　B. 处置资产瘦身　C. 发行优先股　D. 做大资产规模

61. 集资诈骗罪区别于非法集资的重要特征是(　　)。

A. 使用高端工具　B. 犯罪主体资格

C. 以非法占有他人财物为目的　D. 集资总量大

62. (　　)负责检查公司财务，并对董事、高级管理人员执行职务的行为进行监督，对违反法律、行政法规、公司章程或者股东会决议的董事、高级管理人员提出解任的建议。

A. 监事会　B. 合规部门　C. 内审部门　D. 董事会

63. 下列银行业犯罪中，其主观方面不是故意的是(　　)。

A. 受贿罪　B. 票据诈骗罪

C. 签订、履行合同失职被骗罪　D. 持有、使用假币

64. 关于中国人民银行买卖国库券，下列选项表述正确的是(　　)。

A. 买卖国库券会增加货币投放量　B. 流动性较弱

C. 买卖国库券的主要目的是筹集资金　D. 属于中国人民银行的公开市场业务

65. 金融市场的主体是(　　)。

A. 货币资金　B. 融资活动的参与者

C. 金融交易对象　D. 金融工具

66. 以人民币标明面值，以人民币认购和进行交易，供国内投资者买卖的股票是(　　)。

A. B 股　B. H 股　C. A 股　D. N 股

67. 下列选项中不属于非银行金融机构的是(　　)。

A. 货币经纪公司　B. 金融租赁公司　C. 信托公司　D. 村镇银行

68. 与一般信用证相比，备用信用证的特点在于(　　)。

A. 开证行不同　B. 开证行所承担的付款责任不同

C. 开证申请人不同　D. 受益人不同

69. 商业银行流动性资产余额与流动性负债余额的比例不得低于(　　)。

A. 70%　B. 25%　C. 80%　D. 75%

70. 与一般企业相比，商业银行的突出特点是(　　)。

A. 低负债经营　B. 全负债经营　C. 中负债经营　D. 高负债经营

71. 下列选项中不属于商业银行市场风险限额管理的是(　　)。

A. 客户限额　B. 止损限额　C. 交易限额　D. 风险价值限额

72. 在银行风险管理流程中，风险控制是指对经过识别和计量的风险采取(　　)等措施，进行有效管理和控制的过程。

A. 分散、担保、抵押、定价和缓释　B. 分散、对冲、转移、规避和补偿

C. 监测、对冲、转移、规避和补充　　D. 监测、分散、转移、规避和补偿

73. 商业银行内部控制的目标不包括(　　)。

A. 确保国家法律法规和商业银行内部规章制度的贯彻执行

B. 确保资产负债业务快速发展

C. 确保商业银行发展战略和经营目标的全面实施和充分实现

D. 确保业务记录、财务信息和其他管理信息的及时、真实和完整

74. 一物一权原则的含义是(　　)。

A. 一个物上不能同时设立两个或者两个以上在性质上相互排斥或内容上不相容的物权

B. 物权受法律保护

C. 不动产物权的设立、变更、转让和消灭，应当依照法律法规登记

D. 物权的种类和内容由法律规定

75. 从民事法律行为来说，甲商业银行授权其业务经理乙与客户商谈业务并签订合同，该代理属于(　　)。

A. 指定代理　　B. 委托代理　　C. 业务代理　　D. 法定代理

76. 信托法律关系中的受益人由(　　)指定。

A. 受托人　　B. 信托公司　　C. 委托人　　D. 信托财产管理人

77. 明知是伪造、变造的汇票、本票、支票而使用，涉嫌构成(　　)。

A. 金融凭证诈骗罪　　B. 伪造、变造金融票证罪

C. 挪用资金罪　　D. 票据诈骗罪

78. 银行监管的首要环节是(　　)。

A. 现场检查　　B. 市场准入　　C. 非现场监管　　D. 信息披露

79. 在诉讼时效期间进行中，因发生法定事由，致使已经经过的时效期间统归无效，待时效中断的事由消除后，诉讼时效期间重新起算的制度是(　　)。

A. 诉讼时效终止　　B. 诉讼时效延长　　C. 诉讼时效中断　　D. 诉讼时效中止

80. 银行以各种理由和借口限制、误导银行业消费者进行自主决策，侵犯了消费者的(　　)。

A. 隐私权　　B. 自主选择权　　C. 安全权　　D. 知情权

二、多选题(共25题，每小题2分，共50分，下列选项中有两项或两项以上符合题目要求，多选、少选、错选均不得分)

1. 商业银行的战略风险主要来源于(　　)。

A. 为实现银行战略目标而制定的经营战略存在缺陷

B. 为实现战略目标和经营目标所需要的资源匮乏

C. 银行战略目标缺乏整体兼容性

D. 国家政局变动和政策变动

E. 战略实施过程的质量难以保证

2. 银行在计量信用风险经济资本过程中，通常需要考虑的要素有(　　)。

A. 违约概率(PD)　　B. 违约风险暴露(EAD)

C. 违约损失率(LGD)　　D. 贷款的规模(R)

E. 期限(M)

3. 下列关于普惠金融的表述，正确的有(　　)。

A. 重点服务对象有大型企业、小微企业、农民、城镇居民等
B. 要发挥财政担保体系对发展普惠金融的支持作用
C. 明显增强人民群众对金融服务的获得感
D. 有利于促进创业创新和就业
E. 要立足机会平等要求和商业可持续原则

4. 银行信息披露的方式包括(　　)。
A. 致股东的信　　B. 内部邮件　　C. 新闻发布会　　D. 新闻媒体
E. 年报

5. 下列国际收支内容记入国际收支平衡表经常账户的有(　　)。
A. 从境外获得的旅游收入　　B. 国外政府的捐赠款项
C. 某外国企业的服务收入　　D. 某进出口企业的货物收入
E. 某跨国企业从国外获得的银行借款

6. 下列选项中，商业银行可用以提高资本充足率的途径有(　　)。
A. 发行普通股　　B. 增加存款
C. 增加对非自用不动产和企业的再投资　　D. 收购银行
E. 提高留存利润

7. 下列关于外汇交易的表述，正确的有(　　)。
A. 包括本国货币和外国货币的兑换买卖
B. 包括各种外国货币之间的交易
C. 可以供市场参与者进行投资的交易活动
D. 可以分为即期外汇交易和远期外汇交易
E. 服务于企业贸易往来的结汇、售汇需求

8. 进口方银行为进口商提供的国际贸易融资服务包括(　　)。
A. 进口押汇　　B. 国际保理　　C. 提货担保　　D. 福费延
E. 减免保证金开证

9. 下列关于我国公司资本制度的表述，错误的有(　　)。
A. 公司增加或减少注册资本，须进行相应的变更登记
B. 资本法定
C. 公司增加或减少注册资本，须由公司董事会作出决议
D. 非货币资本可适当高估作价
E. 股票发行价格不得低于票面金额

10. 要约失效的情形有(　　)。
A. 受要约人对要约内容作出非实质性变更
B. 拒绝要约的通知到达要约人
C. 受要约人对要约内容作出实质性变更
D. 要约人依法撤销要约
E. 承诺期限届满，受要约人未作出承诺

11. 下列银行中，(　　)可以作为政策性银行金融债券的发行主体。
A. 中国进出口银行　　B. 中国出口信用保险公司

C. 中国人民银行　　D. 中国农业发展银行

E. 中国农业银行

12. 下列选项中，属于商业银行市场风险的有(　　)。

A. 利率风险　　B. 抵押品价格变动风险

C. 股票价格风险　　D. 汇率风险

E. 商品价格风险

13. 下列属于长期金融工具的有(　　)。

A. 银行间债券回购协议　　B. 可转让大额存单

C. 企业债券　　D. 股票

E. 商业票据

14. 下列选项中，属于债券间接发行优点的有(　　)。

A. 债券发行迅速稳定　　B. 节省承销、包销费用

C. 节约发行成本　　D. 有利于按期完成发行任务

E. 直接向投资者推销

15. 根据资本市场估值理论，决定商业银行市场价值的主要因素有(　　)。

A. 经济资本回报率　　B. 银行的净现金流量

C. 获取现金流量的时间　　D. 现金流量相关的风险

E. 银行的投入产出比

16. 中央银行作为政府的银行，其含义主要包括(　　)。

A. 对商业银行提供信贷　　B. 代表国家贯彻执行金融政策

C. 代为管理财政收支　　D. 通过调控货币流通，稳定币值

E. 为国家提供各种金融服务

17. 在银行为国际贸易提供支付结算时，通常采用的结算方式是(　　)。

A. 汇款　　B. 托收　　C. 汇票　　D. 信用证

E. 本票

18. 下列关于商业银行债券投资风险的表述，错误的有(　　)。

A. 依赖外部机构评级报告

B. 高风险债券须重点关注

C. 可忽视债券投资在极端情形下可能无法变现的风险

D. 配备合格的债券投资评级工作人员

E. 商业债券投资的风险不包括流动性风险

19. 根据《中华人民共和国行政强制法》，以下属于行政强制措施的有(　　)。

A. 冻结存款、汇款　　B. 查封场所、设施或者财物

C. 扣押财物　　D. 限制公民人身自由

E. 行政拘留

20. 根据《中华人民共和国民法典》的规定，下列属于非法人组织的有(　　)。

A. 有限责任公司　　B. 不具有法人资格的专业服务机构

C. 中外合作经营企业、外资企业　　D. 合伙企业

E. 个人独资企业

21. 下列关于遗嘱继承和法定继承的表述，正确的有(　　)。

A. 遗嘱只有经过公证才优先于法定继承

B. 法定继承优先于遗嘱继承

C. 遗嘱继承中，应给缺乏劳动能力又没有生活来源的法定继承人保留必要的遗产份额

D. 在遗产分割时，胎儿无相应的应继份额

E. 公民可以立遗嘱将个人资产赠给国家集体或者法定继承人以外的人

22. 下列指标通常用于反映银行盈利水平的有(　　)。

A. 每股收益　　B. 净息差

C. 平均净资产回报率　　D. 拨备覆盖率

E. 市盈率

23. 下列行为中，可以构成信用证诈骗罪的有(　　)。

A. 使用伪造、变造的信用证或者附随的单据、文件的

B. 使用作废的信用证的

C. 骗取信用证的

D. 利用为不清洁提单提供保函的方法换取清洁提单以开具信用证的

E. 以其他方法进行信用证诈骗活动的

24. 公司终止的情形有(　　)。

A. 公司章程规定的营业期限届满解散　　B. 因公司被依法撤销而解散

C. 公司破产　　D. 股东会决议解散

E. 因被吊销营业执照而解散

25. 风险计量是提高银行精细化管理水平的重要基础。下列领域中，可以充分应用风险计量的结果的有(　　)。

A. 客户准入　　B. 绩效考核　　C. 限额管理　　D. 风险定价

E. 经济资本

三、**判断题**(共 10 题，每小题 1 分，共 10 分，请对下列各题的描述做出判断，正确请选 A，错误请选 B)

1. 商业银行的代客理财资金不得用于本行自营业务。(　　)
2. 破产人所欠职工工资优先于破产人所欠税款受偿。(　　)
3. 目前德国的银行监管体制是分业监管模式。(　　)
4. 中央银行对商业银行的贷款，从货币流通的角度看，是投放了基础货币，直接影响社会货币流通量和信贷总规模。(　　)
5. 信托业务是指信托公司以营业和收取报酬为目的，以受托人身份承诺信托和处理信托事务的经营行为。(　　)
6. 公司治理有效性是商业银行健康可持续发展的基石。(　　)
7. 未经国务院证券监督管理机构或国务院授权的其他部门注册，上市公司不得发行可转化为股票的公司债券。(　　)
8. 声誉风险被视为一种单一风险，与其他风险的关系不大。(　　)
9. 在债券承销的方式中，代销最为常见。(　　)
10. 高级管理层仅需对董事会负责，无需接受监事会监督。(　　)

参考答案及详解

一、单选题

1. 【答案】C

   【解析】从1991年开始，美国联邦储备委员会及其他监管部门对骆驼评级体系进行了重新修订。增加了第六个评估内容，即市场风险敏感度，主要考察利率、汇率、商品价格及股票价格的变化，对金融机构的收益或资本可能产生不良影响的程度。

2. 【答案】D

   【解析】垄断竞争的行业是指一个市场中许多生产者生产同种但不同质产品的市场情形。在垄断竞争的市场上，每个厂商都在市场上具有一定的垄断能力，但它们之间又存在激烈的竞争。其特点是：生产者众多，各种生产资料可以流动；生产的产品同种但不同质，即产品之间存在差异；由于产品差异性的存在，生产者可以树立自己产品的信誉，从而对自己经营的产品的价格有一定的控制力。

3. 【答案】A

   【解析】债权人与保证人可以约定保证期间，但是约定的保证期间早于主债务履行期限或者与主债务履行期限同时届满的，视为没有约定；没有约定或者约定不明确的，保证期间为主债务履行期限届满之日起6个月。

4. 【答案】D

   【解析】资产证券化是指把缺乏流动性，但具有未来现金流的资产汇集起来，通过结构性重组，将其转变为可以在金融市场上出售和流通的证券，据以融通资金的机制和过程。A项，资产置换是指上市公司的控股股东以优质资产或现金置换上市公司的呆滞资产，或以主营业务资产置换非主营业务资产等情况，包括整体资产置换和部分资产置换等形式。B项，资产剥离是指在企业股份制改制过程中将原企业中不属于拟建股份制企业的资产、负债从原有的企业账目中分离出去的行为。C项，资产出售是指资产所有人以资产所有权换取现金、股票或其他有价证券的一种交易行为。

5. 【答案】A

   【解析】仲裁应当根据事实，符合法律规定，公平合理地解决纠纷。仲裁依法独立进行，不受行政机关、社会团体和个人的干涉。仲裁实行的是一裁终局制度。裁决作出后，当事人就同一纠纷再申请仲裁或者向人民法院起诉的，仲裁委员会或者人民法院不予受理。

6. 【答案】B

   【解析】A项，商业银行在发放流动资金贷款前应确认借款人满足合同约定的提款条件，并按照合同约定通过商业银行受托支付或借款人自主支付的方式对贷款资金的支付进行管理与控制，监督贷款资金按约定用途使用。BCD三项，流动资金贷款用途限于借款人日常生产经营周转，即用来弥补营运资金的不足。商业银行应与借款人约定明确、合法的贷款用途，不得将流动资金贷款用于股东分红、金融资产、固定资产、股权等投资，不得用于国家禁止生产、经营的领域和用途。

7. 【答案】B

【解析】优质流动性资产充足率监管指标旨在确保商业银行保持充足的、无变现障碍的优质流动性资产，在压力情况下，银行可通过变现这些资产来满足未来30天内的流动性需求。其计算公式为：

$$优质流动性资产充足率 = 优质流动性资产 \div 短期现金净流出$$

优质流动性资产充足率的最低监管标准为不低于100%。

8. 【答案】C

【解析】银行业监管规则体系主要由法律、行政法规、部门规章、规范性文件四个层次构成。银行业监管法律中，《中华人民共和国银行业监督管理法》作为一部专门的行业监督管理法，明确界定了我国银行业监督管理的目标、原则和职责等。

9. 【答案】C

【解析】定期存款与活期存款占总存款的比重(定活比)，是进行存款资金成本分析时最受关注的指标。

10. 【答案】A

【解析】支票是出票人签发的、委托办理支票存款业务的银行在见票时无条件支付确定的金额给收款人或者持票人的票据。B项，汇票是出票人签发的，委托付款人在指定付款日期无条件支付确定金额给收款人或持票人的票据。C项，汇款是汇款人委托银行将其款项支付给收款人的结算方式。D项，银行本票是银行签发的，承诺自己在见票时无条件支付确定的金额给收款人或者持票人的票据。

11. 【答案】D

【解析】商业银行经营的“三性”原则紧密关联，相互依存，但商业银行作为吸收存款的金融机构，因其负债经营的性质，所以商业银行“三性”中，效益性劣后于安全性、流动性，而安全性又优先于流动性。

12. 【答案】B

【解析】B项，信用卡诈骗罪是指使用伪造的信用卡，或者使用以虚假的身份证明骗领的信用卡，或者使用作废的信用卡，或者冒用他人的信用卡，或者利用信用卡恶意透支进行诈骗活动，数额较大的行为。信用卡诈骗罪主体是一般主体，仅为自然人，单位不构成本罪。

13. 【答案】C

【解析】按期限的长短划分，金融工具分为短期金融工具和长期金融工具。按融资方式划分，金融工具可分为直接融资工具和间接融资工具。按投资者所拥有的权利划分，金融工具可分为债权工具、股权工具和混合工具。债权工具的代表是债券，股权工具的代表是股票，混合工具的代表是可转换公司债券和证券投资基金。

14. 【答案】D

【解析】中央银行可以直接减少基础货币投放，达到减少货币供应量的目的。也可以提高法定存款准备金率，使商业银行的超额准备金减少，贷款能力减弱，货币乘数降低，派生存款数量减少，达到收缩货币供应量的目的。

15. 【答案】D

【解析】银团贷款牵头行是指经借款人同意，负责发起组织银团、分销银团贷款份额的银行。单家银行担任牵头行时，其承贷份额原则上不少于银团融资总金额的15%；分销给其他银团贷款成员的份额原则上不低于30%。

16. 【答案】D

【解析】银行管理是指监管部门依法对辖内银行机构及市场进行管理(包括市场体系的构建、市场规则的制定和对市场违规行为的处罚等)，对银行机构及其经营活动实行领导、组织、协调和控制等。ABC三项属于银行监督的内容。

17. 【答案】A

【解析】信用创造型金融工具包括用短期信用来实现中期信用、分散投资者风险的票据发行便利等。

18. 【答案】C

【解析】商业银行面临的主要风险是信用风险，即借款人或交易对手不能按照事先达成的协议履行义务的可能性。A项，操作风险具有普遍性，广泛存在于银行业务和管理的各个方面。操作风险还具有非营利性，它并不能为商业银行带来利润。B项，声誉风险可能产生于商业银行运营的任何环节，通常与信用风险、市场风险、操作风险、流动性风险交叉存在，相互作用。D项，战略风险是指商业银行在追求短期商业目的和长期发展目标的系统化管理过程中，不适当的发展规划和战略决策可能威胁商业银行未来发展的潜在风险，战略风险管理实施效果无法在较短的时间内显现出来。

19. 【答案】C

【解析】充当信用中介是银行最基本的职能。银行通过吸收存款，动员和集中社会上一切闲置的货币资本，然后又通过放款把这些货币资本贷放给需要资本的企业使用。这样，银行就成了货币资本的贷出者和借入者之间的中介人。

20. 【答案】B

【解析】直接标价法又称为应付标价法，间接标价法又称为应收标价法。目前，世界上绝大多数国家都采用直接标价法，我国人民币汇率也采用这种标价方法。

21. 【答案】D

【解析】我国《企业破产法》在破产程序启动上采取申请主义原则。人民法院根据破产申请人的申请而启动破产程序。无人申请时，人民法院不得自行启动破产程序。

22. 【答案】C

【解析】名义利率是以名义货币表示的对物价变动因素未作剔除的利率，通常是指商业银行和其他金融机构对社会公布的挂牌利率。实际利率是指名义利率扣除当期通货膨胀率之后的真实利率。它们的区别在于：名义利率没有考虑通货膨胀对利息的影响，而实际利率考虑通货膨胀风险因素的补偿。在通货膨胀条件下，实际利率是不易被直接观察到的，反映借款成本和贷款收益的是实际利率而不是名义利率。

23. 【答案】A

【解析】A项，利率市场化影响商业银行的资产负债结构，增加了商业银行的资本管理难度。

24. 【答案】C

【解析】合格投资者投资于单只固定收益类理财产品的金额不得低于30万元人民币，投资于单只混合类理财产品的金额不得低于40万元人民币，投资于单只权益类理财产品、单只商品及金融衍生品类理财产品的金额不得低于100万元人民币。

25.【答案】D

【解析】最新修订的我国《公司法》允许公司选择只设董事会、不设监事会的单层治理模式，实现公司治理结构由“双层制”到“单双并行”。

26.【答案】A

【解析】甲、乙之间签订的是附生效条件的买卖合同。乙考上大学后，买卖合同的条件成就，合同生效，乙有权要求甲交付小提琴。甲未向乙履行交付义务的，应对乙承担违约责任，赔偿乙因不能得到小提琴而遭受的损失。

27.【答案】B

【解析】最后贷款人的主要目标是防范系统性金融风险，属于全局性目标，提供的是一种紧急资金援助或者支持，这种援助或支持不是政府为银行危机买单，而是体现为政府作为行政力量在市场经济行为中的一种宏观调控作用，而作用方式则具有救助性。

28.【答案】C

【解析】科学的绩效考评具有四个特点：①由传统的财务指标转向财务与非财务指标(内控及合规等)并重；②由财务会计数据转向财务会计与管理会计信息并重；③由单一指标转向单一指标与综合指标(如风险调整后收益指标等)并重；④由高管和特殊岗位从业人员(如交易员)绩效考评转向个人与机构并重。

29.【答案】B

【解析】B项，借记卡具有和信用卡一样的安全保障。如遗失借记卡或怀疑卡被盗，可立即向银行挂失，防止他人盗用以降低损失。

30.【答案】A

【解析】M_1被称为狭义货币，是现实购买力；M_2被称为广义货币；M_2与M_1之差被称为准货币，是潜在购买力。

31.【答案】B

【解析】依照《商业银行法》，有下列情形之一的，接管终止：①接管决定规定的期限届满或者国务院银行业监督管理机构决定的接管延期届满；②接管期限届满前，该商业银行已恢复正常经营能力；③接管期限届满前，该商业银行被合并或者被依法宣告破产。

32.【答案】A

【解析】货币市场是短期资金融通市场，其融通的资金主要用于周转和短期投资，因为其偿还期短、流动性强、风险小，与货币相差不多，此类金融工具往往被当做货币的替代品，因此称该市场为货币市场。我国货币市场主要包括银行间同业拆借市场、银行间债券回购市场和票据市场等。

33.【答案】B

【解析】银行常用的资本概念主要包括：①账面资本，又称为会计资本，其金额等于资产减去负债后的余额，账面资本反映了银行实际拥有的资本水平，是银行可以直接利用的资本。②监管资本，它涉及两个层次的概念：一是银行实际持有的符合监管规定的合格资本；二是银行按照监管要求应当持有的最低资本量或最低资本要求。③经济资本，它是根据银行资产的风险程度计算出来的虚拟资本，即银行所“需要”的资本，或“应该持有”的资本，而不是银行实实在在拥有的资本。

34.【答案】D

【解析】操作风险是指由于内部程序、员工、信息科技系统存在问题以及外部事件造成损失的风险，包括法律风险，但不包括战略风险和声誉风险。题中该交易员在未经授权的情况下买入欧洲股指期货造成巨额损失就属于不完善或有问题的内部程序造成的操作风险。

35. 【答案】A

【解析】名义收益率又称票面收益率，是票面利息与面值的比率，其计算公式是：名义收益率 = 票面利息/面值 ×100% 。

36. 【答案】C

【解析】C 项，公司设立时，其资本必须以章程加以确定，并应由股东认足、缴足(或募足)，其目的在于使公司在成立时就有稳固的财产基础。《公司法》允许公司资本的分批缴纳。

37. 【答案】D

【解析】监事会是商业银行的内部监督机构，对股东大会负责。除依据《公司法》等法律法规和商业银行章程履行职责外，还应当重点监督评估本行的发展战略、经营决策、风险管理和内部控制，董事的选聘程序，全行薪酬管理制度及高级管理人员薪酬方案的科学性、合理性等。

38. 【答案】A

【解析】操纵市场是指以获取利益或减少损失为目的，利用资金、信息等优势或滥用职权，影响证券市场价格，制造证券市场假象，诱导投资者在不了解事实真相的情况下作出证券投资决定，扰乱证券市场秩序的行为。

39. 【答案】A

【解析】风险分散与风险管理功能指金融市场上的金融工具能够为投资者提供保值和增值的途径，多元化的金融工具也为投资者提供了分散风险的可能。金融市场的参与者通过买卖金融资产转移或者接受风险，利用组合投资可以分散那些投资于单一金融资产所面临的非系统性风险。

40. 【答案】D

【解析】商业银行开办并购贷款需符合专门的风险管理要求，并购交易价款中并购贷款所占比例不应高于 60% 。

41. 【答案】A

【解析】存款准备金是商业银行为保证客户提取存款和资金清算需要而准备的资金。商业银行存款准备金分为法定存款准备金和超额存款准备金。

42. 【答案】B

【解析】扩张的货币政策主要是通过降低法定存款准备金率、降低再贴现率、公开市场买入有价证券等手段，以增加商业银行的超额准备金、增加基础货币，扩大货币乘数，增加社会货币供给总量。商业银行向中央银行借款，增加了商业银行的存款准备，从而使基础货币扩张。

43. 【答案】A

【解析】计算资本充足率时，商业银行应当从核心一级资本中全额扣除一些不具备损失吸收能力的项目，主要包括商誉、其他无形资产(土地使用权除外)，由经营亏损引起的净递延税资产、贷款损失准备缺口、资产证券化销售利得、确定受益类的养老金资产净额、直接或间接持有本银行的股票、商业银行自身信用风险变化导致其负债公允价值变化带来的未实现损益、审慎估值调整等。

44. 【答案】A

【解析】银行外汇牌价表中的现汇买入价/现钞买入价/现汇卖出价/现钞卖出价都是以银行为主体的表示方法。现汇是指可自由兑换的汇票、支票等外币票据；现钞是具体的、实在的外国纸币、硬币。其中：①现汇买入价（汇买价）是银行买入外汇的价格；②现钞买入价（钞买价）是银行买入外币现钞的价格；③现汇卖出价（汇卖价）是银行卖出外汇的价格；④现钞卖出价（钞卖价）是银行卖出外币现钞的价格。

45. 【答案】C

【解析】在基金代销业务中，商业银行作为代理销售机构，与基金管理人签订代销协议，代表基金管理人向投资者销售基金产品。基金销售收入归属于基金管理人，商业银行则收取代理费用。

46. 【答案】B

【解析】金融犯罪是指行为人违反国家金融管理法规，破坏国家金融管理秩序，使公私财产权利遭受严重损失，根据《刑法》规定应受惩罚的行为。根据金融犯罪侵犯的客体不同，可以分为危害货币管理制度的犯罪、危害金融机构管理制度的犯罪、危害金融业务管理制度的犯罪。

47. 【答案】B

【解析】董事会职权由董事会集体行使，对股东大会负责，对商业银行经营和管理承担最终责任。除依据《公司法》等法律法规和商业银行章程履行职责外，还应当重点关注银行的经营发展战略、风险容忍度、风险管理和内部控制政策、资本规划、公司治理与信息披露等，监督并确保高级管理层有效履行管理职责，维护存款人和其他利益相关者的合法权益。

48. 【答案】A

【解析】B项，贷款是指经批准可以经营贷款业务的金融机构对借款人提供的并按约定的利率和期限还本付息的货币资金。CD两项，诚信申贷的实质包含两方面的内容：①借款人恪守诚实守信原则，按照贷款人要求的具体方式和内容提供贷款申请材料，并且承诺所提供材料是真实、完整、有效的；②借款人应证明其设立合法、经营管理合规合法、信用记录良好、贷款用途明确合法以及还款来源明确合法等。

49. 【答案】C

【解析】债务人不履行到期债务或者发生当事人约定的实现抵押权的情形，致使抵押财产被人民法院依法扣押的，自扣押之日起，抵押权人有权收取该抵押财产的天然孳息或者法定孳息，但是抵押权人未通知应当清偿法定孳息义务人的除外。孳息应当先充抵收取孳息的费用。

50. 【答案】C

【解析】商业银行的薪酬由固定薪酬、可变薪酬、福利性收入等构成。其中，固定薪酬即基本薪酬，是商业银行为保障员工基本生活而支付的基本报酬，包括津补贴，主要根据员工在商业银行经营中的劳动投入、服务年限、所承担的经营责任及风险等因素确定。商业银行的基本薪酬一般不高于其薪酬总额的35%。

51. 【答案】D

【解析】物权具有排他性。物权的排他性一方面是指物权具有不容他人侵犯的性质，另一方面是指同一物上不得同时成立两个内容不相容的物权。

52. 【答案】B

【解析】我国的刑罚可以分为主刑和附加刑。主刑包括管制、拘役、有期徒刑、无期徒刑和死刑；附加刑包括罚金、剥夺政治权利和没收财产。

53. 【答案】A

【解析】常用的市场风险限额包括交易限额、风险限额和止损限额。其中，风险限额是指对采用一定的计量方法获得的市场风险规模设置限额，例如对采用内部模型法计量得出的风险价值设定的风险价值限额，对期权性头寸设定的期权性头寸限额等。

54. 【答案】C

【解析】我国企业破产法中规定的与破产债权相关的三种权力分别为：①取回权，人民法院受理破产申请后，债务人占有的不属于债务人的财产，该财产的权利人可以通过管理人取回；②别除权，对破产人的特定财产享有担保权的权利人，对该特定财产享有优先受偿的权利；③抵销权，债权人在破产申请受理前对债务人负有债务的，可以向管理人主张抵销。

55. 【答案】A

【解析】A项，吸收客户资金不入账罪的犯罪主体是特殊主体，为银行或者其他金融机构及其工作人员；BCD三项金融犯罪的犯罪主体是一般主体，包括自然人和单位。

56. 【答案】C

【解析】内部评级法分为初级内部评级法和高级内部评级法。二者的区别有：①初级内部评级法下，银行自行估计违约概率，但要根据监管部门提供的规则计算违约损失率、违约风险暴露和期限；②高级内部评级法下，银行可自行估计违约概率、违约损失率、违约风险暴露和期限。对于零售信用风险暴露，不区分初级法和高级法，即银行都要自行估计违约概率、违约损失率、违约风险暴露和期限。

57. 【答案】B

【解析】高级管理层根据商业银行章程及董事会授权开展经营管理活动，确保银行经营与董事会所制定批准的发展战略、风险偏好及其他各项政策相一致。

58. 【答案】D

【解析】违法发放贷款罪是指银行或者其他金融机构的工作人员，违反国家规定发放贷款，造成重大损失的行为。本罪主体是特殊主体，即银行或者其他金融机构及其工作人员。本罪主体是特殊主体，即银行或者其他金融机构及其工作人员。

59. 【答案】A

【解析】当中央银行降低法定存款准备金率时，商业银行需要上缴中央银行的法定存款准备金减少，可直接运用的超额准备金增加。商业银行的可用资金增加，在其他情况不变的条件下，商业银行贷款或投资提高，引起存款的数量扩张，导致货币供应量增加。BCD三项会导致货币供应量减少。

60. 【答案】B

【解析】商业银行要提高资本充足率，主要有增加资本、降低总的风险加权资产两个途径。对资本补充能力不足、资本充足压力较大、陷入危机的银行来说，出于持续经营、维护市场信心的需要，就必须采取处置资产瘦身的措施。

61. 【答案】C

【解析】集资诈骗罪主观方面是故意，且要求是以非法占有为目的。是否具有非法占有他人财物的目的，是本罪区别于非法集资等行为(主要指《刑法》第一百七十六条规定的非法吸收公众存款罪、第一百七十九条规定的擅自发行股票、公司、企业债券罪等)的重要特征之一。

62. 【答案】A

【解析】监事会(不设监事会的公司为监事)是公司的法定监督机构，负责检查公司财务，并对董事、高级管理人员执行职务的行为进行监督，对违反法律、行政法规、公司章程或者股东会决议的董事、高级管理人员提出解任的建议。根据最新修订的《公司法》，公司可以按照公司章程的规定在董事会中设置由董事组成的审计委员会，行使《公司法》规定的监事会的职权，不设监事会或者监事。

63. 【答案】C

【解析】犯罪主观方面是指犯罪主体对自己危害行为及其危害结果所持的心理态度。行为人的罪过(包括故意和过失)是一切犯罪构成都必须具备的主观方面要件，有些犯罪的构成还要求行为人主观上具有特定的犯罪目的。C 项，签订、履行合同失职被骗罪的主观方面是过失。

64. 【答案】D

【解析】中央银行公开市场业务买卖的证券主要是政府公债和国库券。与一般金融机构所从事的证券买卖不同，中央银行买卖证券的目的不是盈利，而是调控经济。当中央银行需要增加货币供应量时，可利用公开市场操作买入证券，增加商业银行的超额准备金，通过商业银行存款货币的创造功能，最终导致货币供应量的多倍增加。同时，中央银行买入证券还可导致证券价格上涨，市场利率下降。反之则相反。

65. 【答案】B

【解析】金融市场的主体是各类融资活动的参与者，它们既是资金的供应者，也是资金的需求者。

66. 【答案】C

【解析】我国的股票根据上市地点及股票投资者的不同，分为 A 股、B 股、H 股、N 股等几种。A 股是以人民币标明面值、以人民币认购和进行交易、供国内投资者买卖的股票。A 项，B 股又称为人民币特种股票，是指以人民币标明面值、以外币认购和进行交易、专供外国和我国香港、澳门、台湾地区的投资者买卖的股票；B 项，H 股是指由中国境内注册的公司发行、直接在中国香港上市的股票；D 项，N 股是指由中国境内注册的公司发行、直接在美国纽约上市的股票。

67. 【答案】D

【解析】非银行金融机构包括金融资产管理公司、企业集团财务公司、信托公司、金融租赁公司、汽车金融公司、货币经纪公司、消费金融公司、贷款公司等。D 项，村镇银行属于银行类金融机构。

68. 【答案】B

【解析】备用信用证与其他信用证相比，其特征是在备用信用证业务关系中，开证行通常是第二付款人，即只有借款人发生意外才会发生资金的垫付。而在一般信用证业务中，只要受益人所提供的单据和信用证条款一致，不论申请人是否履行其义务，银行都要承担对受益人的第一付款责任。

69. 【答案】B

【解析】流动性比例的计算公式为：流动性比例 = 流动性资产余额 ÷ 流动性负债余额。流动性比例的最低监管标准为不低于 25%。

70. 【答案】D

【解析】与其他一般企业相比，银行的突出特点是高负债经营，融资杠杆率很高，资本所占比重较低，承担的风险较大，因此资本所肩负的责任和发挥的作用更为重要。

71. 【答案】A

【解析】商业银行实施市场风险管理的主要目的是，确保将所承担的市场风险规模控制在可以承受的合理范围内，使所承担的市场风险水平与其风险管理能力和资本实力相匹配。市场风险的管控手段包括限额管理和风险对冲。其中，常用的市场风险限额包括交易限额、风险限额和止损限额。风险限额可采用风险价值限额、期权性头寸限额等。

72. 【答案】B

【解析】商业银行的风险管理流程可以概括为风险识别、风险计量、风险监测和风险控制四个主要环节。其中，风险控制是对经过识别和计量的风险采取分散、对冲、转移、规避和补偿等措施，进行有效管理和控制的过程。

73. 【答案】B

【解析】商业银行内部控制的目标包括四个方面：①保证国家有关法律法规及规章的贯彻执行；②保证商业银行发展战略和经营目标的实现；③保证商业银行风险管理的有效性；④保证商业银行业务记录、会计信息、财务信息和其他管理信息的真实、准确、完整和及时。

74. 【答案】A

【解析】物权是权利人依法对特定的物享有直接支配和排他的权利，包括所有权、用益物权和担保物权。一物一权原则是指：①一个物之上只能设立一个所有权而不能同时设立两个以上的所有权；②在一个物上不能同时设立两个或者两个以上在性质上相互排斥或内容上不相容的物权。

75. 【答案】B

【解析】根据《民法典》第一百六十三条的规定，代理包括委托代理和法定代理。委托代理是根据委托人的委托授权而产生的代理关系；法定代理是根据法律的规定而直接产生的代理关系，主要是为保护无民事行为能力人和限制民事行为能力人的合法权益而设定。本题中，甲商业银行是委托人，业务经理乙是代理人，此种代理属于委托代理。

76. 【答案】C

【解析】委托人是信托关系的创设者，应当是具有完全民事行为能力的自然人、法人或依法成立的其他组织。委托人提供信托财产，确定谁是受益人以及受益人享有的受益权。

77. 【答案】D

【解析】票据诈骗罪客观方面表现为：①明知是伪造、变造的汇票、本票、支票而使用；②明知是作废的汇票、本票、支票而使用；③冒用他人的汇票、本票、支票；④签发空头支票或者与其预留印鉴不符的支票，骗取财物；⑤汇票、本票的出票人签发无资金保证的汇票、本票或者在出票时作虚假记载，骗取财物。

78. 【答案】B

【解析】市场准入是金融机构获得许可证的过程，各国对金融机构实行监管都是从实行市场准入管制开始的。

79. 【答案】C

【解析】诉讼时效中断是指在诉讼时效期间进行中，因发生法定事由，致使已经经过的时效期间统归无效，待时效中断的事由消除后，诉讼时效期间重新起算。诉讼时效中止是指在诉讼时效进行中，因发生法定事由而使权利人无法行使请求权，暂停计算诉讼时效期间。诉讼时效延长是指权利人在诉讼时效期间确有正当理由而未能行使请求权，人民法院适当延长诉讼时效期间的制度。

80. 【答案】B

【解析】银行业消费者的自主选择权是指银行业消费者可以根据自己的体验、爱好与判断自主选择银行作为交易对象或自主选择银行产品并决定是否与其进行交易，不受任何单位和个人的不合理干预。银行业消费者可以自主决定选择银行，而个别银行以各种理由和借口限制、误导银行业消费者进行自主决策就会造成侵权。

二、多选题

1. 【答案】ABCE

【解析】战略风险主要来源于四个方面：①商业银行战略目标缺乏整体兼容性；②为实现这些目标而制定的经营战略存在缺陷；③为实现目标所需要的资源匮乏；④整个战略实施过程中的质量难以保证。

2. 【答案】ABCE

【解析】在计量信用风险经济资本过程中，银行通常需要考虑的要素包括：①违约概率、损失程度与违约风险暴露。②时间范围。③置信水平。④相关性。

3. 【答案】BCDE

【解析】A 项，小微企业、农民、城镇低收入人群、贫困人群和残疾人、老年人等特殊群体是当前我国普惠金融重点服务对象。

4. 【答案】CDE

【解析】银行信息披露的方式根据披露的对象和范围，可选择新闻媒体、新闻发布会、年报等方式。

5. 【答案】ABCD

【解析】经常账户，是指针对本国对外经济交易经常发生的和实际资源在国际间的流动行为进行记录的账户。它包括货物、服务、收入和经常转移，是国际收支平衡表中最主要和最基本的账户。其中经常转移又称无偿转移或单项转移，是指发生在居民与非居民间无等值交换物的实际资源或金融项目所有权的变更，因此 B 项属于经常转移。E 项属于资本与金融账户，是对资产所有权在国际间流动行为进行记录的账户。

6. 【答案】AE

【解析】商业银行要提高资本充足率，主要有两个途径：①分子对策：包括增加一级资本和二级资本。一级资本的来源是发行普通股和提高留存利润，二级资本主要来源于超额贷款损失准备、次级债券、可转换债券等。②分母对策：降低风险加权资产的总量，包括分别降低信用风险、市场风险和操作风险的资本要求。B 项，存款属于银行负债。C 项会提高银行风险资产比重。D 项会增加支出，不利于提高资本充足率。

7. 【答案】ABCDE

【解析】外汇交易既包括各种外国货币之间的交易，也包括本国货币与外国货币的兑换买卖。外汇交易既可满足企业贸易往来的结汇、售汇需求，也可供市场参与者进行投资或投机的交易活动。根据外汇交易的交割时间不同，可分为即期外汇交易和远期外汇交易。即期外汇交易又称为现汇交易或外汇现货交易，是指在交易日后的第二个营业日或成交当日办理实际货币交割的外汇交易。远期外汇交易又称为期汇交易，是指交易双方在成交后并不立即办理交割，而是事先约定币种、金额、汇率、交割时间等交易条件，到期才进行实际交割的外汇交易。

8. 【答案】ACE

【解析】贸易融资方式主要有保理、信用证、福费廷、打包放款、出口押汇、进口押汇。其中保理和福费廷是出口方银行为出口商提供的贸易融资业务。B 项，保理融资是指卖方申请由保理银行购买其与买方因商品赊销产生的应收账款，卖方对买方到期付款承担连带保证责任，在保理银行要求下还应承担回购该应收账款的责任，简单地说就是指销售商通过将其合法拥有的应收账款转让给银行，从而获得融资的行为。D 项，福费廷是指包买商从出口商那里无追索地购买已经承兑的，并通常由进口商所在地银行担保的远期汇票或本票的业务。

9. 【答案】CD

【解析】C 项，公司增加或减少注册资本，须由公司股东会作出决议，并由代表三分之二以上表决权的股东通过，并须进行相应的变更登记。D 项，公司必须有相当的财产与其资本总额相维持，非货币出资不得高估作价。

10. 【答案】BCDE

【解析】有下列情形之一的，要约失效：①要约被拒绝；②要约被依法撤销；③承诺期限届满，受要约人未作出承诺；④受要约人对要约的内容作出实质性变更。

11. 【答案】AD

【解析】政策性金融债券是由国家开发银行、中国进出口银行、中国农业发展银行三家银行发行的债券。

12. 【答案】ACDE

【解析】市场风险是指因市场价格（利率、汇率、股票价格和商品价格）的不利变动而使银行表内和表外业务发生损失的风险。B 项属于信用风险。

13. 【答案】CD

【解析】按期限的长短划分，金融工具分为短期金融工具和长期金融工具。短期金融工具的期限一般在一年以下（含一年），如商业票据、短期国库券、银行承兑汇票、可转让大额定期存单、回购协议等。长期金融工具的期限一般在一年以上，如股票、企业债券、长期国债等。ABE 三项属于短期金融工具。

14.【答案】AD

【解析】债券的发行方式分为：①直接发行，是指债券发行人直接向投资者推销债券的发行方式。采用直接发行可以节省中介机构的承销、包销费用，节约发行成本。②间接发行，是指发行人不直接向投资者推销，而是委托中介机构进行承购推销。间接发行的优点是可以通过掌握金融业务的专业机构及人员，使债券发行迅速而稳定，有利于保证按期有效完成发行任务。

15.【答案】BCD

【解析】根据资本市场估值理论，商业银行市场价值主要取决于三个因素：银行的净现金流量、获取现金流量的时间以及与现金流量相关的风险。

16.【答案】BCE

【解析】政府的银行是指中央银行代表国家贯彻执行金融政策，代为管理财政收支，为国家提供各种金融服务。具体包括：代理国库，中央银行经办政府的财政收支，执行国库的出纳职能；对国家提供信贷；在国际关系中，代表国家与外国金融机构、国际金融机构建立业务联系，处理各种国际金融事务。A 项表示中央银行是银行的银行，即主要同商业银行发生业务关系，集中商业银行的准备金并对它们提供信用。具体包括：集中商业银行的存款准备；办理商业银行间的清算；对商业银行发放贷款。D 项表示中央银行是“发行的银行”，指中央银行垄断货币发行权，统一全国货币发行，并通过调控货币流通，稳定币值。

17.【答案】ABD

【解析】国际结算方式是指资金在国际间从付款一方转移到收款一方的方式。目前在进出口业务中所采用的结算方式主要有汇款、托收和信用证三种。CE 两项属于国内结算方式。

18.【答案】ACE

【解析】A 项，商业银行不应完全依赖于外部机构评级报告，应将债券投资信用评级纳入信用风险内部评级管理体系或者建立独立的债券投资评级管理体系，建立健全信用评级管理制度，配备合格的债券投资评级工作人员，并确保评级职能的独立性。C 项，商业银行要充分重视债券投资在极端情形下可能无法变现的风险。E 项，商业银行债券投资的风险主要包括信用风险、市场风险和流动性风险。

19.【答案】ABCD

【解析】我国行政强制措施的种类有：①限制公民人身自由；②查封场所、设施或者财物；③扣押财物；④冻结存款、汇款；⑤其他行政强制措施。E 项，行政拘留属于行政处罚措施。

20.【答案】BDE

【解析】非法人组织是不具有法人资格，但是能够依法以自己的名义从事民事活动的组织。非法人组织包括个人独资企业、合伙企业、不具有法人资格的专业服务机构等。AC 两项属于法人。

21.【答案】CE

【解析】AB 两项，遗嘱继承的效力优于法定继承，公证只是遗嘱继承的一种形式。

D 项，在遗产分割时，应当保留胎儿的应继份额。

22. 【答案】ABC

【解析】盈利性指标包括拨备前利润、平均总资产回报率、平均净资产回报率、每股收益、净息差、净利息收益率等。D 项属于安全性指标；E 项属于市场指标。

23. 【答案】ABCE

【解析】信用证诈骗罪客观方面表现为行为人实施了利用信用证进行诈骗的行为：①使用伪造、变造的信用证或者附随的单据、文件；②使用作废的信用证；③骗取信用证的；④其他方法。

24. 【答案】ABCDE

【解析】公司因破产或解散而导致终止，丧失其企业法人资格。公司终止主要有两种情形：①公司破产。根据《公司法》的规定，不能清偿到期债务是公司破产的原因（或破产界限）。这里的不能是指持续的不能。②公司解散。《公司法》规定，公司有下列情形之一，可以解散：a. 公司章程规定的营业期限届满或者公司章程规定的其他解散事由出现时；b. 股东会决议解散；c. 因公司合并或者分立需要解散；d. 依法被吊销营业执照、责令关闭或被撤销；e. 人民法院依法予以解散的。

25. 【答案】ABCDE

【解析】风险计量是在风险识别的基础上，对风险发生的可能性、后果及严重程度进行充分分析和评估，从而确定风险水平的过程。风险计量是提升银行精细化管理水平、优化资源配置的基础，风险计量的结果可以应用于客户准入、授信审批、限额管理、经济资本、风险定价、绩效考核等领域。银行的风险计量能力已经成为衡量其风险管理水平的重要内容。

三、判断题

1. 【答案】A

【解析】商业银行理财业务是指商业银行接受投资者委托，按照与投资者事先约定的投资策略、风险承担和收益分配方式，对受托的投资者财产进行投资和管理的金融服务。商业银行的代客理财资金不得用于本行自营业务。

2. 【答案】A

【解析】破产财产在优先清偿破产费用和共益债务后，依照下列顺序清偿：①破产人所欠职工的工资和医疗、伤残补助、抚恤费用，所欠的应当划入职工个人账户的基本养老保险、基本医疗保险费用，以及法律、行政法规规定应当支付给职工的补偿金；②破产人欠缴的除前项规定以外的社会保险费用和破产人所欠税款；③普通破产债权。破产财产不足以清偿同一顺序的清偿要求的，按照比例分配。

3. 【答案】B

【解析】2002 年之前，德国一直采取分业监管模式，2002 年 4 月，德国颁布《统一金融服务监管法》，授权将原来的联邦银行监管局、联邦证券监管局和联邦保险监管局三家机构进行合并，成立德国联邦金融监理署，负责对银行业、证券业和保险业的统一监管。

4. 【答案】A

【解析】中央银行对商业银行的贷款，从货币流通的角度看，是投放了基础货币，直接影响社会货币流通量和信贷总规模。当中央银行增加对商业银行或其他金融机构的贷款时，商业银行在中央银行的存款或现金库存就会相应增加。商业银行以这些资金作为来源扩大向社会的放款，根据派生存款的原理，最终使社会货币流通量扩大。

5.【答案】A

【解析】信托公司是依法设立的、主要经营信托业务的金融机构。信托业务是指信托公司以营业和收取报酬为目的，以受托人身份承诺信托和处理信托事务的经营行为。

6.【答案】A

【解析】有效的公司治理是商业银行健康、可持续发展的基石，也是国务院银行业监督管理机构对商业银行法人监管的重点。

7.【答案】A

【解析】《证券法》第九条第一款规定，公开发行证券，必须符合法律、行政法规规定的条件，并依法报经国务院证券监督管理机构或者国务院授权的部门注册。未经依法注册，任何单位和个人不得公开发行证券。

8.【答案】B

【解析】建立声誉风险监测机制，充分考虑与信用风险、保险风险、市场风险、流动性风险、操作风险、国别风险、利率风险、战略风险、信息科技风险以及其他风险的关联性，及时发现和识别声誉风险。

9.【答案】B

【解析】债券承销的方式包括代销、余额包销和全额包销。其中，余额包销这一方式最为常见，代销方式次之，全额包销的情况较为少见。

10.【答案】B

【解析】高级管理层对董事会负责，同时接受监事会监督，应当按照董事会、监事会要求，及时、准确、完整地报告公司经营管理情况，提供有关资料。高级管理人员应当遵守法律法规、监管规定和公司章程，具备良好的职业操守，遵守高标准的职业道德准则，对公司负有忠实、勤勉义务，善意、尽职、审慎履行职责，并保证有足够的时间和精力履职，不得怠于履行职责或越权履职。